U0113778

【文史资料百部经典文库】

全国政协文史和学习委员会 编

HUIYIWUXUEZHOU

回忆吴学周

中国科学院长春应用化学研究所
江西省政协文史资料研究委员会　编
萍乡市政协文史资料研究委员会

中国文史出版社

吴学周同志像

中央人民政府任命通知書 府字第 1??? 號

兹經中央人民政府委員會

第 六 次會議通過任命吳學周爲

華東軍政委員會文化教育委員會

委員

特此通知

主席 [簽名]

一九五零年 [印章：中華人民共和國中央人民政府之印] 日

中央人民政府

政 務 院 任命通知書 政字第 0440 號

兹經政務院第 三十三 次政務會議通過任命

吳學周爲中國科學院物理化學研究所所長

特此通知

總理 [簽名]

一九五〇年 [印章：中央人民政府政務院印] 九 日

1932年，吴学周（右一）在美国与友人合影

1938年10月，吴学周（第三排左四）在昆明参加中国化学会昆明分会第
一届会员大会合影

1950年，吴学周同志在中科院物理化学所召开的大会上讲话

1950年，中科院赴东北考察团到长春考察时的合影（前左二为吴学周）

吴学周早年在化学所时（昆明）与部分同仁合影（前排中为吴学周）

1954年，吴学周（右二）接待来所访问的苏联专家

1965年9月，吴学周（后排右三）访问朝鲜时在平壤火车站与吴有训副院长合影

1973年11月，吴学周会见日本高分子化学科学代表团的科学家

1978年九三学社应化所支社恢复时，吴学周在大会上讲话

1978年在吉林省科学大会主席团，吴学周（中）与唐敖庆、王大珩热情交谈

吴学周为了多为国家贡献力量，每天坚持锻炼身体

吴学周和他的助手江宜进研究员在一起修改论文

1981年中科院评议应化所时，吴学周汇报应化所科研工作

吴学周在长春亲切会见加拿大著名科学家诺贝尔奖金获得者赫兹堡教授

　　吴学周是吉林省第五届、第六届人大常委会副主任，图
为他在履行最神圣的一票

　　吴学周于81岁高龄时，郑重地向党写出了入党申请书，经中央
组织部批准，为中共正式党员，党龄从1983年9月2下日算起，终于
实现了他的凤愿。

吴学周全家合影

中国科学院长春应用化学研究所全景

序　言*

严济慈

……

　　学周和我属同时代的人，他是我的老同学、老同事、老朋友。
1918—1923年，我俩先后同在南京高等师范学校数理化部读书。从那
时以来，他的瘦小文静的外表，他的勤奋好学、刻苦俭朴、热情谦
虚、善与人处的品性，一直给了我深刻的印象。

　　学周热爱祖国，热爱科学，不愧为中国化学领域分子光谱研究之
"光"。从20年代末至30年代初，在国外留学的时候，他就已将分子
光谱作为终身研究的主项了。1933年归国以后，任中央研究院化学研
究所研究员，后来兼任所长。学周多年从事多原子分子光谱的研究，
开创了我国多原子分子光谱研究的新局面。我从30年代初起在北平研
究院物理研究所，也从事过多种原子分子气体光谱的研究工作。共同
的人生抱负，大体相同的科研内容，使我和学周的来往较多，对他的
了解也深。我始终敬佩他严谨治学、狷介坦诚、磊落无私的人品。

　　为了国家，为了科学，学周有一种了不起的牺牲精神。50年代初，
郭沫若院长委托我和恽子强、武衡同志一起组建中国科学院东北分院。

---

　　* 此文系《吴学周》（黄山书社1993年版）一书序言，选入时有删节。

学周毫不犹豫地离开了在上海的较好的工作环境与生活环境，带领物理化学研究所全体人员迁到长春，随后即担任中国科学院应用化学所所长。从此，除"文革"中受迫害中断几年外，这个职务他一直担任到1983年以名誉所长而逝世。30多年中，他废寝忘食、呕心沥血，抱着一颗为社会主义祖国振兴科学事业的赤心，在各种条件都远不如上海的情况下，将日本人留下的一个极为简陋的科研所发展成一个拥有十几门化学分支学科和上千名科研人员的大型现代化科研机构。创办了《分析化学》、《应用化学》等国内外化学界的权威性杂志，为国内各科研院所和高等院校培养了大批多磁共振、分子光谱、原子光谱等方面的研究骨干。直到八十高龄，他还招收研究生，组织国内外学术交流，精神奕奕地作激光、激光拉曼光谱等尖端科技问题的讲座。逝世以后，在他办公室一个隐秘的地方，人们发现他的一批资料和未公开过的手稿。原来，进入晚年以后，在继续分子光谱研究和组织、领导科研之外，还为自己开辟了一个新领域，悄悄进行治癌药物的研究。学周，这位兴趣广泛、一专多能的科学家，真是为国家、为科学贡献了一生！

学周生于1902年。如果从1928年他出国留学算起，那么，他的科学生命足有55年。在他长达半个世纪的科研岁月中，前20年，他以科学研究为主，一直站在中国分子光谱研究的最前沿；后30年，他更多的时间和精力花在科研的组织和管理上，做了"人梯"，为后辈铺平道路。但自己仍不辍研究，始终领导我国分子光谱的研究工作，同时还在我国应用化学这一领域率先开拓出十几个分支学科。对于这位学识渊博、造诣高深、成绩卓著的我国化学界的老前辈，不仅国内学术界有口皆碑，国外化学界也交口赞誉。

但学周是位十分谦虚的科学家，他宽于待人，严于律己，只知潜心研究、踏实工作，从不肯张扬自己。所以，他在世的时候，科学界以外的人不甚了解他，甚至有些江西老表还不知道自己家乡有这么一位出色的乡贤。学周逝世以后，党和国家赞扬他是"杰出的人民科学家，优秀的共产党员"。诺贝尔奖获得者、加拿大著名科学家赫兹堡教授的唁电说："吴教授早期在分子光谱方面的杰出工作，在某些方面至今还为人们所引用。"赫氏又说，学周"在应用化学方面的后期工作，包括长春应化所的建立，将成为他事业的丰碑"。这些，都是对学周的恰如其分的评价。现在编辑出版《吴学周》一书，是人们对他最好的纪念和追思。

　　1992年，是学周90岁诞辰，1993年，是他忌辰10周年。借这本书出版的机会，写了上面这些话，寄托我对学周的哀思，表达我对学周的敬意。

CONTENTS 目 录

目 录 CONTENTS

目 录 CONTENTS

文 史 资 料
百部经典文库

丰碑长存

回忆吴学周

HUIYI WUXUEZHOU

真正的科学是不朽的。中国分子光谱研究的开拓者、奠基人吴学周的形象和精神，犹如光谱之光，绚丽璀璨，永远照耀后继者不断探索，不断前行。

吴学周传

吴振群　李秀芬　关凤林[*]

在吉林省省会长春，有一条又长又直又宽的斯大林大街。在大街的南端，有一座楼宇毗连300米的大院，这就是中国科学院长春应用化学研究所。该所科研力量雄厚，科研设施先进，科研成果突出，是我国应用化学研究的重要基地。它像一颗璀璨的明星，闪耀在中国东北的高空。它的光芒透过棱镜，成为五彩缤纷的光谱。在这多彩的光谱里，凝结着一位人民科学家的智慧之光。他为长春应化所的组建和发展付出了后半生30年的心血，为人们所敬仰。他，就是吴学周——我国杰出的物理化学家，我国化学研究领域中分子光谱研究的创始人之一，我国优秀的科研工作组织者与管理专家。

一

吴学周，谱名同棠，字萼晖，号化予，江西省萍乡县（今萍乡市）人。萍乡又名昭萍、楚萍。北宋仁宗年间，宜兴人、进士蒋之奇（字颖叔）

---

* 吴振群时任江西师范大学《读写月报》副主编；李秀芬时任吉林财贸学院讲师；关凤林时任中共长春应用化学研究所党委宣传统战部副部长。

在其《萍乡即事》一诗中赞美萍乡的山水胜境和久远历史说："地接长沙近，乡名自古闻。毛山千嶂雪，玉女一墩云。拱木扶宵上，飞泉触石分。霜风萍实老，目断楚江溃。"古往今来，取道萍乡的军旅官宦、墨客骚人、学者名家、商贾匠作，或匆匆去来，或短暂停留，或长居久驻，促进了萍乡工商的繁荣，经济的发展，教育的兴盛。历朝历代，萍乡屡出奇才。

1902年9月20日（清光绪二十八年八月十九日），吴学周在萍乡县西陲的小村新山下诞生。这新山下，即使在今日的萍乡市地图上，也占不到一个小点儿，何况90年前它还是个不满20户的小村呢！

然而，这却是个临水凭山的小村，一个恬静的朴实的小村。小村环境优美，山清水秀。油茶修竹，红枫松杉和田垄坡土，既是小村衣食之源，又给小村平添秀色。

新山下的吴姓人家，本是"棚民"（明末清初时，福建、广东田少人多，康熙皇帝为了封锁台湾，在福建沿海焚屋舍，逐居民。不少失去家园的闽、粤百姓携妻带子，相率来到因战乱和水灾而人口锐减的萍乡，在一些深山僻壤搭棚而居，植桑种麻，是为"棚民"或"麻棚"）子孙，并非萍乡古来土著，田夫野老居多，不赌博，不抽鸦片烟，不搞帮会，不问是非，只知日出而作，日落而息，倒也安居乐业。吴学周的远祖即是福建人。他们迁徙到清初名家查慎行赋诗咏过的萍西"黄花择"（又有的诗人称作"黄花渡"，吴家人自报家门爱报"黄花桥"），在这里勤耕细作，繁衍生息。至第14代（康熙、乾隆年间）出了个吉安府儒学训导，但并未发达起来。至16代，接连4代都以农为业。直到19代，吴学周的祖父吴曰铭成了国学生，时年才20多岁。这在当时的乡人眼里是吃夫子饭的，再加一把劲就可戴顶子、穿补服当官了。但当时已是晚清，鸦片战争已经打开了中国的大门，帝国主义列强相继入侵，太平天国革命烈火声势正旺。萍乡向来是兵家必争、必经之地，黄花驿也少不了兵来将往，匪盗趁机作乱，致使百姓不得安生。这时，吴曰铭母亲逝世，父亲年老多病，又无兄弟，便弃学在家，徙居新山下，靠一点祖传薄田，雇人耕种。他一边侍奉父亲，一边"子曰诗云"，就是不问田桑五谷，且好施舍、捐助，时常扶危济困，修桥补路。殊不知坐吃山也空，到后来，日子日益穷困，要不是他那翰林内兄帮助，景况将更加凄凉。

吴曰铭有5个儿子。1882年（光绪八年六月初五日），最小的儿子出世。当时，萍乡大旱已久，这天喜降大雨，于是他取欧阳修"霖雨曾为天山福，甘棠何止群人思"的诗意，给小儿子取名汝济，字甘霖，号润膏，希望小儿子能像济世的喜雨那样滋润膏腴。这个小儿子，就是吴学周的父亲。

希望终归是希望，润膏先生9岁时父亲去世，以后终其一生，并未怎么大大造福于民，倒是为一位科学家的成长，尽了做父亲的责任。老先生足足比长兄小18岁，比三哥也小12岁。他年轻的时候，随两位兄长在外读了5年书，眼见清廷腐败，也就不求仕进，而做了教书的"冬烘"。"戊戌变法"之后，新学风行，他又入萍乡师范读了两年书。

吴学周的母亲张氏，体质很差，患有严重痰疾，不能很好照料他；父亲既要教书，又要照料妻子，当然没多少工夫管他的生活。所以，吴学周3岁时，就被送往外婆家寄养。外婆家在萍乡西南角，距新山下50里，小地名叫淡背，也是个有山有溪的好地方。在这里，小学周得到了外婆这个小康农家无微不至的照顾。这倒不是因为他是清代"国学生"的孙子，而是因为他是教书先生的长子，出生以后极少得到母爱，个儿不高，体质瘦弱，生怕照应不好，有个三长两短，不好交代。好在幼小的吴学周不像一般的幼儿爱哭闹爱顽皮。他很文静、听话，不惹是非，没有大人、小伙伴陪，一个人也可以拿狗尾巴草玩半日。外婆家的人没有不喜欢他的，都说他"有大人样"。

吴学周的幼年结束得早。1907年，他才5岁，父亲就把他从淡背接回身边，教他读书，进行启蒙教育，一直到他9岁。吴学周天赋很好，《三字经》《百家姓》《增广贤文》都是一教就会读会背。读过师范学了点新学的父亲教他读这些东西的目的，主要是识字。老先生比较注意让儿子学点新东西，儿子稍大一点，就给他讲《幼学琼林》《十七史蒙求》《资治通鉴》，教他珠算和算术，讲地球是圆的，讲安源到萍乡、萍乡到株洲、长沙的铁路、火车。老先生对儿子要求很严格，写字要注意笔顺，要写得端正，读要发音清楚、准确，读得流利。如果写得不好，读得不行，就要打手板，打屁股，但却很少有这样的情况。吴学周身体瘦小，胆子也小，读书写字，不需大人操多少心；读书之余，和堂兄弟小伙伴玩耍，也从不争吵、逞强。讶患们都说他诚实公道，玩耍的时候，只要他在场，就会让他当"头儿"，站在台阶上指挥唱歌，或玩狼叼小羊。

1913年，润膏先生兄弟分炊。他分得5亩地，租出两亩，自耕3亩，也断断续续在学校教书，或当事务员，还兼作酿酒营业，以维持一家5口的生活。教书的收入，全部作为供子女读书之用。他继承了父兄的作风，勤俭持家，珍惜粮物，讲究仁爱孝悌，喜欢救人危难，乐于捐助乡里公益事业。这些逐渐形成他们的家风，深深地影响着吴学周，使他养成了终生艰苦朴素、谦虚谨慎、兄友弟恭、与朋友同事和睦相处的高尚品德。

二

1911年，9岁的吴学周进入了萍乡西区高等小学校。说是"高等"，其实还得从低年级开始。这所小学设在萍西的小镇湘东，是当时萍乡所有高级小学中的佼佼者，以管理严格、成绩优良著称。学生都是14岁以下的少年，各方面都需要自己照料自己，吃的是集体伙食，又不能随便上街买东西吃，生活相当艰苦。那时的吴学周，年龄小，个子矮，总是坐教室的第一排。他平时从不上街，星期天也不大回家。他扣子掉了自己钉，衣服脏了自己洗；学习很用功，除了学文言文、史地，特别喜欢英文和博物（当时对动物、植物、矿物、生物各学科的总称）两科；每次考试，各科成绩总是名列前茅。老师喜欢他，年龄比他大的学生因他老实成绩好，不但不欺侮他，反而护着他。有时他吃了什么人的亏，自己本不介意，却往往有人出来打抱不平。吴学周因身材矮小，一次盛饭时，竟被挤得跌进大饭桶里。一位先生事后打趣说："学周人小会读书，虽跌进饭桶，但他可不是'饭桶'啊！"这件事可能对吴学周有所触动，他开始课余锻炼身体，希望自己快点长高一些，体魄强壮一些。吴学周在西区高等小学读了5年，在人生的历程上留下了他那少年时期的扎实但仍显幼稚的脚印。当初，虽说辛亥革命推翻了皇帝，民国的五色旗代替了清朝的黄龙旗，专制礼仪废除了，县知事改叫县长了，大多数人的"猪尾巴"辫子也剪掉了。然而，袁世凯窃据了总统职位，吞没了革命果实，广植党羽，形成了控制中央和地方的封建军阀势力，压迫人民，出卖国家主权，处心积虑地要当皇帝。孙中山的"二次革命"失败。日本侵略者提出的"21条"得逞。中国的社会开始动荡不安，老百姓的苦难有增无已。这一切，年幼的吴学周虽耳闻目睹，却不一定理解。他只是凭直觉稍微知道家境日蹙，母亲的病积年不见好转，只见加深。有时候，学校里老师的讲说，也使他初步明白：中国之所以贫弱落后，帝国主义政治、经济、文化上无孔不入的侵略是一个重要原因。少年吴学周因此痛恨帝国主义。他想，洋鬼子为什么能在中国横行霸道呢？凭的不就是船坚炮利吗，不就是科学比中国发达一点吗？于是，他爱上了博物，接受了自然科学启蒙，希望中国的科学也发达起来。爱国和救国的种子，在吴学周稚嫩的心灵里找到了土壤。一位未来的科学家正稚拙地遥望那科学之门，希望从那里找到一条救国的道路。

1916年，吴学周结束了西区小学的学习生活，考取了萍乡公立中学校，成为该校成立以来第10班（届）学生。那时候，平民人家孩子读小学，就被看作"秀才"，考上中学更像中举一样，全家阖族都引以为荣。

萍乡公立中学校是当时萍乡最高学府，清末废除科举制度后江西省最早建立的中学之一。该校比较彻底地革除了从旧式塾馆沿袭下来的教材和教法。数理教师是从外地聘请来的优秀人才，他们不是"留洋"归来的，起码也是大学毕业生。使用的数理课本，有的还是英文原版。学校还派人购买理化仪器和体育器械。因此，自然科学学科的教学面貌一新。文史教师则聘请有名望的开明的进士、举人担任。学生从全县择优录取。吴学周就是经过考试择优入校的。学校还制定了校训"四箴"——勤学、谦学、坚志、笃实。这对吴学周早年养成刻苦勤奋、谦虚好问、坚持真理的品德有着极为深刻的影响。

从各方面说，萍乡公立中学校的条件都是很好的。吴学周从入学开始，就把全部精力放到了学习上。家里经济条件不好，只能靠点祠会学谷接济。对于这些，虽说他年龄尚小，但也知"愁滋味"了。他绝不去惹是生非，更不像个别豪绅子弟那样去打架、赌博、抽烟。他白天听课从不分神，晚上直到夜深人静，还伏在小油灯下读书，做练习。他性格内向，平时少言寡语，但在课前课后，却总是找人讨论和向老师提出问题，特别是自然学科方面的问题。有些是他阅读课外书报时提出的疑问。吴学周并不满足于课本知识和向老师请教。他课外阅读的范围很广，科技新知识、新成果，知名科学家的传记，名人青少年时代学习故事，都有兴趣。有时还涉猎一点林纾翻译的小说和吴研人、李伯元等创作的新派讽刺小说。穿西装的数理老师对这位衣着寒酸但学习成绩好的小个子学生有了特殊的印象。吴学周很满意自己这样充实的、多色彩的读书生活，后来还把这些作为经验，讲给二弟重周、四弟祜周听，鼓励他们"在学生时期，要拼命多读书"。

吴学周决不是读死书的学生。《论语》中"学而不思则罔，思而不学则殆"这句话，在他年幼时，父亲就教给他了。进了中学他以此自警，知道读书既要勤学，也要勤思，善于思才能善于学，只学不思，读得再多，也不过是一只"书袋子"。他常常在萍水河畔，在关帝庙前，在小油灯下，面对难题冥思苦想，百思不得其解时，再去找参考书，找老师，觉得只有这样才学有所得。由于他勤奋、刻苦、多思、善学，学业优良。他不但自然学科学得好，文科也很不错，不论是开始的文言文，还是以后的白话文，都写得很漂亮。青少年时代打下的文科基础，为他后来的科研与科研领导工作提供了极大的方便。

风华正茂时的吴学周，除了喜欢思索，学得活泼之外，还喜欢其他活动。

吴学周深以自己身体羸弱为苦为忧，从不一天到晚抱着书本不放。那位教音乐的黄锦涵先生，又是大开新风的体育教师。他见闻广，开拓精神强，当时的一些中学的体育课还是兵式操练老一套时，他已经开始教萍中的学生踢足球、抢篮球、打网球、推铅球、跳高、跳远、跑步、爬山、游泳了，把个萍乡城闹得沸沸扬扬。吴学周尽管自己身材瘦小力弱，但对这些活动却有很大兴趣。他特别喜爱跑步、爬山、打网球，正式比赛他挨不上边的足球、篮球活动，平时练习也要挤上去踢几脚，抢几个。以后在美国，在上海，直到长春，他从没有停止体育活动，或跑步、或爬山、或打拳、或打网球。

　　寡言的吴学周，在文娱方面的爱好也很广泛。他喜欢唱歌，爱下象棋。下象棋时，不喜欢做"黑方"，爱执红帅，不愿走先着，总是动马挺兵去应当头炮。他还学会了吹箫、吹笙。笙这一中国殷商时期就已流行的古老的簧管乐器，和吴学周结下了不解之缘，伴随了他的终生。吴学周的堂侄吴鑫芳在50年代初曾目睹了这样一个场面：在上海市陈毅市长主持的一次知名人士认购公债会议之后的"余兴"中，吴学周的吹笙节目，"获得与会者满堂喝采鼓掌"。

　　从中学时代就养成的文体爱好，他长期坚持不断，既锻炼了体魄，又陶冶了情操。

　　吴学周并不死读书，因为他不是"一心只读圣贤书"。萍中的师生有一种追求真理，追求进步的革命传统，从学校成立开始，他们就勇敢地站在时代的前列。有血性、有见识、有胆量的学生，把顽固守旧的"监督"和只讲经文不教时文的国文教师赶走；剪掉辫子以示革命反清；参加同盟会，秘密从事革命活动，被捕被杀也不弯腰低头；投笔从戎，应募李烈钧的兵营，参加孙中山、黄兴领导的革命军队。吴学周是带着一腔爱国、救国的热血走进萍乡公立中学校的。在他读中学的1916年至1920年的那些年月，中国的政治舞台上，袁世凯刚做完"皇帝梦"，张勋又上演复辟闹剧，其他军阀群丑也纷纷登台。他们或窃踞总统宝座，作威作福，或鱼肉东北，荼毒中原，或称霸西南，横行两广，把中国闹得天昏地暗。稍有爱国心、正义感的青少年学生，谁个能"两耳不闻窗外事"？

　　1919年"五四"运动爆发，萍中师生积极响应，罢课示威，游行宣传，唤起民众，抵制、查毁日货，公演《孔雀东南飞》《娜拉》。上述行动有力地冲击了帝国主义、封建主义在萍乡的势力。平日胆子不大、说话不多、不爱逛街问市的吴学周一反常态，和同学走出教室，自告奋勇挑起宣传任务，站在当街摆着的桌子上，向民众演讲，痛斥帝国主义，声讨卖国贼，义愤填膺，慷慨激昂，表现了出众的演讲才能，使同班同学深感惊讶。

　　吴学周完成了在萍乡公立中学校4年的学习生活，他也由14岁的少年出落成18岁的青年。这个时期，他过得充实，获益匪浅；初味人生，初知国事。1913年3月，堂兄吴肇周作为中国首批赴法勤工俭学的学生之一去了巴黎。这对吴学周产生了很大诱惑力，他满腔热望，颇有再攀高枝的雄心。然而，这时母亲病势沉重，妹妹哲周早几年就已辍学，二弟重周不到4岁，三弟德周才两岁，父亲对这个家有些不堪重负，亟须助手，有意不让他继续读书了。吴学周此时正处在人生命运的一个十字路口上。

三

父亲因家庭困窘，加之时局多变，在吴学周从西区高等小学校毕业的时候，就打算不让他再升中学了。而儿子在试考中学时，以名列前茅的优异成绩高中。老先生的心不由得为之所动，儿子才14岁，身体又不像一般同龄伢崽那样强壮，回家来又干得了什么呢？好吧，既然能读，就让他读完中学吧。谁知中学毕业，吴学周又成绩斐然。正当老先生犹豫不决的时候，亲友和老师们接连不断地登门、或写信相劝，都说："萼晖仔硬是读书的料，将来会操成个角色。家里困难，就找个便宜点的大学，祠会再给一点，大家帮一点，也就过来了。千万别断了伢崽的前程！"润膏先生本是深知读书好处的人，不必多讲道理，也就不作他想，决计让吴学周投考大学。

清朝戊戌变法以后，中国总算出现了几所大学。条件比较优惠，学生经济负担不重的，莫过于高等师范大学堂。当时距萍乡最近的就数南京高等师范学校（后改东南大学），因而成了吴学周就读大学的理想所在。小学时，吴学周酷爱博物，中学时，对理化科产生了浓厚的兴趣，也学得得心应手。教理化的老师一次在课堂上大声疾呼："当今世界，弱肉强食。世界列强，窥我山河，仗船坚炮利，对我中华掠夺蚕食。亡国灭种，迫在眉睫。为要救亡图存，必须振兴科学，兴办工业。化学是工业的基础，你们应该学好化学。"老师这一席热情洋溢的讲话，重重地弹响了学生的心弦，在吴学周的心里播下了一颗原始的"科学救国"的种子。因而，当他1920年考入南高师时，很自然地选择了化学专业，并给自己取下一个字号——化予。化者，化学也，予者，我也。意即我一定要学好化学，掌握化学，让化学这门学科的学习、研究贯彻我的一生。

南京高等师范学校地处南京鸡鸣山南麓的四牌楼，东枕钟山，北临玄武湖，珍珠河纵贯其间。山湖相映，松桧竞翠，古来就是学府胜地。它的前身是1902年创办的三江师范学堂，后改为两江优级师范学堂。辛亥革命后，因军阀混战，校园驻军，学校停办，至1915年，在原址办起南高师，成为我国最早的国立高师之一。南高师成立之初，只设文史地、数理化两部，以后又增设专修科，1919年调整为文史地、数理化两部和工、农、商、外文、体育、教育六科。1921年6月，经北洋政府批准，在南高师的基础上正式成立国立东南大学，开始招生，南高师则停止招生。一个校舍，两块牌子，两校并存。1923年，南高师停办，东南大学则以一所摆脱了清末民初书院学堂办学模式的新型综合大学的面貌出现在金陵，成为东南最高学府，是继北京大学之后的全国第二所国立大学。

吴学周从进入南高师至1925年毕业，正是南高师——东大新旧学制的交替时期，也是该校飞速发展时期。他入学南高师，可谓适逢其时，很幸运。吴学周那一届学生都有一个"两次毕业"的有趣情况。即"民国十三年六月毕业（数理化部第四班）"，有吴学周、赵忠尧、柳大纲等23名学生；"民国十四年六月毕业（文理科化学系），"有吴学周、柳大纲等20名学生。前者是南高师数理化部最后一届毕业生，后者作为东南大学化学系的第一届，由高师数理化几个班中喜爱化学并以此科见长的学生组成。

南高师以培养师资为主要任务，学制为预科一年，本科三年，学生修完预科才能进入本科。预科不分科系，着重学习基础课和专科的"概论"。这对新生培养基本知识，贯通文理，开阔视野，为升入本科选择好科系，都有一定的意义。吴学周在读预科期间，文史地、数理化无不涉猎，深受启蒙之益，为以后作为一位科学家应具备的广博学识、卓越功底打下了坚实的基础。

南京，到底是"江南佳丽地，金陵帝王州"，岁月在这里留下了烟雨楼台，柳岸河房，也留下了遗苑陵阙、萧萧故垒。整座城市有一种特殊的历史氛围。南高师附近，台城是梁武帝饿死的所在，胭脂井是陈后主躲避南下隋兵的地方，鸡鸣寺、北极阁是历史悠久的古建筑。学生课余饭后，仰钟山而怀先哲，过城垣而思故国；玄武荡舟，开阔视野胸怀，台城远眺，领略诗情画意。然而，这一切对初入学的吴学周来说，似乎还缺乏足够的吸引力。他追求的是"化予"。

但是，他很不幸，才入学两个多月，父亲就来信告诉他：长年患病的张氏夫人于12月14日逝世，时年39岁。老先生还安慰儿子，说死者已安葬完毕，"你不必回家，努力读书要紧"。吴学周遵从父命，抑制失去母亲的悲痛，决心用学习的好成绩来报答母亲的养育之恩，当然也就没多少心绪去欣赏南京的名胜古迹与湖光山色了。

南高师最初是免收学宿膳费的。但据1925年东南大学外文系毕业的一位陆老先生回忆，他到校报到时，交纳的学费、讲义费等共28元5角，膳费自理。处于南高师、东大并存，最后两校合而为一时期的吴学周那一届学生，后来可能经济上享受不到"全免"了。按江西省政府的规定，凡赣籍大学生每人每年有90元津贴，但不易领到，吴氏祠会每年给每个"大学子弟"补助40元，虽然得到，也不过杯水车薪。所以，吴学周只有苦熬苦读一条路。南京，夏天是火炉，冬季又寒冷。吴学周平日吃最便宜的饭食，穿家织布衣服，赤脚套布鞋。暑天倒没什么，严冬就难过了，没有棉鞋，也没有厚实的"洋纱"袜子，脚上长满冻疮，只好找些破棉絮裹着。身上一件棉背心，旧得结成了板，破洞处还露出棉花。床上的铺盖又旧又薄，他蜷缩在冰冷的被子里，长夜难眠，只有挨到星期六，待近在南京的同学回家了，才能借他们的被子睡上一个安稳觉。在这样艰苦的情况下，吴学周又能有多少兴致去荡舟玄武、远眺台城？"梅花香自苦寒来"，南高师和东大的苦学生活，铸就了吴学周一生艰苦朴素、坚韧顽强的美德，能够身处困境、逆境、险境而气不馁，志不移。家境不富裕，没有母亲，身材不高大出众，使他谨行慎为，生怕学习不如别人。所以格外地勤奋，格外地用功。

生命力顽强的种子，一旦落进肥土腴地，其发芽长叶结果的速度必然异乎寻常。"北有北大，南有南高"，南高师本有与北大并称的美誉。考入南高师，对立志苦学成才的吴学周来说，是一个正确的、大为有利的选择。尽管他入学时南高师行将停办，但同时成立的东大，实与南高师是"两位一体"。南高师原有的正确的办学方针和优良校风，东大不但全盘继承，而且发扬光大，它以多方面的特点为教育界所瞩目，誉满东南，蜚声海外。吴学周入南高师，再转东大，犹如一颗良种撒进沃土。处于这样一种既严格要求、又民主管理之下的吴学周，和所有同学一样，生活、学习在和谐、协调、有生气的校园中，好似新柳逢春，奋发向上，努力拼搏。

他下苦功学习外语，把外语系的一些课程作为选修课，获得了满意的外语学分；他绝不轻易放过学生会组织的各种演讲会、讨论会、报告会、研究会、辩论会；他以极大的兴趣阅读校内正式出版的各种期刊。

20年代的中国，一方面是军阀混战，政派纷争，一方面是国共合作，革命发展。北洋政府视共产党为洪水猛兽，国民党也是非法的。南京虽然处于军阀齐燮元等的统治之下，但南高师由于郭秉文校长坚持"教育超脱政治"，提倡学术自由，容许各种学术各种问题展开争鸣，校内空气因此不是那么沉寂。校园中，有人宣传三民主义、国家主义、改良主义、国粹主义；有康有为、梁启超、胡适和美国的杜威、英国的罗素、印度的泰戈尔等外国的哲学家、文学家宣传他们所信奉的主义和学说，陶行知大声疾呼教育改革，痛切陈词，要求"外争国权，内惩国贼"；马克思学说研究会公开活动，杨杏佛大讲特讲社会主义。很多已不纯乎是学术问题了，在政治上对学生产生深刻影响。以学科驰名于世的南高师、东大因此又涌出一股革命的热流，爱国的热潮。1921年12月9日，南高师、东大学生在参加南京各界组织的国民大会以后，举行反帝爱国游行，要求归还青岛，保障国权，并到美、英领事署递交国民大会意见书。1923年10月10日，南高师、东大又联合全市各大学3000多人召开声讨军阀曹锟的大会，发出讨曹通电。吴学周在中学时代对国事就不甘寂寞，有很强的政治敏感性，他满腔热情地参加了南高师、东大学生的爱国活动，其言其行一点也不像个"文弱书生"。

1923年12月11日夜，学校建于1909年的口字房起火。火警骤起，学生们奋不顾身上前灭火。灾后，学生会号召每位同学捐20元帮助恢复，经济并不宽裕的吴学周节衣缩食，课余又打零工，挣得这笔捐款，表现了炽烈的爱校之心。

南高师、东大的生活，是吴学周青年时代闪光的一页。1925年，他以全优成绩毕业了。母校从人格、学业上给了他很多很多，他也给母校校史留下了光荣的记录。茅以升教授评价说："东大的学生如严济慈、吴有训、赵忠尧、吕叔湘、吴学周、余瑞璜、顾敬心、李国鼎等，皆国内外著名学者专家。"

四

中学老师在吴学周心田里播下的"科学救国"的种子，经过南高师、东大几年的灌溉，凝成了一个信念，一种理想。现在，大学毕业了，下一步的路该怎么走呢？是去找个教书的讲台，还是找机会像堂兄吴肇周那样出国学习西方先进的科学技术，回来为振兴国家、民族尽一份力量呢？他又一次处于选择人生的路口，碰到一个很大的难题。幸运的是，张子高教授非常信任吴学周的学识和能力，竭力向学校推荐，留他在化学系担任助教。

几乎与此同时，父亲也给吴学周提出一个难题，让他结婚。吴学周不是一个浪漫的人，他性情正直，对待生活严肃，年轻时，"科学救国"占据了他的整个心胸，很少去考虑爱情和婚姻问题。父亲为他做的婚姻安排多少有些出乎他的意料，但他又不愿拂逆父意，也就接受了。姑娘名叫汤正行，比吴学周小两岁，在萍乡西门外三里头长兴馆钟家祠读过两年女子职业学校。一个是刚毕业的踌躇满志的大学生，一个是只有小学文化的小家碧玉。在一些人看来，这包办的"鸾凤"未必能长久"和鸣"。然而，他们却从此相亲相依了40年，直到汤正行逝世，而正行病逝后，不少好心人想帮吴学周再找个老伴，他都婉言谢绝，认为这样做"对不起死者"。不少同学、同事因此很敬重吴学周的为人，说像他这样一位知名的科学家，对爱情如此专一，能

和一位并无多少文化也没有工作的普通妇女建立和美的家庭，实在少见，堪称正确对待爱情、婚姻和家庭的模范，对那些不严肃、不负责的人是一个有力的鞭挞。

婚后，吴学周将妻子留在老家，以尽"孝悌"之责，自己只身回到了南京，开始了他的教书生涯。

吴学周当时23岁，风华正茂。他以简洁的语言，为学生讲授物理化学和普通化学两门课程。物理化学也叫理论化学，是应用物理学原理和方法，研究有关化学现象和化学过程的一门学科，内容广泛，是整个化学科学和化学工艺的理论基础。和数学、物理一些学科比较起来，化学还是很年轻的学科，它的一些基本理论在19世纪初还很不完善，其分支也只有有机化学、无机化学和物理化学，而且不很成熟。到20世纪，量子论、相对论产生，引发了物理学的革命，也打破了化学万马齐喑的局面，使之发生了重大变革，新的化学分支像雨后春笋一样生长出来。吴学周在南高师理化班的时候，作为最新的化学学科分支的量子化学出现了。现在，当他走上讲台的时候，人们又在谈论着一门新学科——结构化学。紧接着，合成化学、高分子化学在新产生的化学分支中又占据了突出地位。从此，传统的化学分支也得到了发展。真是令人眼花缭乱，研究者稍不注意，就会落在后边。

吴学周以年轻人的敏锐，注意到了化学科学研究突飞猛进的发展。他教学极为认真，特别注意教给学生最新的最科学的知识，帮助他们打好基础，扩展知识领域，常常和学生一起做实验，培养他们运用知识、正确实验、获得真知的能力。考试的时候，他拟制的试题，也题多面广。化学学科分支的迅速发展，使吴学周不能不慎重考虑自己的研究方向。学如烟海，而人的生命有限，学者当然要博，但博而不专，可能一事无成，而专而不博，也难以有大的成就。本来并不算很完善的物理化学，就已经包括物质结构、化学热力学、电化学、化学动力学、光化学、胶体化学等很多方面内容了。现在，化学学科的分支日益增多，物理化学的内容当然也就更广更深，无论是教学者还是专门研究者。都要用最新的知识武装自己，并在此基础上精通一个专业。这样的考虑太重要了。吴学周在东南大学当助教时就在选择"打开天地"的突破口了。

1925年，是苦难中国的多事之秋，也是东南大学的动荡之年。这一年，校誉大著，生机勃勃的东大忽然发生了一场影响很大的"易长风波"。1月，教育部代总长秉承段祺瑞政府的意旨，下令免去郭秉文校长的职务。"拥郭"与"反郭"的斗争在东大掀起轩然大波，除三位外籍教师持中立外，师生几乎全部卷入。教授无心授业，学子无心求知，64位教授中有48位停教。宁静的校园，纯洁的学府，陷入深深的动乱之中。几年来孔雀来栖、凤凰来归、名硕来汇的东大元气大伤，校务一派险象，直到1926年1月段政府倒台，学校才慢慢平静下来。

东南大学长达一年的"易长风波"，使吴学周的心灵受到震动。他从一些教授与北洋政府邪恶势力斗争的行动中，看到了中国知识分子不畏权势、不为穷达易节的高尚情操；同时感到，在当时的中国，教育与科研都是无法超然于政治的。中国的混乱局面何时才有个了结？中国教育事业、科学技术何时才得真正兴旺发达？这在物理化学中是找不到答案的。

尤其令人忧虑的是，1926年底，随着北伐战争的进展，国民党要改组、停办东大的消息越来越多，有正义感的东大教师谁都不愿让政客治校，把神圣的学府变成政治交易所。于是又有些教授陆续离校他就，吴学周也有些不安心了。当时，东大教师中有句话："想当官的上北京，想发财的去上海，做学问的甘留南京。"吴学周不想当官，也不想发财；再说，也没什么后台。他只想做学问，然而，南京又是好留的吗？

1927年初春，乍暖还寒。空怀"科学救国"之志，却无报国之门的吴学周愤而辞职，溯江而上至九江转南昌。在他苦闷仿徨的时候，刚从美国留学归来才半年的吴有训给了他帮助，推荐他到南昌中学高中部讲授物理化学两门课程。

丢掉大学教师不做，甘当中学教员，这对只想把学业和事业做好的吴学周来说，本无所谓得失。然而，在他站在中学讲台不久，政治风云突变，国民党内部分裂，北伐战争失败，"四·一二"反革命政变骤起，全国一片白色恐怖。吴学周对局势的突然变化感到无法理解，觉得南昌情况也很复杂、险恶，教学已不能正常进行，如果继续留在此地，只能是磋跎岁月，谈什么"科学救国"！

该年6月，东南大学改名为第四中山大学，时任化学系主任的是爱护人才的王琎教授。他得知自己的学生吴学周在南昌的困境，便请他重返母校任教。这年夏天，吴有训也受聘去了四中大，不久就任物理系主任。于是，秋季开学的时候，吴学周又回到南京，在王琎教授主持的化学系讲授物理化学。

四中大远不能和三年前的东大相比，主要是因为师资力量大伤了元气，时局又一直不稳，到1928年，校名一改再改，3月称"江苏大学"，5月又换上"国立中央大学"的名称，闹得人心不安。一些名教授因此又相继流散。吴学周尊敬的张子高教授北上清华大学任化学系主任去了；8月，他引为兄长、知己的吴有训教授也受聘清华去了北京。他临离南京时，鼓励吴学周去参加江西省教育厅的公费留学生考试，王琎张子高两位业师也勉励他继续奋进，不要放过了机会，争取出外留学深造。吴学周不负众望，憋足一股劲报名应考。就在这年冬天，他以江西省第一的成绩取得了公费赴美留学的资格。他的学业、事业与生活从此出现一个重大的关键性的转折。

从1925年南高师毕业到1928年取得公费留学资格的三年中，吴学周一直苦苦追求、探索。尽管有过烦恼，有过迷惘，有过痛苦，然而他却锲而不舍地奋斗下去。

五

1928年11月，吴学周告别师长、学友、家乡父老，告别苦难的祖国，飘洋过海，来到美国加利福尼亚州理工学院，攻读物理化学专业。简单的行装里，除了书籍、衣物，还有借以抒发心曲、寄寓乡情的笙、笛。这是他从进入南高师从来就不离身的心爱之物。

加利福尼亚州理工学院是一所著名大学，校长密立根（R.A.Millkan）

教授是著名物理学家，1923年曾获得诺贝尔奖金。这里，有很多造诣高深的学者、科学家，开展前沿课题的科学研究工作。来自贫穷落后的中国的吴学周，乍入这个设备先进、人才荟集的"洋"学府，惊喜交加，勃发了自立自强之志。

吴学周一到加州，就专心进行学习与研究。他充分利用有限的时间和理工学院的优越条件，如饥似渴地读书，废寝忘食做实验。他特别重视基础科学理论，从不少听一次课，除了必修课，还选修了好几门化学专门课程。科研的设计、安装、运转，都是自己动脑动手。白天上课，晚上进图书馆看文献，查资料。节假日如果没有别的活动，就在实验室里，寒暑假中，美国学生都回家了，他在学校继续自己的研究。

学习之余，他也参加一些社会活动和社会交往。他根本不在乎美国的种族歧视，偏偏爱和黑人交朋友，同情黑人的处境，常常参加黑人的聚餐会、学术报告会。黑人朋友很尊敬他，总是亲昵地喊他"聪明的小个子吴"。有位叫爱克斯（AKOS）的黑人独身汉，夏天的时候，他几乎每天都从实验室窗外给吴学周送进一大块冰，以保持实验需要的恒温条件。

20年代中叶到30年代初，正是量子力学蓬勃发展时期，原子光谱曾为量子力学的建立奠定了实验基础，而新的量子力学理论又以无比的威力推动着实验科学的发展。吴学周一面关心国事，一面潜心研究，一面密切关注美国科学发展的动向，敏锐地感觉到，分子光谱研究将以一个挑战性的课题的姿态，出现在重要科研领域的前沿阵地上。

18世纪50年代，科学家发现：复色光经过色散系统（棱镜、光栅）分光后，会按波长（或频率）的大小依次排列成图案，这就是光谱。如太阳光经过三棱镜，会形成按红、橙、黄、绿、青、蓝、紫次序连续分布的彩色光谱。实验证明，任何物质都有自己特定的光谱。人们通过对各种物质的光谱规律的研究分析，可以认识物质内部的结构和运动规律。于是，光谱学应运而生。光谱学是光学的一个重要分支，是研究各种光谱的发生性质、规律及其在科学研究和生产技术中应用的学科。按研究对象的不同，可分为原子光谱、分子光谱、固体光谱，以及把光谱规律应用于化学分析的光谱化学分析等。这是一门不简单的学科。1856年，有人断言天体的化学成分永不可知。然而，三年后当光谱分析于1859年发明时，科学家们立刻用这个方法推翻了这一唯心的不可知论，陆续发现了太阳的种种元素，证实了百多年前俄国大科学家罗蒙诺索夫关于金星上有大气的预言。

由于吴学周看清了化学科学这种总的发展趋势，所以他几乎毕生都献身于分子光谱的研究。有位哲人说过，在你的立足处深挖下去，必有清泉涌出。吴学周既然已经预感到分子光谱研究在量子力学理论的诱导下将是一个重要天地，便紧紧咬住，孜孜以求。他在酝酿博士论文的同时，自学了量子力学，调整了研究方向，把研究目标转移到分子光谱领域，摆脱了经典化学。他非常清楚，自从量子力学出现以后，光谱分析的理论正日臻完善，在极短时间内，世界上一些光谱分析的研究者，正把眼光由原子光谱、二原子分子光谱转移到复杂的多原子分子光谱了。可是，这种飞速发展的研究形势，好象没有促进中国科学的发展，"计自1921年至1930年的10年内，国人研究分子光谱的著作，最多不过5篇"。因此，吴学周盯住分子光谱这个新课题，锲而不舍，相信只要在选定的这个立足处深挖下去，一定会有"清泉"在中国涌出。他的指导教师贝杰（R.M·Baudgev）是个学识丰富、很有科学远见的人，非常喜欢吴学周的开拓精神和做学问的严肃认真、一丝不苟、吃苦耐劳精神。师生感情如鱼似水，异常亲密。两人竭诚合作，一块做实验，随时切磋，开展多原子分子的吸收光谱研究。吴学周毅力惊人，智慧出众，进步很快，提前完成了学业，写出了论文，于1931年夏获得化学博士学位。同年，在《美国化学会志》上发表两篇论文：《Hce溶液中四价铱还原成三价铱的还原电位》《铱的电位滴定》。

博士帽戴上不到三个月，日本帝国主义发动的"九·一八"事变的消息传到美国，爱国的华侨、中国留学生们怒吼了。但是，由于交通不便，巴不得马上回国的吴学周不得不抑制愤怒，暂时在加州理工学院继续从事研究。他精力充沛，才华横溢，短短一年时间，就在《美国化学会志》和《物理评论》上陆续发表了几篇重要的研究论文：《气态卤化氰的吸收光谱、结构和分解能》《氰气在紫外线光谱的吸收光谱》《从光谱数据计算的几个简单多原子分子气体的熵》等。他利用理工学院良好的条件，自己动手设计实验装置，测定了乙炔、乙烯、乙氰、丙烷、氨、碘甲烷和乙醛等14种气体的远红外光谱，论文《一些气体的远红外光谱》也于同年发表在《物理评论》上。在20世纪30年代，分子光谱理论和实验技术刚刚起步，尚不成熟。吴学周通过他的研究与论证，发现了一些新的光谱带系，解决了多原子分子的一些重要结构和化学反应问题。这无疑是一种开拓性工作，理所当然地受到国际学术界的赞扬与推崇。1983年，当吴学周逝世的噩耗传出，因研究分子光谱而获诺贝尔奖金的加拿大赫兹堡（G·Herzberg）不胜痛惜地评价说："吴教授早期在分子光谱方面的杰出工作，在某些方面至今还为人们所引用。"赫兹堡教授说的这个"早期"，应该说，起点就在吴学周即将获得博士学位的20世纪30年代第一春。这时，他也即将步入而立之年了。

分子光谱的研究，在量子力学发源地的欧洲特别受到化学物理界的重视。当吴学周在加州理工学院神驰于分子光谱领域的时候，年轻的赫兹堡教授正在德国从事电子光谱与自由基的光谱研究。为了吸取先进经验，交流学术思想，1932年秋天，吴学周结束了在美国的研究工作，以访问学者的身份应邀到了德国，在达姆施塔特（Darmstadt）高等工业大学讲学，并与同行学者合作研究。在这里，他结识了赫兹堡教授，两人一起研究自由基光谱和分子振动光谱。共同的研究兴趣，成了两位异国青年学者牢固、深厚友谊的桥梁。第二次世界大战中，希特勒法西斯疯狂迫害犹太人，吴学周曾想方设法邀请赫兹堡来华避难和工作。1981年，当他们在坎坷的人生旅途经历了50年风雨之后，又在中国长春重逢相聚时，往事的回忆，学术的探讨，使两位老人都忘却了民族和语言的不同，留下了一页科学和友谊无国界的佳话。

本来，吴学周可以在德国和赫兹堡多合作一些时日，但是，从祖国频频传来的日寇侵华步步深入的消息，使他坐卧不宁，茶饭无味。他固然希望自己能在科学研究上有所作为，却更渴望能为挽救祖国危亡有所奉献。于是，1933年夏季，怀着"科学救国"之心，风尘仆仆地回到了别离将近5年的故国故土，到家时已是深秋了。

"博士留洋回来了！"消息传到老家，不只是新山下本家乡亲，连靠近萍乡峡山口火车站的黄花桥吴家人也欢呼雀跃。人们抬着轿子，扛着鞭炮，敲锣打鼓地迎接，都想瞧瞧喝了"洋墨水"的博士的风采，并借此显显"家光"。不料，走下车来的吴学周，没有西装打领带，一身的灰布长袍，腋下夹一把油纸雨伞，纱袜布鞋，怎么也不肯上轿，执拗地跟在轿子后面走。不少人对此大惑不解。只有几位长辈明白："萼晖仔没有失掉本色啊！"

朴实，不喜张扬，不事炫耀，的确是吴学周的本色。同样的趣事，几年后又重演了一回。那是抗日烽火正烈的一年，吴学周奉派来江西检查防化工作。省政府派人派车去火车站迎接，岂料迎接的人只注目装束堂皇的人，并没有接到"检查大官"。他们还没返回，吴学周却身着蓝布长袍，手拿油纸雨伞和一个粗布缩口旅行袋，不声不响，一个人步行找到了省政府。

六

由于吴学周在海外留学、讲学和研究取得出色成果，国内学术界因此对他寄予厚望。他还没离开德国，他的老师、国立中央研究院化学所所长王琎教授就去信敦促他赶快回国，说已聘他为化学所研究员。

这无疑是让吴学周尽其所学，发挥专长的好事。然而，当他一脚踏进故土，看到种种惨状，心都碎了。在美国、德国，他得知的祖国受日寇蹂躏的一些消息，不过是大打折扣的纸上新闻，现在，他目睹祖国山河破碎、处处疮痍的景象，切身体会到化学所等大批研究机构所在地的上海经过"一·二八"，实际上已成日本帝国主义进攻中国的重要堡垒，他的一颗赤子之心立时为悲愤所包裹。在这多灾多难的华夏大地，科学有用武之地吗？能救国吗？他真有点不知所措了。

国立中央研究院成立于1928年4月，是"中华民国最高学术研究机关"，著名教育家蔡元培先生担任院长。研究院以院士为构成主体，以学术评议会为全国最高科学评议机关，下设物理、化学、天文、地质、气象、数学等23个研究所。

化学所首任所长是王琎教授，次任庄长恭教授。1928至1933年，是化学所的草创时期，与物理、工程两个研究所共一座小楼，实验室很小，不适于研究工作。后由中华教育文化基金董事会捐资，在极端困难的条件下，为三个所合建了一个实验馆，各得三分之一，研究所需的资料与设备基本解决。化学所便将原来的4个研究组调整为无机及理论化学、有机及生物化学、工业及工业分析化学三个组。

吴学周就是在这个时候进入化学所无机及理论化学组的。从此，一直到1954年，20年中，他历经迁徙流离的艰辛，冒着飞机、炮火的袭击，忍受物资生活的困乏，抑制丧失两个女儿的悲痛，兢兢业业来致力于分子光谱及化学反应动力学的研究，以其杰出的研究成果，成为中国分子光谱研究的开拓者与奠基人之一。

研究院成立之初，化学所庄长恭、汤元吉、黄耀曾等学者从事的有机化学和药物化学的研究力量最强，无机及理论化学组人员较少，理论化学研究基本上是空白。所长王琎教授期望吴学周充分施展自己的才能，把他在国外开始的分子光谱研究继续下去，以推动物理化学研究的开展。吴学周与柳大纲、朱振钧、武迟、张滂、朱晋锠等密切合作，克服重重困难，组建了分子光谱研究室，不断充实吸收光谱研究及有机微量分析的设备，集中研究了多原子分子之吸收光谱，探讨分子构造。取得了"丁二炔的紫外吸收带""氰酸和某些异氰酸酯的吸收光谱和解离能""乙氰分子的基频""乙氰分子在近紫外区的新吸收带系""某些氰酸酯和异氰酸酯的吸收光谱和分解能""乙炔的近紫外吸收带"等十多项高水平的研究成果，16篇论文先后发表在美国《物理评论》《化学物理》《美国化学会志》德国《物理化学》和中国《物理学报》等刊物上，开创了我国多原子分子光谱研究的新局面，受到学术界的关注。

吴学周洞察到国外理论化学这个领域的研究一日千里的发展形势和它在推动整个化学研究发展中的重要作用，而国内研究还处于萌芽阶段的情况，急迫心情油然而生。1934年，在《科学》杂志上发表了《理论化学之方法与其最近之趋势》一文，大声疾呼科学界要加强培养理论化学研究人才。两年后，他又从量子力学问世以后分子光谱理论骤焕异彩这一事出发，撰写两万字的《分子光谱及其化学上之应用》一文，刊于《科学世界》，通过一些基础理论的阐释，强调分子光谱研究在化学领域的地位，希望有更多的人投身于这个活跃的研究领域，使祖国科学与世界科学能够同步发展。

但是，正当此时，日寇加紧对我国的侵略，于1937年7月7日悍然发动"芦沟桥事变"，中国爱国军民被迫奋起反抗，继而又在上海掀起了"八·一三"抗战高潮，从而爆发了全面的抗日战争。吴学周的这一愿望，当然无法实现。在淞沪战争中，吴学周和他的同事们运用科学为中国军队抵御侵略者尽了一分力量，解决了军队防毒的问题。他因此很高兴，认为在抗战期间，科学和科学家的神圣义务，就是为抗战服务。

抗战形势急转直下，中央研究院在上海的一些研究人员、图书、仪器、标本都处于硝烟炮火之中，研究工作无法进行。1937年冬，各研究所奉命分程西迁桂林、昆明和重庆。

在这危急关头，研究人员有的请假离沪，有的辞职他去，有的借口"深造"而远走国外。在研究所召开的紧急会议上，吴学周气愤地说："我们决不和日本侵略者合作共事，要尽快把仪器、图书、文献资料转移出上海，一点一滴也不让落到日本人手中。"他作出了随所西迁的选择。为了减少路上的拖累，他先把家眷送回暂时无战事的萍乡老家。

按照中央研究院的部署，化学与工程、天文、历史、语言五个研究所经江西、湖南迁昆明。随后，其他研究所开始搬迁，而化学所却一直拖到1938年4月才决定上路。吴学周从科研大局、抗战大局出发，爽快地接受了庄长恭所长的委托，挑起负责全所迁徙的重担。

战局形势险恶。化学所在要迁徙的时候就困难重重，不但运输工具短缺，而且上海至昆明的铁路、公路都不畅通。吴学周经过多方考虑，决定走海路经香港，绕道越南海防再入昆明。行前，他对如何联系承运单位，如何把图书、仪器装箱，如何应付越南海关，都作了周密的计划和妥善的安排。吴学周率领化学所部分同事开始踏上艰辛旅途，一路上避开日寇的骚扰，汉奸的破坏，辗转万里，于1938年8月中旬到达昆明。随后从海防运到的大部分仪器、图书、文献资料，也完好无损，这被战区学界传为佳话。

吴学周接受庄长恭所长委托的时候，曾经明确表示："我愿为公事效力，为设备负责，但不愿负任何行政名义。"他只是以化学所一个普通成员的身份去完成所长委托的事情，并不想越俎代庖，到昆明后，所务仍由庄先生主持。到昆明后，庄所长又请假离所四个月，而吴学周在搬迁中表现出的非凡勇气与智慧，出色的组织和管理才能，赢得了当时正卧病在香港的中央研究院院长蔡元培先生的赞赏与信任。1938年9月23日，蔡先生致电吴学周，委派他为化学所代所长。从蔡先生来说，这是信任，从吴学周来说，蔡先生的委派未免有违他接受庄先生之托的初衷。吴学周认为自己"能力有限，无行政经验"，"当此非常时期，尤非不才如学周者所能胜任"；另一方面，他希望倾注全力于专业研究，不愿被冗杂的所务而耗费精力。因此他复电坚辞，恳请蔡先生"体谅下情，另派贤能"。但蔡先生决心已下，两人函电往返数次，吴学周出于对国事的忧急和对化学所的感情，只好勉为其难，答应"代理四个月"。

苦难的祖国，遭日寇蹂躏，遍体鳞伤；偏于一隅的山城昆明，有她的朴实、明媚与秀丽，也有阴暗、腐朽与落后，更有悲哀与仇恨。吴学周和他的一些忠实合作者柳大纲、王承易，郑绍基等初到昆明，内心有一种流落之感，更充满对日寇的愤恨。他们无心去欣赏翠湖、圆通山和五百里滇池，放下行装，即着手研究所的筹建工作。仅在短短几个月内，就组建了临时办公处，布置了临时实验室。租来的房屋虽小，尚称合用。虽然如此，但在当时的条件下，这样的规模也被认为是昆明市内首屈一指的最完善的科研机构了。不久，吴学周接受西南联合大学理学院院长吴有训和周培源、余青松、霍炳叔、吴大壮等学者的建议，与迁滇的几个研究所共寻地址，联合建实验馆。一年之后的1940年7月，20余间的永久实验馆在昆明西部竣工。停顿了几乎两年的研究工作得到恢复。

永久实验馆建成前后，中央研究院西迁的各研究所处于"国难期间，军事重于政治，政治重于文化，经费无着，人心思动，种种困苦情形，自非一言可以企及"。化学所从上海带来的仪器和图书资料、药品有限，经费短缺，设备不足，在昆明即使有钱也买不到急需添置的东西，加上人员变动大，因此，大多数原有的研究项目根本无法按计划继续进行，只好根据西南矿产丰富，各方急切需要无机药品的情况，利用有限的水、电和冰箱、通风柜等简陋设备，对川、滇土产的开发利用开展研究。如对矿盐的研究，从植物灰中提取钾盐的实验，用碳酸铜粉制杀虫剂的实验等，为社会和抗战服务。至于分子光谱研究，由于经费、试剂、设备有限，气体吸收光谱研究无法进行，便致力于溶液或液体的吸收光谱研究。大家力体时艰，忍耐工作，到抗战胜利前夕，吴学周和他的合作者们在溶液吸收光谱、丙醛酮及苯基乙酮醛与其衍生物之吸收光谱、碱性碘溶液与有机化合物之反应机构、次亚碘盐酸溶液与醇醛酮等类化合物之反应机理、甲醛之氧化速度等方面的研究取得了一些成果，其中苯基乙酮醛之定量分析法取得成功，在世界上还是首次。有7篇论文发表在英国化学会志、中国化学会志等中外著名学术刊物上。为了促进学术交流，吴学周在化学所还创设了化学座谈会，邀请学者名流到所内讲学。此外，在1941年的极端艰苦时期，写了一篇《中国之分子光谱研究》，用发展的眼光，对国内严济慈、饶毓泰、吴大猷、朱振钧等十几位学者的89篇有关分子光谱研究的论文作一全面述评。这篇4万字的论著，是中国现代科学史上第一篇全面评价国内分子光谱研究的学术文献，为中国分子光谱研究在战后的进一步开展起了很好的导向作用。

　　化学所迁来昆明两个月后，即1938年10月，日寇占领武汉、广州，次年侵占琼山、海口，云南处于严重的威胁之中。此时的春城，春色尽去，警报天天鸣响，敌机不时窜入昆明上空盘旋轰炸，来不及走避的人们无辜受难，惨事时有发生。中央研究院天文所陈遵妫先生的家属就曾被炸伤，同一天，李铭忠先生的家属落难致死。这两位先生的遭际，在西迁的几个研究所和大学中引起了不安，有的开始作疏散准备，考虑再搬迁。这是一个艰苦的时代，也是考验人的时代。人心不稳，社会不安，生活尤其艰苦，柴米油盐供应不足，物价飞涨，而学者、教授、机关人员领到的工薪又少得可怜，绝大多数维持不了半个月的基本生活。在这种情况下，顾全"斯文"未免迂腐。因此，有的跑回了上海、北平，或者去了香港；有的改了行，去干容易挣钱的差事；有的寻找机会出国。大多数爱国心炽，决心与祖国、与昆明、与事业共命运的学者、教授岿然不动，安居昆明，但又迫于生计，有的不得不在外兼点工作，以增加些许收入，减轻一点生活的压力。

吴学周呢？他毫不动摇，全副身心扑在研究所里，始终未到外面兼半个职。四个月的所长代理期早已过去，庄所长尚未回所，中央研究院令他继续代理下去。1942年，他被正式任命为所长。这一年，他刚好进入不惑之年。处此非常时期，吴学周深知自身责任的重大，他对困难没有一点畏葸，也没有半点对生活的怨愤。他的日记告诉我们：他觉得在如此艰苦时期，能在风景秀丽的昆明搞科研，已经很不错，比起在前沿浴血奋战的将士好得多。他要把时间花到化学所和科研上去，还要挤出时间帮助同事解决生活困难，解决同事间的误会和矛盾，还得花精力照料随他流落在西南的二弟、四弟，为流落到昆明的亲友找住处，谋工作。总之，一切都是为了抗战，为了科研，为了别人，唯独很少顾及自己的生活。那时。他一家四口和化学所的大多数家属一样，住在简陋的房子里，两头搁在凳子上的木板，既是床铺，又是坐凳。房子里除了饭桌、书桌，再没一件像样的家俱。身上的衣服，总是旧长衫和旧西装轮换着穿。孩子没衣服，买点粗布，他忙里偷闲，自己设计裁剪，再让妻子一针一线去缝缀。今天，曾在昆明和吴学周有过交往的一些老人回忆50年前的这段生活时，潸然泪下之余，还不忘吴学周精力充沛、不分日夜的工作精神，津津乐道他的古道热肠，乐于助人的感人事迹；交口称赞他临危受命、敢挑重担的勇气和克勤克俭、甘居清贫的情操。

为什么吴学周能这样处难危而不乱呢？这就是信心，对抗战必胜的信心。他与人相处时所谈的，他日记里所写的，常常是"战争总要结束，战争一结束，一切都会好起来"。"情况一定会好转，我们一定会胜利，侵略者从来是不能得逞的"！正因为相信中国人民能把日本侵略者赶出去，所以他忙得有乐趣，苦得有志气，眼光总朝前看，科研、工作总往长远处想。1942年，他写的《我国战后科学研远计划刍议》一文，就是最好的证明。当日本帝国主义还在张牙舞爪搞它的"圣战"，中国的抗战还处于艰苦阶段的时候，吴学周已将科学的眼光瞄到了胜利之后。在这篇文章里，他从英、美、德、苏科研情况和中国科学事业的现状入手，提出战后中国科学研究的基本原则，在科研的组织与内容方面作了有益的探讨，希望发扬"精密分析与竭求真理的精神"，使中国的"科学工作得以促成学术上、思想上及文化上之勇猛进步，而完成革命建国之伟业"。

当然，吴学周的设想是好的，但在抗战期中，国民党政府的种种作为，已经使包括他在内的善良学者的"科学救国"之梦成为泡影。吴学周虽然相信抗战会取得胜利，但在国民党政府统治下，他所想象的科学事业会促进"革命建国之伟业"，也只能是一个不能实现的良好愿望。

七

1945年8月15日，日本宣布无条件投降，经过8年浴血抗战的中国人民，终于取得了最后的胜利。10月，中央研究院委派吴学周、杨季鹛、李北涛赴上海接收自然科学馆。

那时候的接收日伪敌产工作，被视为肥缺美差，国民党军政人员趋之若鹜，四方奔走谋做接收大员。他们做了大员以后，接收变成了劫收，中饱私囊，大发其财。吴学周恪守"洁身自好"的信条，不但没有发财，老家反而卖谷换钱来贴补他一个时期的生活费用。他秉公办事，接收时连一张纸都要登记造册。当时，有一批美兵驻扎在科研大楼，他们乘秩序尚未稳定之机，盗卖大楼中的高级地毯与仪器。吴学周知道后，挺身而出，严正指出美军此种盗窃行为既损害"盟军"威信，又破坏了美国政府的声誉。全副戎装身材高大的美国兵，在这位小个子中国人面前无言以对，狼狈不堪，只好退赃。

由于接收工作进行得比较顺利，1946年6月，吴学周在中央研究院院务会议上报告了接收的情况。同年10月底，化学所全体人员回到上海，工作开始走上正轨。人家磨拳擦掌，以为可以放开手脚大干一场了。

的确，当时由于中国共产党的斗争，由于国内外反对内战的民主舆论力量的强大，还由于蒋介石及其政府对内战尚需一段准备时间，中国和平民主团结的事业曾一度出现过光明的前景，国共举行谈判并发表"会谈纪要"，政治协商会议召开，宣布"停战令"等等，都给人民带来了光明的希望，也使学者们感到欣慰。然而，这一切不过是昙花一现。国共会谈纪要刚刚签订，很快被蒋介石撕毁，政协会议的决议很快成为一纸空文。不久，蒋介石发动对解放区的全面进攻，全面内战爆发。

这期间，吴学周常常往来于上海、南京之间，参加中央研究院院务会、评议会。国民党政府教育部长朱家骅说要以国家总预算的1％用于科研，国防部长白崇禧说要以军费的2％用于科研。这不过说说而已，事实上，钱都花到内战上去了。科研再次碰到厄运。

处在这样一种国事日非、经费困窘的情况下，吴学周根本无法"埋头业务"，加上复员回到上海后，设备分散，有些必要设备还没从昆明运回，很多工作来不及也没条件进行，三年多的时间内，仅能因时制宜，将研究工作集中于醇、酮、醛等类化合物与次碘酸碘溶液之反应动力学研究等。

1948年冬，国民党发动的全面内战日益遭到全国人民的强烈反对，"反饥饿，反内战、反迫害"的民主爱国斗争迅猛发展，从1948年9月至1949年1月，"辽沈""平津""淮海"三大战役相继结束。国民党及其政府走上穷途末路、彻底崩溃之势已成。在他们仓惶逃离大陆之时，一方面劫掠大量黄金、物资、科技资料，一方面利诱、胁迫科技人才跟他们一起走。吴有训先生刚刚回国，特务就迫踪、恐吓，想劫持他去台湾。朱家骅一再劝说吴学周随他撤离大陆。尽管吴学周曾经决心不问政治，对中国共产党也不十分了解，但作为一位爱国者，决不是一个毫无是非爱憎的人。这几年，他耳闻目睹了国民党种种反人民的"政治"，不再对它抱任何幻想。

在这中国历史即将发生根本性转折的关键时刻，中共上海市地下党组织派人和吴学周等知名科学家秘密联系，预防国民党特务的突然袭击。1949年3月，吴学周的堂弟、30年代初就参加了共产党的吴继周通过秘密渠道给他捎来一封信，告诉他说：科学建国、科学兴国的时代真正要到来了，科学家们所学所长不久将大有用武之地。中共需要科学，迫切需要爱国学者、科技人才来一起建设社会主义。吴继周以十分肯定的语气向堂兄解说了党的知识分子政策，希望吴学周能为未来的中国的科学事业作出贡献。本来，吴学周已经和吴有训、竺可桢先生商量好了：步调一致，决不离开大陆。吴继周的信、地下党的保护，更坚定了他不去台湾的决心。他不为朱家骅的利诱所动，大义凛然，镇静自若，坚守岗位，并组织化学所人员保护好图书仪器和设备，开展护所斗争，等待解放，等待共产党的到来。

当时，竺可桢先生处于更危险的境地。蒋经国曾亲自出面许以优厚的工作条件和生活待遇劝诱他去台湾。诱导不成，蒋介石干脆密令绑架包括竺先生在内的一些科学家。在这节骨眼上，吴学周冒着危险，配合地下党的工作，帮助竺先生隐蔽起来，逃脱了被绑架的命运。

八

1949年4月，处于土崩瓦解的国民党政府尽失江北，南迁广州。中国人民解放军百万雄师横渡长江，4月23日，一举解放南京，宣告国民党反动政权的覆灭。5月27日，上海解放，举城欢腾。

解放伊始，陈毅同志作为中国人民解放军上海市军事管制委员会主任，当务之急可谓千头万绪，可是这位眼光远大、重视爱护知识分子、善于做知识分子工作的军事家、诗人，却把争取和团结知识分子作为头等大事亲自抓。上海解放的第二天即5月28日，他就在八仙桥青年会召开各界人士座谈会，吴学周应邀参加。会上，竺可桢、吴有训、茅以升、陈望道等先后作了热烈发言，陈毅同志亲切友好、诙谐幽默的谈话、插话，使所有与会者都感到轻松愉快，共产党可敬可亲。

5月29日，陈毅同志来到中央研究院，向员工们问候致意。他说："大家没有去台湾，我非常高兴。我代表党中央感谢你们，同时也希望大家从科学方面为祖国服务。"陈毅同志的探访，不仅安定了中研院员工的心，也对吴学周世界观的转变起了关键作用。几天后，上海市军管会成立接收旧中央研究院沪区办事处委员会，由历史学家李亚农负责，中研院的王家辑、吴学周、倪达书三人为委员。通过与陈毅同志及其他共产党人的接触，吴学周深有感触地说："相比之下，国共两党哪个劣，哪个优，谁鄙弃专家学者，谁器重知识分子，一清二楚。"

1949年6月12日，上海市科学协会成立，会场上高挂"科学为人民服务"的醒目横幅。陈毅同志向大家表示慰问之后，宣布了有关方针政策和措施。他热情洋溢地说："祖国解放了，人民胜利了，愿意和共产党合作的一切爱国之士党都欢迎。""知识分子是国家的宝贵财富，是党的可靠朋友，希望你们把科学技术献给祖国建设。"陈毅同志把长期不得伸腰伸志、吐气扬眉的科技工作者说得心里热乎乎的。吴学周喜上眉梢，感慨万千："我奔波了大半生，终于找到了能够拯救中国的真正领导者——中国共产党。"

这时候，中华全国第一次科学会议已筹备就绪。这将是全国科学家为了团结一致，为了更好地为经济建设服务、为人民服务，在新中国成立后头一次大规模的聚会。上海地区推选竺可桢、吴有训、茅以升、吴学周等27人为代表。7月5日，竺可桢、吴学周到达北平。会上，两人都被选为全国自然科学工作者第一次代表大会筹备委员。会后，竺可桢率领一个科学家代表团赴东北参观。

虽说再过两个多月，中华人民共和国就要成立了，但错综复杂的形势对中国人民来说，是十分严峻的，解放全中国的战争还没有完全结束，以美国为首的帝国主义势力一边继续支持国民党残余势力进行顽抗，一边对中国广大已解放地区实行封锁、禁运，国民经济百孔千疮，物价飞涨，市场混乱。恢复和改造国民经济，发展工农业生产，成为亟待解决的首要问题。与其他地区比较，东北由于日本帝国主义在侵华期间建立了一些企业，又由于解放得早，恢复工作动手早，所以工业基础比较好。特别是化工工业，从30年代到40年代，日本先后在大连、沈阳、葫芦岛等地建有生产化肥、纯碱、烧碱、硫酸的化工株式会社。1948年东北全境解放，化学工业就开始了恢复生产的工作。1949年3月，东北工业部成立化工局研究室。东北地区成为全国化学工业恢复的重点。但恢复工作困难重重，经过战争，不少企业损失惨重，厂房倒塌，生产停顿，资料散失，科技人员缺乏。党和政府希望各地有专长的知识分子去东北参加经济的恢复与建设工作。

组织科学家东北参观团，意在让学者们认识东北、了解东北。参观团分工、农、医三组开展活动，受到当地政府、部门和基层单位的热情接待。吴学周参加工组活动，先后参观了沈阳、鞍山、本溪、抚顺、大连、安东（今丹东）等地的厂矿，对东北的工业特别是化工科技有了初步印象。在鞍山钢铁厂参观时，他特别注意考察了炼焦的生产过程，不但作了详细记录，还画了流程图。座谈观感时，他说："这里的炼焦副产品已奠定了有机化学工业的基础；但相应的科学研究工作还很薄弱，许多领域还是没被开垦的处女地，科学工作者在这里是大有作为的。"一个为东北经济建设与科学事业献身的宏愿，开始在他心中萌动了。

1949年11月，中国科学院在北京成立，郭沫若担任院长，竺可桢为副院长，吴学周任物理化学所所长。此前，他被上海市军管会任命为化学所所长，兼上海各研究所院务委员会副主任，并担任上海交通大学、上海医学院兼职教授。

1950年初，郭沫若院长根据毛主席关于建设东北的意见，电召吴学周赴京，要他和严济慈、武衡一起去东北组建中国科学院东北分院，并建议上海化学研究所迁东北。年将五十的吴学周早有思想准备，愉快地接受了这一开拓性的任务。

然而，党和政府对国家科技事业布局的这一高瞻远瞩的措施。在当时并不是所有刚刚站在新旧时代交替起点的科技工作者都能理解并接受的，特别是离开工作条件和生活环境都优于东北的上海，更不是一开始就大家都乐意的。终于，有43位科研人员和职工表示响应党的号召，服从国家和事业的需要，决心和吴学周一起去东北。后来，这批南来的"上海人"扎根东北，好些都成长为我国化学界的栋梁之材。

在筹备化学所北迁的日子里，吴学周往来于上海、北京、长春之间：

1950年5月，中国科学院派出以竺可桢为团长，严济慈、恽子强为副团长的中国科学院东北考察团，吴学周随团考察了应化所的前身东北科学研究所；

1950年8月，中华全国自然科学工作者第一次代表大会召开，成立了中华全国自然科学专门学会联合会，吴学周当选为委员；

1951年4月，吴有训率团赴东北考察科学研究机关和重要厂矿的科研工作，吴学周随团三访东北，和吴有训一起参与成立中国科学院东北分院事宜；

1952年1月，东北科学研究所举行奖励劳模大会，吴学周在会上发表讲话，重申自己为建设东北、发展东北科学事业贡献力量的决心；

1952年8月15日，吴学周到长春参观并与东北科学研究所负责人座谈；

1952年12月6日，正是长春冰封雪盖的时候，上海物理化学所举所迁往长春，与长春综合研究所（原长春科学研究所）合署办公。

春天，播种的季节。跨进新中国的吴学周，迎来了科学的春天，作为播种者，他踏上了新的原野，他的科学生命来了一个大转折。从此，以一个优秀的科研组织与管理专家、出色的社会活动家出现在中国化学科学领域，直到生命的终结。

九

伪满的时候，日本帝国主义在长春办了一个为侵华战争服务的大陆科学院，从事有机化学、农产化学、生物化学、电气化学等方面的研究工作，其设备和8万余册图书资料1946年4月全部毁于炮火。以后国共战争处于拉锯状态，大陆科学院剩余物资被来回接收，荡然无存。1948年10月长春解放，大陆科学院由东北行政委员会工业部接管并改为工业研究所。1952年8月该所划归中国科学院领导，改名为中国科学院长春综合研究所。上海物理化学所迁来后，至1954年6月，两所合并为中国科学院长春应用化学研究所，吴学周被任命为所长。这是应化所发展史上的一件大事，加强了研究领导力量，对该所以后学科的建设有很大影响，对科学院的发展也有一定意义。

50年代初的长春，从频繁的战火硝烟中苏醒还不久，一切都在恢复、发展中。应化所所处的斯大林大街，房屋还没连接成片，晚上还没有路灯，远不如上海街道的热闹繁华。四周围除了铁丝网，几乎所有房子都是陈旧的日伪时期的建筑。吴学周一家住的小平房，粗糙的水泥地面，屋外满是尺长的野草，没有水暖煤气设施，生活条件比上海差远了，苦多了。

作为所长，吴学周深知自己任重道远，深知科学家的天职就是在艰苦的条件下不断开拓事业。他参照国内外科学发展的经验，结合自己领导上海化物所十几年的实践，清醒地认识到：新生的应化所要迅速发展，新中国要在科技领域中跻身于世界先进国家之林，就必须使理论、技术、应用三者相辅相成，全面发展。这个认识，融汇了他的爱国心、责任感和紧迫感，指导他有计划、有步骤地将培养队伍、选好课题、抓好设备作为三个重要环节来抓，并贯彻整个科研组织、管理工作的始终。

建所初期，全所681人中有科研人员204人，其中高级研究人员只23人。吴学周根据国内形势和所内实际情况，举办了科技人员俄语速成班，普遍提高了所内科技人员的俄语水平，为当时大批派遣留苏人员并与苏联专家交往创造了条件。从1953年4月开始，先后举办了一系列的学习会和训练班，在提高本所科技人员水平的同时，为全国输送了一批光谱研究骨干，如今，这些人当中许多已成为学术带头人，推动着中国光谱分析研究的发展。

办学习班是他培养队伍的第一个办法；走出去、请进来，积极组织学术和科研成果的交流，则是他培养人才的第二个办法。他鼓励所内科研人员到一些大学去兼课，又邀请一些大学的著名学者、教授来所讲学、兼职。在他的支持和安排下，所内钱保功、朱荣昭等一批科学家先后到吉林大学讲课，同时该校唐敖庆、孙家钟、江元生等知名教授来所讲学，使所内青年科技人员不断开阔眼界，理论水平迅速提高。为了进一步推动学术活动的开展，在所党委领导下，1956年，他组织所内外25名科学家成立学术委员会。他被推选为主任委员。学术委员会的成立，使应化所从初创时期进入起步飞跃发展的新阶段。

也是1956年，吴学周参与制定中国科学院数理化学部12年科学研究远景规划，并与参加规划工作的其他科学家一起参加了周总理举行的盛大酒会，受到毛主席、周总理、朱委员长等中央领导同志的接见。次年，被任命为国务院科学规划委员会化工组副组长。1963年，12年远景规划提前完成，他又参与制定新的科学技术十年规划。南来北往，几年穿梭于长春、北京，吴学周站得更高看得更远了，他从全国科学技术的宏伟蓝图上，看到了应化所大有希望的明天。在所党委支持下，长春连年不断召开各种全国大型学术会议。应化所作为东道主，所内科研人员特别是年轻科研人员，每开一次这样的学术交流会议，都得天独厚获得一次提高的机会。

应化所的学术交流，不只是所内、国内，而且在国际上也开拓了一些联系渠道。吴学周作为老一辈中国分子光谱研究的先行者，不仅在国内享有盛名，在国际上也有声望。从1953年到1963年的10年中，他曾两次访问匈牙利，一次赴朝鲜参观，两次到苏联访问、参加学术会议。每次访问归来，他都迫不及待地将所见所闻特别是国际科技最新成果与学术进展情况在应化所作传达，加速所里的科研节奏，去赶超国际水平。另一方面，朝鲜、日本、法国、苏联、匈牙利、美国、加拿大、意大利等国家的知名学者、科学家纷纷访问应化所，开展学术交流。应化所的科研人员自然得到很多直接向国外学者、科学家学习的好机会。

50年代末，中国物理化学人才还十分缺乏，光谱分析研究力量还很薄弱。为了适应科研大发展的需要，应化所创办了长春化学学院和中等化学专科学校，吴学周亲自担任院长和校长。这是他培养队伍所采取的第三个措施。化学院开设原子光谱、分子光谱、波谱和x射线四个专业，唐敖庆、钱保功、孙家钟、吴钦义等教授、专家参与教学，先后培养了三届300名大学毕业生和160名中专生，其中有100多位磁共振、分子光谱、原子光谱、X一衍射线结构研究人员，充实到全国一些科研单位、高等院校，成为科研、教学的骨干力量。1964年12月，应化所成立职工业余大学，为普通职工提高文化科学水平创造了条件。

与长春化学学院创立同时，《应化集刊》诞生，从交流学术、促进学术发展和提高科研人员水平来看，无论怎么说都是件大好事。然而，至1966年，却被扣上了一顶"冲击学习毛泽东思想"的大帽子。吴学周对刊物被迫停刊极为伤心。1972年，经中科院批准，《分析化学》创刊，吴学周初步解脱"文革"桎梏，担任了刊物主编。1981年，《应化集刊》复刊，次年更名《应用化学》。这两个刊物都在国内外发行，学术水平很高。作为主编，吴学周放下学者架子，经常和编辑人员一起做具体编辑工作。将近80高龄，在视力极端微弱的情况下，他还亲自审稿、核对译文、校对。他虚心倾听编委意见，编辑部的重要会议他都亲自参加，给予指导，他为刊物付出了辛勤的劳动。吴学周在30年代就担任过一些科技刊物的记者、编纂委员，建国后又担任过《化学通报》等学术刊物的编委。实践告诉他：办刊物能发现人才、培养人才，促进学术繁荣。应化所办了刊物后，全所每年发表学术论文增多，水平日高，人才蔚起。

从1956年开始，应化所招收研究生。1980年，吴学周78岁了，他不顾自己体弱多病，也不顾所务工作与社会活动的繁忙，仍然招收了3名研究生。他亲自为研究生定方向、选课题，告诫他们"实验要仔细、严格；论文论据要充分，论证要严谨；碰到难题要锲而不舍，顽强拼搏"，鼓励他们要敢于创新，"注意新的领域，新的东西，发挥自己所长，不要总是在老的领域里转圈子"。吴学周对研究生的这些谆谆教诲，是他自己的经验总结，也是他对指导人才、培养人才的一种真知灼见。

办各种形式、各种内容的学习班或培训班，组织学术交流、办学校、办刊物、培养研究生，是吴学周为培养人才、提高队伍素质、壮大队伍力量的重要战略决策，也可以说是他领导和组织科研、管理科研的主要经验。他去世以后，应化所继续采取这些措施并发展了这些经验，使该所成为中国科学院实力比较雄厚的综合性化学研究所。现在，该所人员比初创时期增加了一倍，达1376人，其中科技人员775人，是初创时的3.7倍，高级研究人员165人，是初创时的7倍，博士生导师12名，硕士生导师65名。

有这样几个事例，足以反映吴学周的人才观，足以说明他重视人才、爱护人才、善于发现人才，他的"伯乐"精神和"人梯"精神：

1957年，应化所黄本立同志撰写了一篇论文《新的光谱分析双电弧电路》，他请教吴学周。吴学周认真帮他修改了六遍，鼓励他说："工作很好，可寄到苏联去发表。"同年，吴学周参加了中国科学院访苏代表团，向苏联专家推荐这篇论文，国外专家认为这是"最完善的双电弧电路"。今天，黄本立在学术上取得了一系列成就，成为蜚声中外的原子光谱学家。

70年代末期，电子计算机开始在我国得到应用。吴学周看到石油科学研究院青年光谱工作者王宗明首先在国内用电子计算机对分子振动进行简正坐标计算的处理时，十分高兴，立即给予热情鼓励，并在专业会议上推荐他的工作，积极支持王宗明等同志组织分子光谱专业委员会，推动了国内分子光谱研究的发展。

在中国科学界，了解吴学周的学者、专家都十分敬佩他的"人梯"精神和顾全大局的牺牲精神。在长春的30年，为了新中国科学事业的兴旺发达，为了培养一支应用化学特别是分子光谱研究队伍，他几乎把所有的时间都花到组织科研、管理科研、指导科研等一系列工作上，满腔热忱地让青年人从他的肩膀攀上去，而自己的专业研究却大大放慢了速度，成就也不如青壮年时期。他牺牲了自己，照亮了别人，真像一支燃烧殆尽的蜡烛。

十

科研课题的选择，历来是有眼光的科学家极为关注的问题。在他们看来，提出课题比解决课题更困难，评价和选择课题是发展科研的战略起点。因此，长春应化所创建伊始，就理所当然地进入寻求办所方向和选择课题的探索时期。饱经旧社会沧桑的吴学周，既有科研的实践经验，也有组织和领导科研的经历。他深知选择科研课题既要新，又要实事求是，难度不能超越现有人员和设施的条件。

他率领全所人员通过到厂矿调查研究，结合恢复东北经济和国家建设的需要，选择了一批直接为工厂生产服务的开发和应用研究课题，几年之间，先后在应化所建立了高分子化学、结构化学（包括分子光谱和波谱学等）、电化学、催化化学等学科。50年代中期，国家开始进入大规模经济建设，吴学周参与制订了1956—1967年的国家12年科学技术发展远景规划，应化所根据经济建设与科学发展的需要，接受了"两弹一箭"（原子弹、氢弹、火箭）的有关国防尖端任务，开辟了原子能化学、稀土化学、半导体化学、超纯和痕量分析化学、低聚物化学、定向聚合、高分子幅射化学、高分子物理等新学科。

新中国成立前，中国没有合成橡胶的研究与生产，50年代初，长春应化所率先开展氯丁橡胶的研究，并建立了试验车间，不仅能生产氯丁橡胶，还合成了军工急需的甲醇胶。60年代初，应化所又开始研究性能优异的顺丁橡胶，获得成功后，参与化工部、石油部组织的顺丁、丁基、乙丙等合成橡胶的攻关会战，不仅为中国合成橡胶的大规模发展奠定了基础，而且培养了大批合成橡胶的技术人才。

也是60年代初，在吴学周的倡导和组织下，长春应化所先后试制成功我国第一台EPR仪（顺磁共振仪）和第一台60兆赫高分辨NMR谱仪（核磁波谱仪），为从实验技术上掌握和开展EPR和NMR研究起了有益作用。在催化剂及顺磁离子的结构，r幅照自由基的ESR，天然产物的结构测定与高分子构象的研究，都取得了可喜成果。国内同行专家评价说："没有吴学周敏锐的科学眼光和干事业的勇气，我国波谱工作还要延缓许多年。"

可惜，正当应化所的科研事业欣欣向荣、卓有成效的时候，"文革"发生了。长春应化所的科研受到严重干扰和破坏，吴学周也被栽上种种恶名而置于"牛棚"牢房。

1978年，吴学周重新被任命为所长之后，他深感长春应化所的科研课题陈旧、分散、重复现象严重。不改变这种状况，不革除陈旧的东西，不赶紧抓拔尖人才的培养和新课题的选择，应化所就不再会有新的生命力，就无法迎接世界新技术革命的挑战。从这个认识出发，在党委领导下，他组织全所人员不断更新科研课题，先后建立了稀土固体化学、激光化学、金属有机化学、腐蚀电化学、计算机在化学中的应用等新学科。一边抓基础研究，一边抓应用开发，把目标瞄准世界科学的前沿，搞好应用研究，使科研成果尽快推广、移植到生产厂家，为四化建设服务。为了掌握国际科学与技术的新信息、新动向，派高级人员出国考察，中级人员出国访问、进修，参加学术活动。

长春应化所真正复苏了。几年之间，吴学周按照国家科委、中科院的部署，和党委密切配合，组织和领导了固体火箭推进剂、高性能工程塑料、太阳电池等新科技的研制，合成稀土新化合物。试制成100兆脉冲博氏变换型NMR谱仪，250兆和550兆超导磁体型NMR谱仪，使我国NMR谱仪的研究大大前进了几步。又与北京第二光学仪器厂共同研制出我国第一台激光拉曼光谱仪，在此基础上，建立了激光同位素分离室。长春应化所的这些新成果，无不渗透吴学周炽热的心血。

进入80年代，历经了30年风雨的长春应化所，高分子化学、物理化学、无机化学和分析化学"三个研究中心，四大学科领域"，以具有多方面影响的综合性化学研究所闻名中外。她拥有一支雄厚的研究力量，围绕新型材料、能源和稀土资源的利用等方面的任务，开展应用和应用基础的研究。在建所以来的30年中，开立过1000余个研究课题，取得700多项科技成果，其中240多项获奖，1979年被评为全国先进单位。

"科学工作者的生命，在于不间歇的研究"。这是吴学周用以自励的箴言。在长春应化所，科研的组织、领导工作再忙，社会活动再多，他都始终坚持自己的课题，深入进行研究，不断扩大研究项域，亲自做实验，在过去成就的基础上，对于聚合物反应机理与过程、芳香族化学物与氧所形成的复合物的电子光谱、半导体的长共轭体系的电子光谱等进行了深入研究，在高分子、电子光谱、红外光谱、激光拉曼光谱等方面作了有益探索，撰写并发表了一些很有价值的科学论文。

吴学周常说："搞好研究工作，要抓好三件事。一是选好题，二是有一支训练有素的队伍，三是建立必要的仪器装置。其中选课题是关键，题选好了，研究工作就完成了一半。"30年中，长春应化所之所以能飞速发展，选题对路、队伍培训抓得紧，抓得好，是两个极为重要的原因。

还有一件小事，足以说明吴学周实事求是的科学作风。一位教授有一次向吴学周谈起拟订科研计划的事情，以为是种形式，感到有点腻烦。吴学周说："什么都要按计划进行，照指标办事，一成不变，岂不是太容易了？还叫什么科学研究？但是，计划还是要订，指标也还是要，研究就有步骤，有目标，让各级领导了解你，知道你要干什么，需要什么。只是不要硬搬计划就是了。"那位教授说："吴老的话，既有原则，又有灵活性，使我如沐春风，茅塞顿开。"

在科研工作中，吴学周对于理论联系实际的认识，也是非常深刻的。早在50年代，他就鲜明地主张：科研工作的开展，要注意客观需要、主观力量和学科发展。也就是说，要将社会主义建设的需要、自己的研究力量和学科领域的开拓三者很好地结合起来。按照这样的指导思想，30多年中，吴学周率领全所人员，为长春应化所的发展付出了辛勤的劳动，做出了出色的贡献。

十一

来到东北以后的吴学周，不仅是著名的科学家，杰出的科研工作管理专家，还是一位出色的社会活动家。

他身上的职务越来越多，担子也越来越重，除了长春应化所所长一职外，主要兼职还有中国化学会常务理事、全国科协理事、中科院数理化学部委员、国务院科学规划委员会化工组副组长。从1954年开始，他先后担任了第二、三届全国政协委员，第二、三、五、六届全国人大代表，吉林省第五、六届人大常委会副主任。各种会议频繁。平时，他很关心吉林和全国各项事业的发展，通过视察和调查研究，了解城乡建设、贯彻执行宪法等方面情况，然后想办法，提建议，疏通政府与人民群众的联系渠道。每逢政协或人大开会，他事前都征求各方面意见，听取反映，积极准备提案，畅所欲言，直陈己见，绝不隐瞒自己的观点，充分履行政协委员、人民代表的职责，在参政、议政和民主协商方面做了许多卓有成效的工作。

1951年6月，经卢于道先生介绍，吴学周在上海加入九三学社。入社不久，吴学周担任了九三学社上海分社学习委员。以后，曾被选为第三、四届中央委员，第五、六届中央常委。

初到长春，连吴学周自己在内，长春的九三成员才5人，省市均无九三的分支组织。在中共长春市委关怀、支持下，首先在应化所成立九三小组，随着所内和省市科技、医药、教育界一些知名学者、专家陆续加入，成员不断增多，建立了九三学社长春分社，东北师大、吉林工大、长春地质学院、长春市医院等先后成立基层组织。

九三学社应化所支社是1956年成立的。作为所长和长春分社的主任委员，吴学周始终注意保持和中共的密切联系，保持和普通社员、科研人员的密切联系，受到大家的拥戴。吉林省人大常委会主任于克同志在追悼大会上高度评价说："吴学周同志长期担任九三学社长春分社主任委员的领导工作，在工作中坚持贯彻执行党的'长期共存，互相监督''肝胆相照，荣辱与共'的方针，在民主党派中有很高的威望。他关心民主党派成员的政治生活，团结党外朋友，为巩固和发展爱国统一战线，为祖国统一事业做出积极的贡献。"

吴学周很重视组织发展工作，不论什么时候在什么地方，都把发展社员的原则、标准和措施讲得清清楚楚，总是强调九三要做好党的助手，就要关心科技界知识分子的进步，团结并促进大家积极为党为人民做工作，为科技事业作贡献。直到1983年，他病重住院，临危，还念及九三吉林省委的筹建工作，对前往探病的九三同志谆谆嘱咐，工作要坚持党的领导，发展社员要坚持原则，坚持标准，做好党的参谋，要关心社员，反映他们的意见和要求，维护他们的正当利益。

吴学周十分重视九三学社的组织生活。在九三学社，尽管他是长春地区的负责人，但总是以一个普通社员的身份出现在社员群众中。方方面面的工作、会议已够他忙的了，然而，他仍会挤时间恰当安排九三的活动，让自己和社员一起开会、学习、交流思想。

不管从哪方面来说，吴学周都不愧是爱护"九三"的出色社员、优秀分子。但他自己却总觉得做得还很少。早在1961年，中央召开广州会议，贯彻"十四条"时，进一步落实知识分子政策，年届花甲的吴学周抚今思昔，回顾自己走过的60年历程，深深感到"离开党委自己干是不行的"。广州会议摘掉压在知识分子头上的"资产阶级"帽子，他感到心情舒畅。但他更加严格要求自己，要不断努力加强自我改造，争取为党为人民做更多的工作。

他自觉地拉近了自己和党的距离，并且开始萌发了创造条件，争取加入共产党的愿望。

然而，没几年，风云又变，大批学者、科学家被诬为特嫌、资产阶级权威，在政治上得不到信任，精神上受到压抑，工作上得不到支持，动辄遭批判。随之，一场史无前例的"无产阶级文化大革命"，犹如狂风暴雨，相继而至。

十二

十年"文革"结束了，天开云雾。

噩梦醒来，科学家们欣逢科学的春天。74岁的吴学周心情舒畅，不觉自己耄耋将至，决心重整旗鼓，为党的革命事业、科技事业贡献自己的力量。

1978年3月，全国科学大会召开。作为中国科学技术委员会化学学科组成员、中国科学院长春分院学术委员会主任、吉林省科学技术协会主席，吴学周又风尘仆仆赶去北京。历经十年浩劫的科学家们再次聚集一堂，都老了，但又都年轻了。会上，吴学周就科学的振兴、人才的培养等方面发表了很多真知灼见，向党中央、中科院和朋友们表示：要做伏枥老骥，以暮年病弱之躯，为中国的科学事业、为四化建设作不懈努力。同年8月16日，中科院重新任命他为长春应化所所长。次年4月，吉林省直机关、科技系统举行大会，为吴学周、王大珩等70多位在"文革"中受迫害的各方面人士公开平反，恢复名誉。7月11日，中科院任命他兼任中科院环境科学委员会副主任、中国大百科全书总编辑委员会委员、中国大百科全书环境科学卷主任。

科学大会以后，他感到事业上真正迎来了春天，政治上真正进入了黄金时代。对他个人来说，这也许还是来得晚了一些；但他一再对儿女、秘书、朋友、研究生说："加快科研步伐，就是延长生命。"他正视现实，知道自己已处在生命撤退的途程上，朝朝暮暮急于把自己最后几缕科学之丝奉献出来。遂不余昼夜，抱病三年，恨不能把失去的十年光阴在一夜之间捡回来。他只有视力不到0.1的一只眼睛了，在眼睛几乎贴近纸面的情况下，夜以继日地查阅了大量文献、资料，了解当代国外科技发展的新情况，特别倾力研究了国内外激光拉曼光谱的发展情况，写下了数万字的札记、心得，撰写了综述文章，对开展分子光谱研究起了很大指导作用。在这些工作的基础上，他对应化所革故鼎新、重新飞跃作了很多设想，提出种种意见，建议开展同位素分离、激光材料、激光拉曼光谱、激光在化学反应中的应用等方面的研究。由于过度疲劳，眼睛常被熬出泪水，只觉得视力模糊，四肢麻木，就滴几滴眼药水，站起来走走，然后继续工作。

1980年7月，骄阳似火。78岁的吴学周去北戴河参加中国大百科全书环境科学卷条目编审会议。刚下车，还没休息，就和秘书刘永懋同志研究起条目来。刘永懋同志劝他注意休息，他摇摇头。傍晚，两个人散步海边，大海浩瀚无垠，浪花飞溅。吴学周见景生情，对刘秘书说："我们应该像海波，不懈地连续工作，生命才有活力。"晚上，他主持条目编写负责人会议，研究编审原则，到夜里11点才休息。9月，刘秘书又陪他去北京参加五届全国人大五次会议。他大小会议都坚持参加，晚上，连电影也不看，把"改善中青年知识分子的工作和生活条件""要重视科学对经济发展的促进作用"等问题写成提案，要求急迫改变现状，重视知识和知识分子，搞好智力开发。

6月份以来，从长春到北戴河再到北京，吴学周一天也没休息。况且，9月的北京，气候并不怎么温暖，对他的气喘病极为不利，他能坚持下去吗？刘秘书有点担心了。果然，人代会未开完，他就病倒了，住进中日友谊医院。六弟吴望周劝他不要再拼命了，建议他赶快退休，把户口迁往北京，向中科院要房子，留住环境化学研究所。可吴学周却说自己得到组织的照顾已经不少，给组织造成的麻烦也已经够多了，要迁往北京，岂不是伸手向组织要照顾？岂不是又给组织添麻烦？"不行。不能打这种主意，况且，在长春创业十几二十年，也舍不得离开啊！"

不给组织添麻烦，也不麻烦别人，这可以说是吴学周恪守的一个生活信条。1980年，正当他春风得意、老树怒发的时候，最心爱的小儿子吴景松患脑癌逝世，才40岁出头。英年早逝，最是人间伤心事，何况，40多年来，吴学周的大女儿、二女儿、老伴都先他而去，小儿媳在此之前3年罹车祸丧生。丧失亲人的打击，一次又一次，够沉重的了，现在，再次遭到丧子的不幸，老人能承受得了吗？他出奇地平静，让女儿雅南带了他写给中科院高能物理所的一封信去北京，感谢他们在吴景松患病期间所给予的关怀和照顾，要求"丧事从简，把治丧费用省下来用之于科研"。在大多数常人难以摆脱的悲苦哀愁中，吴学周却是这样旷达，他首先想到的还是国家，还是科研。这封信成了一份催人泪下的生动教材，在高能物理所引起了很大震动。而对吴学周来说，高能物理所把他的信用大字报形式抄出来，并且加上了按语，号召全所学习一位老科学家的高尚品德，这就多少有点出乎他的意料。因为，他写信的初衷却是为了景松，他们已麻烦了不少，如果丧事上再费神大操办，就又增加了麻烦，这会使他吴学周心里更加不安。雅南临走的时候，他还再三重申这个意思，千叮咛万嘱咐"少让人家麻烦"。

在中日友谊医院，医护人员每次诊视护理之后，吴学周总是歉疚地说："麻烦了，谢谢！"9月20日，他79岁。去年、前年，应化所都曾准备组织一个祝寿活动，都被他谢绝了，"多麻烦呀！为我个人花时间花钱财，没有必要"。这一次在医院过生日，女儿们想：从来没给他老人家搞过生日庆祝，这回机会难得，打算好好庆祝一下，让他愉快地享受一下天伦之乐，早日康复出院。然而，吴学周却说："别麻烦了，你们自己都有许多工作要做。"最后，作为妥协，他准许女儿买了个蛋糕到病房里，一家三代默默地吃着，没有高声谈笑。吴学周生怕吵扰了别的病人和医护人员。

1981年，长春应化所重新组织学术委员会和学位评定委员会，吴学周以80高龄担任两个委员会的主任。5月，他当选为中科院第四届学部委员。为了纪念中国化学会成立50周年，他与杨石先、柳大纲、卢嘉锡、唐敖庆、汪猷、戴安邦、梁树权等化学家合作，组织53位学者和专家分别执笔，编写了50多万字的《中国化学五十年》一书，详细总结了1932—1982中国化学各个分支学科领域的发展概况，全面综述了近20年的进展与研究工作，展望今后发展动向。这本书，是中国化学学科最新的一个重要文献资料。吴学周一生从事的学术著作活动，也就在这本书上打下了句号。

十三

进入80年代，洗刷了历史尘垢的中科院长春应用化学研究所，又放马奔驰、蒸蒸日上了，可是，她的创建者、带头人吴学周却如晚夕黄昏，身体每况愈下了。他分明感到自己"年迈多病，力不从心"，为了在"有生之年还能为繁荣祖国科学事业贡献微薄之力"。1983年3月5日，他写信给吉林省人大常委会，要求在下届人大选举中不再提名他为人大代表，不要再将他列为吉林省人大常委会副主任候选人。吉林省委高度赞扬他这种"顾大局、正视生理自然规律、主动要求退下来的思想境界"，把他的信印发给省委、省人大、省政府、省政协的领导同志，提请大家对他的请求"议一议，提出处理意见"。

中国科学院理解他的心情，5月12日，任命他为应化所的名誉所长，让他把挑了近30年的担子交卸给崛起的新一代。

1983年6月，吴学周抱病参加全国人大六届一次会议。堂弟吴继周从南京来，也是人大代表。三弟吴德周从萍乡来。老兄弟仨相会北京。但吴学周没有多少时间叙兄弟情，他忙着准备提案，建议国家采取有力措施搞好智力开发，不要让有贡献的中青年科学家兼职过多，以防夺去他们创造发明的年华。

不幸的是，他又在会议中途病倒了，严重的肺气肿将他逼进了北京301医院。这所医院设备条件好，医术水平高，吴学周入院不久，病情有所好转。如果遵医嘱安心住院，是有可能完全治好的。可是吴学周对自己的病过于乐观，也太执拗，既不听医院劝告，也不接受亲友的劝说，他记挂应化所，记挂即将举行的中日分析化学会议，天天要求出院，一再说："我一个人在这里住院，人大还得派个人陪着，花这么多钱，给组织的麻烦太多了。""我在这里多住一天，应化所就多花一笔钱，科研经费已经够紧张了，我能安心住下去吗？"8月20日，医院拗他不过，只好让他出院回了长春。

　　吴学周以为自己又一次战胜了死亡，谁知他从此永远告别了北京，回到应化所不久，病症复发，9月，住进白求恩医科大学一院。

　　中国科学院、环化所专门派人去长春看望他；

　　吉林省、长春市党政领导川流不息去医院看望他；

　　应化所领导和九室、医务室同志在医院轮流值班，应化所职工一批一批去看望他。

　　9月20日，吴学周在病床上度过81岁生日。21日，省委领导、应化所党委和统战部到医院给他祝寿，带给他一个喜讯：中共中央组织部和吉林省委接受他的申请，批准他为中共正式党员。

　　这天晚上，他特别激动，彻夜难眠。从建国初期他向党组织表示入党愿望以来，几十年一直没有放弃过这一追求。1980年他在政协吉林省四届委员会上，曾动情地说过："共产党、毛主席救了我，拯救了挣扎在死亡线上的广大劳苦大众，广大知识分子也获得了新生。28年来，我曾十几次幸福地见到伟大领袖毛主席，我永远感激党、感激毛主席对我们从旧社会过来的知识分子和民主党派人士的爱护与教育。"1982年3月，他要秘书刘永懋同志把十二大的文件汇编找来给他看，反复学习党章，特别是其中总纲和党员两部分，学得特别仔细，诚恳地对刘秘书说："我要按照党员的条件去做，老刘你得帮助我啊！"1983年元旦，他再次写了入党申请。这是他在左眼失明、右眼视力只有0.03的情况下，戴着花镜，拿着放大镜一字一字写出来的，不到千字的申请书，足足写了三个晚上。

　　中共应化所党委为此专门给吉林省委组织部写了请示报告，报告说："吴学周同志长期以来就有加入中国共产党的愿望。过去因工作上需要，未能发展入党。近几年，他口头几次向省委书记李砥平同志提出过入党要求，1983年1月1日正式向党递交了入党申请书，决心为共产主义事业奋斗终生。""根据吴学周同志的要求，按照新党章的有关规定，广泛征求了党内外同志的意见。吴学周同志所在党支部的24名党员一致赞同他加入到我们党的队伍里来。党外民盟、九三学社组织成员和其他群众也表示赞同，认为吴学周同志入党是我们所的一件大喜事。"

　　由一个"科学救国"论者转化成 一个自觉的共产党人，这是个多么漫长的过程啊！思前想后，回顾自己的风雨人生，吴学周兴奋不已，立即叫女儿替他把党费送交党支部。

　　9月26日，应化所九室、十九室党支部第二小组全体党员来到医院，在吴学周病房里开党小组会。一见面，他就问这问那，从党的基本知识到党支部委员分工等等，都问得清清楚楚。党小组的同志们向他表示热烈祝贺，希望他安心治病，不要急于考虑工作。他当即表示："我年纪虽大，但我是新党员，是个普通党员，一定在党组织监督下更好地团结同志，把党交给的工作做好。""我要牢记党的领导，克服脱离群众的缺点，争取早日出医院，为四化建设，为共产主义事业贡献一切。"这次党小组会，以其内容的生动丰富，形式的特殊，记入了应化所所志。

　　1983年10月31日零时20分，尽管儿女、外孙女儿都在身边，吴学周却没有留下半个字的遗嘱，科学的头脑永远停止了思索，悄然而逝。枕头下，唯一的物件是一本毛主席语录。

　　《人民日报》《光明日报》《吉林日报》《长春日报》《科学报》《化学通报》等报刊先后报道了这一不幸消息。长春市各界500多人于11月2日在白求恩医科大学一院殡仪室向吴学周的遗体告别。

　　11月4日上午9时，吉林、长春省市领导和各界800多人在省宾馆礼堂举行追悼大会。吴学周的遗像和骨灰盒安放在鲜花和翠柏丛中，骨灰盒覆盖着中国共产党党旗，遗像两侧陈列着全国人大常委会、中共中央统战部、中国科学院、国家科委、九三学社中央委员会、中共吉林省委、省顾委、省人大、省政府、省政协、省纪委、省军区、中共江西省委、省政府、萍乡市人民政府、长春应化所、中国化学会、中国科技大学、南京大学、天津大学和严济慈、方毅、许德珩、张劲夫、周培源、茅以升、卢嘉锡、武衡、强晓初、王恩茂、严东生、于克、李砥平等同志送的花圈、挽联、挽幛。中共吉林省委书记刘敬之主持大会，省人大常委会主任于克致悼词。悼词高度评价了吴学周献身于我国科学事业的光辉的一生，指出"他不愧是杰出的人民科学家，优秀的共产党员"。

　　吴学周的骨灰盒安放在长春革命公墓，另有小部分骨灰和他老伴的骨灰由他五弟吴南周奉回萍乡，与他的四弟吴祜周、小儿子吴景松、小儿媳马蔼芳、大女儿吴召南的骨灰或遗骨一起安葬在父亲润膏先生身边。叶落，归了根。

　　吴学周走了。他留给子女的物质遗产除了一支笙、一对网球拍、一只人造革旧提包之外，就只有堆积如山的书、文献资料、日记，还有两本学生时代写的笔记、做的练习、画的实验图表。这一切，从物质价值来说，也许一文不值，可精神价值无法估量。正是这些遗产，显示了科学家、共产党人的襟怀、人生观。

　　吴学周逝世后，他的子女吴景阳、吴雅南、吴宜南三兄妹牢记父亲的教诲，不重遗产重遗志，将粉碎"四人帮"以后落实政策补发的工资和平日节省下来的钱交给党组织。他们认为这是国家、人民给父亲的报酬，子女无权享受。后来，又清理出一批珍贵图书，文献、资料，赠送给江西省科学院。

　　1983年11月18日，长春应化所所长办公会议决定：接受一万元作为应化所科学技术发展奖励基金，定名为"吴学周科学技术奖"，奖励所内对科技事业有贡献的人。《文汇报》《光明日报》《中国青年报》《科学报》《吉林日报》《长春日报》先后报道了这件事情。

　　真正的科学是不朽的。中国分子光谱研究的开拓者、奠基人吴学周的形象和精神，犹如光谱之光，绚丽璀璨，永远照耀后继者不断探索，不断前行。

丰碑长留天地间

——回忆杰出的人民科学家吴学周同志

中共长春应用化学研究所委员会

在党的正确路线的指引下，长春应化所经过30多年的不懈努力，已发展成为中国科学院的一个多学科、实力雄厚的研究所。除较为出色地完成了上级交给的科研任务，多次摘取自然科学奖桂冠外，还为国家输送了800多名科技骨干，为8个研究所的组建做出了应有贡献。难怪有的学者把她称为我国应用化学的摇篮。在回顾过去、展望未来的时候，我们决不能忘记组建应化所的元勋，并一生为之奋斗的老所长——我国老一辈著名物理化学家吴学周同志。

一、笃志成才　大器早成

吴学周，字化予，江西萍乡人，生于1902年9月。吴学周的少年时代，正逢清末民初，连年战乱，哀鸿遍野。他心怀科学救国之志，欲干一番大事业。1920年以全优成绩考进南京高等师范学校。1928年他参加了公费留学研究生考试，以全省第一名的成绩被录取，赴美国深造，在加省理工学院攻读研究生。由于他聪敏好学，学业精良，深得导师青睐。1931年7月获化学博士学位。他先后在《美国化学会志》《物理论评》等杂志发表了"四价铱、三价铱在盐酸溶液中的还原电位""铱的电位滴定""气态卤化氰的吸收光谱结构和分解能""氰在紫外光境的吸收光谱""从光谱数据计算的几个简单多原子分子气体的熵""一些气体的远红外光谱"等多篇较高水平论文。

1932年吴博士结束了在美国的学习与工作，转赴德国达姆斯塔特高等工业大学，与加拿大诺贝尔奖金获得者、世界著名光谱学专家赫兹堡教授共事，从事自由基光谱和分子振动光谱研究，取得了较好的成就。1933年夏天，他怀着科学救国的鸿鹄之志，回到了他魂牵梦绕的祖国，在国立中央研究院任研究员。他带领朱振钧、柳大纲、武迟、张滂、朱晋锠等人，开展了光谱学等一系列基础性研究，取得了一批高水平的研究成果，先后在美国《物理化学学报》《中国化学会会志》、德国《物理化学学报》、中国《物理学报》《法拉弟学会会刊》、英国《化学学报》等高水平刊物上发表了16篇颇有影响的论著。此时步入而立之年的吴学周，在国内已是名声显赫的物理化学家。他把全部精力用于分子光谱及化学反应动力学等方面的研究，特别是在分子光谱的研究上造诣较深。在国内学术刊物上发表影响较大的主要著作有二十多篇，诸如"丁二烯的紫外吸收带""丁二烯在近紫外境的吸收光谱""丙酮醛的吸收光谱""次碘酸盐氧化甲醛的反应机理""气体分子远红外光谱"等。通过反复研究，他发现了一些新的光谱带系，解决了多原子分子的一些重要结构和化学反应机理等问题，具有较高的学术水平和应用价值。30年代，量子力学初创，光谱实验技术落后，设备简陋，这些开拓性工作，对于发展量子学说的物质结构理论、创建物理化学的分子结构学科有着非常重要的意义，在国际上亦属领先地位，因而受到学术界的推崇。他是国内化学领域中分子光谱研究的创始人之一，也是从事艰苦研究的先驱，曾是国内外著名学者吴有训、严济慈、柳大纲、徐光宪、贝克曼等教授的益友。1942年，吴教授被任命为中央研究院物理化学研究所所长，兼任上海交大和上海医学院教授。

二、治学严谨　勇于开拓

　　吴学周是一位学识渊博、治学严谨、诲人不倦、勇于开拓的科学家。1952年冬，关东大地寒气袭人，吴学周响应党的号召，带着郭沫若院长的嘱托，与原中国科学院上海物理化学研究所全部人马一道来到长春。物理化学所后与长春综合研究所合并，组成了中科院长春应化所。吴学周担任该所所长。他把相当多的精力放在科研组织管理上，主要抓三件事：一是抓好学科方向和科研课题的建设，二是抓好科研队伍的建设，三是抓好实验室的建设。他先后组织建立了分析化学、高分子化学、半导体化学、无机化学、结构化学、有机化学等学科。他在搞好组织管理工作的同时，还亲自进行研究工作，指导科技人员攻关，动手修改论文，为寻找新的半导体材料，解决自动老化和氧化问题，提供了理论依据。他根据国家建设和发展的需要，以敏锐的战略眼光，为国家培养光谱人才和建设光谱基地。1955年他在应化所举办了全国性发射光谱学习会，60多名来自国内各院所的科技人员参加。如今他们已成为研究所、大学的学术带头人，推动着光谱学的发展。

　　为了推动应化所学术活动的开展，他于1956年组织所内外25名科学家成立了学术委员会，使学术活动走上了正常轨道，发挥了重要作用。50年代末期，中科院物理人才十分缺乏，光谱力量薄弱，他从国家实际情况出发，与其他同志一起创办了长春化学学院及附设中专、技工学校。学院开设了原子光谱、分子光谱、波谱、X射线等专业。学生毕业后，分配到全国各地，成为科研、教学骨干力量。在吴学周所长积极倡导下，1959年应化所建成我国第一个波谱实验室。60年代发展成为我国超纯分析基地。他领导的这个所学科不断扩展，又开辟了原子能化学、低聚物化学、定向聚合、高分子物理等学科，在国内首次分离出15个纯稀土氧化物，完成了核燃料后处理萃取新流程，制备了纯硅半导体，为我国确定了第一个自行研究与工业生产通用合成橡胶的镍系列顺丁橡胶。所有这些，都饱含着吴学周的心血。

1980年他受中国化学会的委托，举办了全国分子光谱学习班。百名专家、学者云集长春，共同学习探讨了分子光谱简正坐标计算的新方法，以及电子计算机在分子光谱上应用等新技术。正是这一双巨手，推动了我国分子光谱学的发展与应用。

吴学周所长始终关心着科研工作进展。当他看到"文革"之后所内科研课题陈旧，分散、重复现象严重，十分着急。为此，他多次向党委建议：必须充分发挥科技人员作用，大力进行智力投资，选拔科技拔尖人才；着手对科研课题进行调整更新，一手抓基础研究，一手抓应用研究；既要把目标瞄准在世界科学前沿，又要使科研成果尽快转化为生产力，为经济建设服务。他与党委研究后决定：派高级人员出国考察，派中级人员出国进修，开展广泛的国际间学术交流；对所内未出国的工作人员进行业务、外语学习。此举，收到了明显效果。为了改变科技人员年龄结构偏高的状况，从1978年国家恢复研究生制度后，所里每年招收几十名研究生。吴所长不顾年迈体弱，在1980年招收了3名研究生。他亲自查找文献，为研究生选定课题。他还亲自选送十几名研究生出国深造，为增强科研后劲做了扎实的工作。他所领导的应化所涌现出一大批重大科研成果，在国家经济建设和国防建设中起到了应有作用，受到国务院嘉奖，被评为全国先进单位。

三、赤诚为国　肝胆照人

吴学周同志在他81岁高龄时光荣地加入了中国共产党，实现了他为之追求半个世纪的夙愿。李大钊说过"人生最高之理想，在求达于真理"。吴老经历了中国从半殖民地半封建社会到社会主义社会的历史进程，饱经磨难。新旧社会对比，使他认识到没有共产党就没有新中国，只有社会主义才能救中国的深刻道理，终于从一个杰出的爱国主义者成为共产主义者。

吴学周1951年在上海加入九三学社。1953年在中共长春市委关怀支持下，成立了九三学社应化小组。1954年6月20日，他又组建了九三学社长春分社，一直担任主任委员。工作中他坚决贯彻党的"长期共存，互相监督""肝胆相照，荣辱与共"的方针，在民主党派中享有很高的声望。他关心社里的政治生活，团结党外朋友，带领社员学习党的方针政策。1956年2月当选为九三学社中央常委。他强调九三学社要做好党的助手工作，要关心科技界知识分子的进步，团结并促进知识分子为党的事业积极工作。平时他对九三学社组织生活抓得很紧，应化支社的活动他也积极参加。早年没有活动场所，应化支社的活动就在他家进行。他是二、三、五、六届全国人大代表，二、三届全国政协委员，吉林省人大常委会五、六届副主任、省政协二、三、四届副主席。他经常抱病参加会议，关心各项事业发展。他积极履行人民代表的职责，就贯彻执行宪法、加强民主与法制建设、城乡建设等情况进行视察，然后有针对性地提出建议，沟通了政府与人民群众的联系，密切了党群关系。1980年全国人大会议期间，他热情高涨，放弃休息，把人们关心的"改善中青年知识分子工作条件和生活条件""要重视科学对经济的促进作用"等问题写成提案，引起了有关部门的重视。1983年6月他带病参加了全国人大六届一次会议，会议未结束他就住进了医院。但他还是没有忘记人民代表的职责，积极建议"要采取有利措施，搞好智力开发""对于有贡献的中青年科学家，不要给他们兼职过多，以防轻易夺去他们的创业年华"。

1983年9月21日，中共中央组织部和中共吉林省委批准他为中国共产党正式党员。此时他正在住院。当吉林省委组织部部长到医院看望并正式通知他时，他非常激动，立即叫女儿回所把党费交给党支部，用行动表达了他的组织观念。当他得知他所在的党小组要开组织生活会时，他坚定地表示："我虽然年龄大，但我是新党员，我身体还可以，一定参加生活会"。同志们为他坚定的党的观念而感动，决定把党小组会迁到医院召开。吴学周同志听到消息，十分激动，做了认真的准备。当支书和党小组6名党员同志来到医院时，吴学周同志表示了歉意，并激动地说："我一定把党交给我的工作做好，为共产主义贡献一切。"

1983年10月31日，我国物理化学家吴学周——这颗科坛巨星陨落了。他的三个子女根据父亲生前意愿，将节省下来的一万元存款交给了国家。所党委经过研究，决定设立吴学周科学技术奖，以纪念我国分子光谱的创始人、应化所奠基人吴学周同志。

我们党的优秀党员、杰出的人民科学家吴学周同志，虽然离开我们长眠于九泉，但他艰苦朴素、廉洁为公、无私奉献、联系群众的优良作风，一直被后人所铭记。他赤诚为国的忠心，肝胆照人的品格，永远是人们学习的楷模。他的英名将永载中华民族科学的史册！他的丰碑将长留于天地间！

为民主科学献身　创九三业绩永存

九三学社吉林省委员会

　　享誉我国科技界的前中国科学院长春应用化学研究所所长吴学周同志，30多年来，为祖国的科学事业，为巩固和发展爱国统一战线作出了积极的贡献。他的功绩将永载史册，人民将永远不会忘记他。

一

　　吴学周同志是长春市九三组织的创始人。他的出色工作，也为后来九三学社吉林省委的建立奠定了坚实的基础。

　　九三学社是中国共产党领导的爱国统一战线中的民主党派之一，是以科学技术界高、中级知识分子为主的社会主义劳动者和拥护社会主义的爱国者的政治联盟，是为社会主义服务的政党。吴学周同志于1951年5月加入九三学社。当时，他在中国科学院上海物理化学研究所任所长。为了支援东北地区的建设，吴学周同志响应党的号召，决定放弃上海优越的生活环境和工作条件，带领一批科技人员，迁所长春。虽然科研工作和行政管理工作很忙，但他始终没有忘记自己作为九三学社社员的责任和义务。

　　为了团结全国大中城市的高、中级知识分子，不断加强其思想建设，使他们更好地为社会主义建设事业服务，1952年3月12日，九三学社二届第四十次中常会决议，拟在1952年度设立无锡、西安、天津、武汉、兰州、长春、沈阳七个分社。

1952年9月27日，九三学社三届第一次中常会推举吴学周、杨振声、刘恩兰筹建长春分社。10月21日，社中央致函吴学周："经过院系调整，本社有不少社员调到长春工作，使本社组织今后在长春方面具备了发展的条件。同时，为使现有社员过好组织生活并加强思想改造起见，已决定在长春设立分社筹备委员会，并指定吴学周、杨振声、刘恩兰三同志负责筹备，以吴学周同志兼召集人，除分函中共中央统战部转长春市委统战部予以指导协助外，兹将长春社员名单开列于后，即请分别联系，在市委统战部的指导协助下积极进行筹备工作为荷。"

经过一番周密的迁所准备工作之后，吴学周同志和一批科技人员于1952年底来到了长春。当时朝鲜战火未熄，战局令人不安；东北的工业、科研又都很落后。面对满目荒凉的战后废墟，面对数不清的艰难困苦，吴学周同志毫不气馁，毫不动摇，为了祖国的科研事业，他决心一切从头开始。

吴学周同志一到长春，创建中科院长春应化所和创建长春九三组织的两副重担同时落在了他肩上，那分量是可想而知的。然而，吴学周同志深知这是党的信任，也是他的光荣，决心不辜负、党组织和九三中央的期望。为此，他开展了紧张而有秩序的工作，一方面为科研事业的开展、应化所的组建而忙碌，另一方面为筹建长春市九三组织的工作而奔走。他第一件事就是和一同调来长春的朱晋锟同志前往中共长春市委统战部报到并办理了组织关系。同时，向市委统战部杨部长汇报了社中央决定在长春发展组织，筹建分支社的有关情况，希望得到市委及统战部的指导和帮助。杨部长对此很赞赏，热情表示今后将全力支持。

之后，分别与在长春的九三社员取得联系。当时随吴学周由上海调来长春的九三社员只有朱晋锟一名同志，其余社员均为1952年全国高等院校院系调整之后调来长春的。他们相互之间没有联系，没有过组织生活。吴学周同志从社中央、市委统战部等万面尽可能了解到已来长春的九三社员，并及时与他们分别取得联系。在此基础上成立了九三小组，恢复了九三生活。社员们精神饱满，每一、两周就开一次生活会，生活会多半是在吴学周的办公室或家里召开。

经过一段时间的紧张工作，九三学社长春分社筹委会于1953年1月25日正式成立，吴学周同志担任主任委员，委员有杨振声、刘恩兰、业治铮。筹委会成立后，为筹建九三长春分社做了大量的工作：首先拟订了工作计划和学习计划，接着组织社员进行经常性的小组活动，初步在周围群众中建立印象，并开始发展九三社员。这些工作都得到社中央的高度赞扬。

自筹备开始，一直受到市委统战部的鼓励和支持。这年底，吴学周等同志认为在长春建立九三分社的条件已成熟，于是，决定于1954年上半年适当时候成立九三长春分社，得到九三学社中央的支持。1954年初，吴学周和九三的同志投入到了紧张的成立长春分社的准备工作之中。6月20日，九三学社长春分社正式宣告成立，同时，举行了第一届社员大会，会议全票通过吴学周同志为九三学社长春分社主委。就这样，吴学周同志在圆满完成创建应化所的同时，也圆满完成了九三长春分社的创建任务。

二

吴学周同志经历了新旧两个社会，他深刻认识到没有共产党就没有新中国，只有社会主义才能救中国。因此，他总想把自己全部才智奉献给祖国。为了这一崇高理想，他不惜一切地为党的事业工作，成为中国共产党的亲密战友和得力助手。

早在青年时代，吴学周就表现出强烈的爱国精神。他刻苦攻读，为的是完成科学救国之志。五四运动期间，他积极参加抵制日货的爱国活动。1927年，他在中学教书时，支持学生参加进步活动。留学国外时，他时刻关注祖国的命运，后来，谢绝国外高薪聘请和挽留，毅然回到祖国。解放前夕，他不顾个人安危，断然拒绝国民党的利诱和胁迫，决意留在大陆，为新中国建设服务。他的行动无一不表现出爱国志士的高风亮节。也正是为了靠近党组织，更好地接受党的领导，他于解放初期就加入了九三学社组织。

在筹建九三长春分社的工作中，吴学周始终遵循九三学社中央的指示精神，紧紧依靠地方党委的领导。在社务活动中，吴学周强调九三组织要做好党的助手，关心科技界知识分子的进步，团结和促进广大知识分子积极为党做更多的工作，同时注意引导社员多参加社会活动，密切配合党的各项中心工作。

这期间，他率先垂范，带领和组织社员学习《中华人民共和国全国人民代表大会及地方各级人民代表大会选举法》。通过学习，明确了选举法的公布和执行对我国国家建设的重要意义的认识，从而重视选举权利，积极参加普选运动，进一步提高了自己对人民革命事业的责任感。此外，他还组织社员积极参与社会活动，如学习、贯彻《婚姻法》运动，爱国卫生运动，抗美援朝问题讨论会，访苏观感报告会，悼念斯大林逝世等。

在社会主义思想改造时期，吴学周同志组织和带领九三的同志，配合当时形势，响应党的号召，认真学习党的路线、方针、政策，自觉改造思想，进一步体会共产党的伟大和正确，从而更加坚定了走社会主义道路的信念。

党的"八大"以后，吴学周和他领导的九三成员不仅在政治上和党保持完全一致的立场，还努力发挥自己的特点和优势，为祖国的科学技术现代化事业作出积极贡献。他们制定了向"科学进军"规划，在社内掀起了向科学进军的热潮。同时，配合社中央和地方党委统战部进行社会考察和调查研究工作，并及时把考察和调研工作中发现的问题向有关方面反映，发挥了民主党派应该发挥的作用，收到了好的社会效果。

十年浩劫中，吴学周同志被诬为"特务头子"，惨遭酷刑，被投入监狱，致使左眼失明。在这段混淆黑白的日子里，吴学周心里也产生过苦闷、彷徨和困惑。他回顾自己几十年来，亲眼目睹了中国从半殖民地半封建社会到社会主义的历史进程，新旧社会的鲜明对比，使他对党产生无限热爱，无比崇敬的感情。扪心自问，他时时处处跟党走，听党的话，按党的指示办事，全心全意为党的事业工作，怎么会受到这样的对待呢？尽管如此，他始终坚信真理不会泯灭，事情总有一天会弄明白的。在最艰难的日子里，他只要有可能就坚持学习，表现得很乐观，一颗只要能生存，就要为党的事业，为民族的振兴而奉献的赤子之心从未动摇。

中国共产党十一届三中全会的召开，开创了我国社会主义现代化建设的新时期，也开创了我国爱国统一战线工作的新局面。在这春意盎然的日子里，吴学周像感受到第二次解放一样欢欣和激动。他饱含对党的真挚情感，对祖国深沉的爱，毫无怨言、义无反顾地全身心投入到了党的科技事业和统一战线工作中去。这时，他的身体极度虚弱，左眼失明，右眼仅剩0.03的视力，经常泪流不止。他顽强地与病痛和恶劣的环境抗争，夜以继日地查阅了数以百计的重要文献，写下了数十万字的笔记、心得和工作设想。工作在他生命中具有最重要的意义，所以，只要有一分可能，他也不会放弃工作，放弃事业。他把自己的生命和党的事业紧紧地联系在一起。

三

吴学周同志虽然没有印象中统帅人物的高大魁梧的身材，但他那平常的身躯里却蕴藏着火一样的热血和激情。他以坚定的信念、刚毅的意志和乐观向上的精神，带领着九三这支队伍一步步走向发展和成熟，他以他的领导才能，更以他的令人折服的人格力量，带出了一支强有力的科研队伍，也带出了一支具有很高社会声望的九三队伍。

吴学周同志工作作风朴实无华，办事厉行节约，从不铺张浪一费。筹建九三长春分社时，省里财政困难，吴学周一再叮嘱机关的同志，勤俭办事业，不要铺张浪费，不要和别的单位比排场，应该比工作效率、工作成绩。长春分社成立，只买了些必要的办公用品和两张写字台、两张椅子。其余如沙发、报架等物品均是从财政局仓库里找来的。三个沙发，三种颜色，三种样式，就这样凑合着用了很长时间。社内开会，吃饭很简单，每人一份面包就是午饭了。组织社员活动，为了节省开支，吴学周主张不到娱乐场所，自已组织联欢会。他带头出节目、吹笙。他说，这样少花钱，多办事，还可以相互交流，不是更有情趣，更有效果么。他的行动为九三树立了勤俭节约的好风气。

吴学周同志几乎在任何情况、任何场合下都给人以神采奕奕、精力充沛的感觉。每次会议，他都率先发言。他声音洪亮，语言诙谐幽默，层次清晰，富有哲理，具有很强的鼓动力和感染力。因此，只要他在场，气氛就很容易活跃。

尽管吴学周同志在所内的工作很多、很忙，但并没有影响他身先士卒地带领九三同志参与政治运动，履行政党成员的责任和义务。

在我国社会主义思想改造时期，吴学周同志响应九三组织的号召，组织和带领九三社员配合当时形势，积极投身于学习过渡时期总路线、共同纲领和中华人民共和国宪法等重大政治活动，使自己的成员在革命和工作实践中不断克服小资产阶级和资产阶级的思想意识，逐步接受工人阶级的思想意识，成为社会主义革命和建设的积极力量。他带头做好本职工作，带动周围群众，团结教育广大知识分子，服从党和政府的领导，自觉改造思想，尽自己的一切力量为人民服务。

当我国进入全面建设社会主义的历史阶段以后，吴学周同志又组织和带领九三的同志学习和贯彻党中央的精神，努力调动知识分子的积极性，投入到建设国家、向科学进军的热潮中。

从九三长春分社组建起，到史无前例的"文化大革命"，九三人经历了风风雨雨，坎坎坷坷，但这支队伍始终具有很强的向心力。

十年浩劫，给广大九三社员带来巨大的身心创伤。"文革"前，全省九三社员共117名，文革后，由于种种情况所致，只剩96名。"四人帮"造成的恶劣影响，像阴影一样笼罩在社员的心里，使他们余悸犹存。社组织刚恢复工作时，多数社员持犹豫观望态度，少数社员甚至产生抵触情绪。吴学周作为长春分社临时领导小组的组长，在中共长春市委统战部的支持和帮助下，为贯彻党中央的有关方针、政策，做了大量的艰苦细致的工作。他不顾年迈体弱，让女儿陪着，搀扶着，亲自走访社员家，不厌其烦地讲解党的统战政策，肃清极"左"路线的影响。有些社员不了解情况，认为吴学周自己没有深受其害，无法理解他们的心情，因而冷淡、怠慢他。吴学周不但不怪他们，而且更加关心他们，帮助他们，对他们坦诚相待。"精诚所至，金石为开"，当这些同志知道吴学周在"文革"期间所遭受的迫害比自己重，创伤比自己还深时，深深地为他的精神所感动，重新回到了九三的队伍中。

1980年1月6日至9日，九三学社长春分社召开的第六届社员大会，为开创九三长春分社工作的新局面奠定了基础。广大九三社员心情舒畅，以从未有过的政治热情投入到社会政治生活和四化建设的洪流之中。从此，"奋发图强，献身四化"成为九三社员的历史责任和奋斗目标。统一战线的新形势给九三学社带来了勃勃生机。在这样的大好形势下，许多优秀的知识分子加入了九三的队伍。九三长春分社不断地发展和壮大，至1983年，吉林省九三社员人数已发展到408名。目睹这令人欣慰的一切，吴学周为之兴奋不已。他为九三学社队伍的成长高兴。高兴之余，他和九三的同志们又为九三学社吉林省委的建立兴致勃勃地筹划着。

正当吴学周同志"老骥伏枥，壮心不已"，要为祖国的科技事业振兴和祖国统一事业的发展作出更大贡献之际，病魔夺去了他的生命。临终前，他还念念不忘九三的工作，谆谆告诫前来探望的同志，要依靠党的领导，多与统战部协商，发挥党的助手、参谋作用。要关心九三的同志们，慎重选拔年轻的领导干部……

吴学周的一生就是为党的事业兢兢业业工作的一生、奋斗的一生。他在逝世前不久实现夙愿，加入了中国共产党。几乎一生都是非党知识分子身份的吴学周，用生命谱写的却是一曲毫不逊色的共产主义战士之歌。

学人风范

回忆吴学周

HUIYI WUXUEZHOU

文 史 资 料

百部经典文库

吴老一生献身于科学事业，始终不渝地热爱祖国，急国家之所急，积极承担国家任务。吴老为振兴中华、造福人类而工作的崇高理想，言传身教、诲人不倦的优良风范将永远激励一代又一代在科学事业上辛勤耕耘的人们。

深切怀念吴学周同志

李砥平　于　克　宋任远*

我们和著名的科学家、社会活动家、优秀的共产党员吴学周同志共事30年，结下了深情厚谊。他虽然离开我们10年了，但每忆起他生前的往事，他的音容笑貌，他的言谈举止，依如在目，如叙在耳。

一

吴学周同志为人耿直，真正讲求实实在在，从不搞吹吹拍拍。在历次政治运动中，始终是站在关心爱护党的立场上，帮助党工作，帮助党改进作风。他的言行和他的高尚品质在党内外形成了很好的影响。他曾被选为第二届、第三届全国政协委员，第二、三、五、六届全国人民代表大会代表，吉林省人大常委会副主任，吉林省第二、三、四届政协副主席和九三学社中央常委。

* 李砥平曾任中共吉林省委书记处书记、省政协主席；于克曾任吉林省省长、省人大主任；宋任远曾任中共吉林省委常委、省委统战部部长、省人大副主任、省政协副主席。

作为党派成员、政协委员和人大代表，他时刻不忘给党的组织当好参谋和助手，与党"肝胆相照、荣辱与共"。只要他在长春，每次省政协和省人大召开会议他都出席。他十分关心我省各项事业的发展，常常带病视察和了解城乡生产建设、贯彻宪法、加强民主与法制建设等情况，积极写提案，提建议。为沟通政府和群众的联系而尽职尽责。在参政议政、献计献策和民主协商等方面做了许多卓有成效的工作。

他在每次参加全国政协和全国人大会议之前，都要深入实际，了解情况，听取群众的意见，征求各方面的要求，以便能在会上反映人民群众的呼声。会议期间，他热情非常高，大小会议都不缺席，认真听报告，阅读文件，对政府工作报告字斟句酌，反复推敲，然后提出切实可行的意见和建议。为了尽快把人民所关心的问题及时反映给党中央和国务院，他晚上不看文艺节目，利用这个时间认真撰写提案。他在六届一次全国人代会议期间因病住进了医院，还多次建议有关部门，对有贡献的中青年科学家不要让他们兼职过多，以免占去他们创业的年华。他撰写的"改善中青年知识分子的工作条件和生活条件""要重视科学对经济的促进作用""要采取有力措施，搞好智力开发"等一些有分量的提案，均受到党和国家的高度重视。

吴学周同志经常谈到。科学技术一旦用于生产实践，就会给社会创造巨大的物质财富；四化建设离不开科学技术，而科学技术必须为经济发展服务。这些建议对我省科技事业的振兴，对全国科学事业的发展都是十分宝贵的。

他参加五届五次全国人大代表会议，看到把知识分子作为依靠力量写进宪法，非常高兴。为此，他撰文称颂："这次会议，感受最深的是，把知识分子作为依靠力量写进宪法，体现了党和国家对知识分子以及科学技术事业的高度重视。我们决不能辜负党和国家的希望，要努力培养自己具有蒋筑英、罗键夫那种为中华民族崛起而献身的革命精神，用自己的聪明才智，为广泛提高经济效益，开创四化新局面而努力奋斗！"

吴学周同志十分关心科研事业的设施建设。吉林省科协为了给科技工作者创造一个良好的科技活动场所，提出建立吉林省科学会堂。这一建议很快被批准实施，但因经费不足，施工至中期便被迫停下来了。吴学周知道后，非常焦急，他和有关同志积极在省人代会议上向有关领导呼吁此事。在他和许多同志的积极努力下，科学会堂如期落成，为吉林省的科学事业发挥着很大的作用。

二

吴学周同志长期担任九三学社长春分社主任委员和九三学社中央常委等领导职务。工作中他始终坚持贯彻党的"长期共存、互相监督"、"肝胆相照、荣辱与共"的方针，在民主党派中享有很高的威望，为巩固和发展我国的爱国统一战线，做出了积极的贡献。

在创建九三学社长春分社的基层组织工作中，吴学周同志始终紧紧依靠各级党委和统战部门，做了大量的宣传工作，具体的思想工作和组织发展工作。在组织发展向题上，吴学周同志一直坚持标准，坚持原则，至今为九三学社的同志们所称道。他经常说，当一名合格的九三社员是不容易的。一定要做到拥护中国共产党的领导，积极参加社会主义建设，关心国家和集体，业务强，干劲高。他就是按着这个标准，数十年来，特别注重在东北师大、吉林工大、长春地质学院、应化所、市医院等大专院校和科研单位发展基层组织。发展对象多为省内科技界、教育界和医务界知名专家、学者，都是单位的业务骨干。如应化所的柳大纲、市医院的陈光明等都在各自的岗位上做出过突出的贡献。市医院的卢士谦博士至今仍担任吉林省政协副主席和九三学社吉林省委主任委员等重要职务。

作为长春应化所所长和九三学社长春分社的主任委员，他始终接受党委的领导，同党委保持密切的关系，与应化所的科研人员和九三学社成员也始终保持密切的关系，特别受到全所同志和九三成员的拥护和爱戴。

1983年8月，重病在身的吴学周同志还关心着九三学社省级组织的筹备和建立，为组织推荐德才兼备的接班人。

三

吴学周同志忠诚于科学，脚踏实地、言之凿凿、一丝不苟、兢兢业业。他一生酷爱科学事业，始终争分夺秒，在有生之年，为祖国的科学事业发挥光热。

每次去北京开会，他都要带上许多业务材料，一有空便看，常常工作到深夜一两点钟，非常刻苦。他视力不好，看文件十分困难，但他忍着疼痛，点上几滴药水，仍继续坚持工作。他说："我的一分钟要当一年用，如果两年的任务我一年完成，就等于延长一年的寿命"。为了科学事业，他从来不顾自己的身体状况。从上海来东北后，由于气候寒冷，吴学周早年就患有关节炎病，日益加重，经常疼痛难忍。郭沫若院长得知后，拍电报让他去大连疗养三个月。他勉强去了，但他还一心惦记着所里的工作，仅疗养一个月就回来了。

他对国外动态报道十分重视，把它当成立项的窗口和眼睛，只要有条件有可能就抓住立项研究。一次，他在《国外动态》杂志上看见一则国外有人从月见草种籽油中提练干扰素防癌治癌的消息，便考虑也应进行这方面的研究，如果成功，是对国家一大贡献。为此，他在这方面开始了大胆地探索。他拿资料影片反复对照研究，发现月见草即是生长在院子里的一种开黄花的植物，夜晚开花，早晨花闭，就是人们常说的"夜来香"花。后来我们又从柳河县给他弄来了月见草油，吴老爱惜地捧着月见草油高兴得不得了，看得出他多么钟情于他的事业。

吴老对工作认真负责的精神也令人钦佩。一次我们去他家拜访，一进屋便看见他正在伏案吃力地看材料。经问询，原来是在看所里科研人员晋级评定职称的考核材料。八十高龄，身体又病弱，这类材料他完全可以让别人看。可是他却说："这材料我得签字，我必须亲自看，要对组织和个人负责呀！"他这种一丝不苟的精神，使我们非常受感动。

四

吴学周同志不仅以毕生精力为振兴中华尽瘁于科学事业,受到世人崇敬,而他个人生活清廉也深为人们所敬仰。

他一生淡泊明志,崇尚廉洁奉公,为国尽忠,为人民服务。早年他家世清贫,一生几经坎坷、磨难,涵养成高尚的人格和品德。晚年欣逢盛世,身任要职,工作上不断做出重大贡献,获得党和人民给予的崇高荣誉。但他生活作风还是一如既往,从不因个人的事情动用公家财产,甚至不浪费公家一页稿纸,也从不用公家车为个人办私事。就是在三个孩子和老伴不幸相继去世,处于十分悲痛的情况下,他也没有因此而影响工作,也没有在困难处境中向组织提出什么要求。在小儿子吴景松病逝后,他对女儿吴雅南说:"我年纪老了,去北京会给组织添麻烦,你代我去,丧事要从简,不要浪费。对单位和同事在景松病重住院期间所给予的帮助、关怀和照顾表示真诚的感谢!"此事在党内外同志中被广为传颂。

吴老对自己要求特别严格,从不搞特殊化。一次在北京参加全国人代会时,服务员见他年迈,问他想吃点什么,可以单独为他去做。吴老非常感激地说:"谢谢,不必了,代表能吃的我都能吃。"

他对子女要求也非常严格,常对子女说:"你们一定要有志气,自己去创造生活,不要躺在父母的功劳簿上图享受。"1982年,年龄小(13岁)、身体弱的外孙女席雁上了一所离家远的中学。九三学社的同志将此情况反映给省委领导,有关同志决定将孩子调换到一所离家较近的中学。吴学周同志知道此事后,严肃地批评了女儿,并说:"只要我活着,不管你们哪一个,谁也不准用我的名义搞特殊照顾。"并请省里同志停止办理。他经常教育子女做自食其力的人,做老老实实的人。但对别人非常宽宏大度,别人有困难他都解囊相助，公共事业主动捐助。对"义化大革命"中摧残过他的人，主动做他们的思想工作，教育他们要真正改正错误，放下思想包袱，愉快、轻松地工作。

在吴学周同志的言传身教之下，他的子女们也都和父亲一样生活俭朴，勤奋学习，业务过硬，踏踏实实工作在各自的岗位上。吴学周同志逝世后，其子女根据父亲的生前教诲，将父亲生前节俭的一万元存款献给了党。中共吉林省委决定将这笔钱交长春应用化学研究所，作为新设立的吴学周科学技术奖励基金，以纪念这位科学界的老前辈。

五

吴学周同志经历了中国半殖民地、半封建社会到社会主义社会的历史进程，新旧社会的对比，使他深深认识到"没有共产党就没有新中国""只有社会主义才能救中国"的真理。他对党的忠诚和信任始终如一。1980年在政协吉林省第四届委员会上，他激动地说："共产党毛主席拯救了我，拯救了挣扎在死亡线上的广大劳苦大众，广大知识分子也获得了新生。30年来，我曾十几次幸福地见到了伟大领袖毛主席，我永远感激党、感激毛主席对我们从旧社会走过来的知识分子和民主党派成员的爱护和教育。我终生难忘，我奔波了半生，终于找到了能够拯救祖国的真正领导者——中国共产党。"1983年9月21日，吴学周同志光荣地被批准为中国共产党党员。此时此刻，他思绪万千，由衷地说："我毕生的愿望实现了！"实际上，早在建国初期，他就向党组织表示过自己的愿望。几十年来，他还多次提出参加中国共产党的要求，党组织考虑他留在党外更有利于党的工作，就没有吸收他到党内。吴学周十分理解党对他的信任。弥留之际，他的愿望实现了，他十分欣慰。他从病床上起来，神情十分激动地表示："虽然我年纪大了，但决心在党组织的监督下更好地努力奋斗，把党交给的工作做好，为四化建设，为共产主义贡献一切。"这位老科学家，党的优秀党员，忠贞的无产阶级革命战士，直到逝世前仍念念不忘党的事业，念念不忘改造自己。他虽然在晚年入党，但他在思想上、政治上早已具备了一个共产党员的条件。他的一言一行都成为后人的楷模。

让我们永远深深地怀念这位优秀的共产党员，这位人民的科学家吧！

往事的回忆

贝时璋[*]

　　吴学周先生只比我长一岁，可谓是同时代的人。而我们相识却比较晚，第一次见面是1948年在中央研究院开院士会议。真正接触比较多，是在新中国成立以后。1949年12月，中国科学院在北京召开会议，讨论科学发展规划，我俩都参加了这次会议，并有比较多的接触。到1950年，我们就比较熟悉了。当时，我筹建了实验生物研究所，吴先生是在化学研究所（以后是物理化学研究所）任所长。这两个研究所都设在上海。由于工作关系，再加上居住在一起，我们经常有机会交谈。1952年吴先生调离上海，我们的接触就比较少了，但还保持了往来，保持了业已建立起来的友谊。1953年，中国科学代表团访问苏联，钱三强是团长，我是成员之一。访问归国后，我们代表团在长春吴先生领导的所里住了一个多月，主要是消化出访苏联的经验，进行工作总结。在此期间，我经常能和吴先生见面，在一起交流对新中国科学发展的看法。以后我到北京工作，吴先生每次进京，只要能抽出时间，就来看望我，我们这种友好往来和情谊，一直保持到吴先生逝世。

　　吴先生是一位很有才能的爱国科学家，是我国光谱化学的奠基人之一，在这方面有突出的贡献。他为祖国的科学事业作出了毕生的努力，为我国应

---

　　* 作者时任中国科学院学部委员、生物物理所名誉所长。

用化学开创了先河。记得1952年，中国科学院在长春新设了一个综合研究所（以后改名为应用化学研究所），要调吴先生去担任所长。当时长春的工作条件很差，尤其是气候寒冷，使长期生活在南方的人望而止步。而那时的上海，尽管解放也不久，但工作、生活、科研条件要比长春优越得多。面对组织的决定，面对事业的需要，吴先生二话没说，毅然决然地带领全家奔赴新的工作岗位，去开创科学事业的新天地。在长春，他一干就是30年。在这漫长的岁月里，他有过艰辛的创业，有过成功的喜悦，也经历过痛苦和折磨。但这些都没有动摇过他为祖国科学事业奋斗终生的坚定信念。他这种不畏艰苦、乐于奉献的精神，实在是难能可贵的，很值得后人去发扬光大。

吴先生在学术上是一个很有成就的人，在家庭生活上也堪称楷模。他虽是个造诣很深、影响很大的化学专家，但他待人诚恳、随和，生活非常俭朴。平时吃得很简单，穿得也很朴素，就是有时请我们到他家作客，接待相当热情，但蔬菜方面却比较简单，从不大手大脚。他经常对子女说，我们国家这么大，人口这么多，底子这么薄，不艰苦朴素、勤俭建国怎么行。他的子女在他的教育和影响下，从小就养成了勤俭过日子的好习惯。

吴先生也是一位思想品质高尚的人。新中国成立初期，我们两家同住在上海岳阳路，来往颇为密切。他的夫人是一位道地的农村妇女，具有中国女性的传统美德，但文化不高，新中国成立后也一直是家庭妇女。按照世俗的观点，他们俩是很不般配的。但吴先生既不是这样想的，也不是这样做的。他们之间亲密无间、相敬如宾。吴夫人把家里料理得井井有条，让吴先生把全部精力用到科学事业上。而吴先生也没有忘记自己做丈夫的职责，经常关心、体贴妻子，一有空就陪她走一走，或带她到同事家里串门，以充实她较单调的生活。吴先生夫妇待人都很诚恳，也乐意帮助他人，邻里、同事有什么困难，他们都尽力给予帮助，因此很受大家的敬重。

吴学周先生离开我们快十年了，但他那种爱祖国、爱科学，为人民的科学事业奋斗终生的崇高品质，却永远激励着后人前进。

才华横溢的学周

赵忠尧[*]

屈指算来，学周先生离开我们快十年了。1983年10月，他逝世的噩耗传来，我为失去了一位老同学、老朋友而伤感不已，惋惜国家又少了一位才华横溢的学者、科学家。

1920年，我考入南京高等师范学校数理化部，就读于第四班，同班的有吴学周、柳大纲、朱任宏等，共23人。严济慈也在数理化部读书，不过比我们早一年入学，是我们的学长。1923年南高师停办，改为国立东南大学，数理化部的学生全部重新分系，我到了物理系，学周和柳大纲则进了化学系，后来他们俩曾在国立中央研究院化学所同事、合作，成了世交莫逆。

初入南高师，学周和我一样，以为自己不是名牌中学出来的，都有一种落后于人的自卑感，便加倍努力，两个人的成绩都很好，感情更好。记得毕业的时候，两个人分手，互赠相片，还并肩坐着拍了一张合影。我始终佩服学周，他个子瘦小，读书勤奋，自学能力特别强，生活非常俭朴，待人坦诚，总是笑嘻嘻的，乐观得很。平时说话不多，一且开口，说两句笑话就会使人忍俊不禁。

---

* 作者系中国科学院学部委员、原子物理学家。

　　1928年，学周到美国加州理工学院深造，两年后，我也来到这所学院留学，老同学重逢，自有说不出的高兴，如今还健在的天津大学刘云浦教授，正巧也是1930年到加州的，三个人意气相投，又邀了一位姓何的留学生，四个人合租了一处民房。那房东老太太不歧视华人，对中国有好感，常请我们喝茶、吃点心，谈一些日本人侵略中国的事情，表示她对中国的同情。这时候，学周因为英语讲得好，说话最多，表现得很活跃，就像我们的"外交部长"。

　　那时，中国留美学生大都有一种"科学救国"的思想，学习非常用功，星期六和星期天的实验室，总是中国留学生的世界，不做实验，就是读书，生活因此过得比较枯燥。然而，学周却不同，他不死读书，总要挤点时间出来吹萧奏笙，或者爬山，打网球，有时几个人还一块出外野游。当然，瘦小的学周又是我们的"交际部长"了。

　　学周是个多才多艺的人，留学生生活过得丰富多彩，并且很快取得学术成果。他本来是学经典化学的，分子光谱研究是自己打出来的天地。从30年代以来，直到逝世，无论在国外还是国内，无论在上海还是昆明、长春，他在这个研究领域都有创造，不愧是我国分子光谱研究的一位开拓者、奠基人，可惜才过80岁就逝世了，实在是我国科学界的一大损失。听说他晚年还在悄悄研究治癌药物，年过80还工作不知疲累。我想，如果他再晚几年走，对国家对社会对人民不是贡献更大吗！

　　人的死亡，当然是自然规律一，生者伤感不必过多。学周逝世，我之所以对他有所思，是因为深知他是个正直无私、光明磊落的人，是个乐观、顽强的人，这样的人往往健康长寿，为什么他却匆匆离去？心力交瘁！这与"文革"不无关系。"文革"固然是一场荒唐闹剧，连许多比学周地位更高的人物都遭劫罹难，学周当然也难免下沉。只是他受的委屈太多，迫害太重，并因此失去一只眼睛，平添多种疾病，他的科学年龄与生理年龄都因此受损。这实在是罪过，更是一个教训。

　　纪念逝者，缅怀学周，今天，可谓政权逢其时，因为我们的党和国家，总结了经验教训，把科学技术看作第一生产力，号召尊重科学，尊重科学

家，用发展科学技术来推动四化建设，参加国际竞争。我想，学周有知，一定会含笑九泉的。

（吴振群根据1991年6月10日访问赵忠尧先生的谈话记录整理）

吴学周所长组织上海物理化学所搬迁长春的前前后后

武　衡[*]

1952年冬，吴学周所长与上海物理化学所全体人员一道来到了长春，在这里度过了31个春秋，为东北重工业基地作用的发挥，为新中国科学事业的崛起，作出了重要贡献。他这种顾全大局，服从革命事业需要的精神难能可贵。现根据本人记忆，将吴学周所长组织上海物理化学所搬迁长春的前前后后作一记叙，以志缅怀。

1948年，东北全境解放。东北工业部接管了"伪满洲国大陆科学院"，并将其改名为"东北工业研究所"。经过两三年的修复和重建，该所已初具规模，但人员的补充却非常困难，严重影响正常工作的开展。当时，整个东北的工业正在恢复过程中，急需大批科学技术人才，而人才奇缺，远远满足不了实际需要。为此，只有到外地招聘。1950年初，我任中科院综合所所长，奉命到南方招聘科技人员。此行虽然为研究所聘得一批科技人员，但高级人才很少，还是满足不了实际工作的需要。于是，我向中国科学院呼吁，请求调一批高级科技人才，到东北从事和领导科研工作，为东北工农业生产

---

* 作者时任中国科学院学部委员、国家发明委员会主任，曾任长春综合研究所所长。

的恢复和发展服务。此后，中国科学院副院长竺可桢、吴有训先后到东北考察，我又多次提出，请中科院为东北各研究所调配各类高级科技人才。我多次的呼吁，引起了领导的重视，他们答应予以考虑。

吴有训副院长回到北京以后，向中科院提出了动员上海物理化学研究所到长春的建议，得到了同意。为什么吴有训副院长会提出这一建议呢？因为当时在上海物理化学所担任所长的是吴学周，他是我国著名的物理化学家，且办事认真，具有很强的组织才能，可以担此重任。为此，中国科学院郭沫若院长电邀吴学周进京，对他说："毛主席提出要建设好东北，你们迁一部分人去那里怎样？"吴所长毫不犹豫地答应了。这充分说明了吴学周教授对共产党的热爱，对社会主义建设事业的执着追求。这与两年前的一件事形成了鲜明的对照。那是1948年，国民党当局在面临彻底失败之际，要求中央研究院及其所属研究所搬迁台湾。吴学周拒绝南京之派员的威胁利诱，承受来自同行中的压力，坚决留在大陆。他召开全所大会，号召大家保卫研究所，将全部科研设备留给新中国。在隆隆的枪炮声中，他和全所人员还坚守在实验室，迎接上海的解放，迎接新中国的诞生。吴学周所长以身作则，大义凛然的行动，堪称爱国科学家的榜样。

吴学周所长在接受迁所的任务后，开始了紧张的准备工作。当时，正值知识分子思想改造运动。许多科技人员在批判了旧中国科学研究从文献到文献、脱离实际的学院式研究之后，思想觉悟有了很大提高，决心为新中国建设干一番事业。但是，要动员这些长期生活、工作在南方的科技人员到东北工作，可不是一件容易的事，他们提出了很多困难和问题：东北天气太冷呀，生活条件差呀，家属不能去啦，子女上学难啦。此外，工作是否适合自己的专业、兴趣，能不能做出成绩，则是科技人员更加关心的问题。这些问题困扰着每个人。吴所长在深入调查、了解、掌握全所人员的思想动态和各自存在的实际困难之后，逐一做好思想动员工作，消除他们的顾虑，对一些同志存在的实际困难想方设法解决，使他们无后顾之忧。经过一段时间的艰苦、细致工作，大家的思想情绪趋于稳定。

为了对东北工业发展的现状和科研工作的基础有一个较为全面的了解，

1952年8月，吴所长率该所高级研究人员赴东北考察。他们从繁华的都市上海来到新中国最大的工业基地，从悠闲的学院式的实验室来到繁忙的新型的研究所。他们看到了光复后的国土上百废待兴的工矿企业，看到了解放后东北人民的冲天干劲。他们还听到了科学技术人员迫切要求解决科学技术问题，提高科学技术水平的强烈呼声。吴所长和考察人员从中受到了震动，受到了感染，也从中体会到了自己的义务和责任。

吴学周等回到上海后，进一步做好深入细致的思想教育工作。他反复向全所人员说明迁所的重要意义，讲清"国家兴亡，匹夫有责"的深刻道理。并采取有效措施，帮助一些同志解决具体困难。这是一项艰巨的工作，然而，在吴所长的指挥下，在各方面的共同努力下，取得了完全的胜利。1952年年底，上海物理化学研究所的三十多名科技人员乘上了北上的列车。该所的图书资料、仪器设备也全部搬迁到长春。

上海物理化学研究所迁到长春后，与长春研究所合并，成立了中国科学院长春应用化学研究所，吴学周任所长。30多年来，该所在吴学周所长的领导下，做了大量的开拓性工作，取得了累累硕果，还培养了一大批科研人才，为东北，为全国做出了重大的贡献。

祖国物理化学研究的开拓者

余瑞璜[*]

　　当我1925年考入南京国立东南大学物理系学习时，吴学周学长已在东大化学系毕业任教。由于我们都是江西人，所以当时即引起我的注意。当我在北京清华大学工作时，学周兄又和家三兄余瑞瑜（精一）同时考上江西公费留学生，只是前往地点不同而已（学周兄赴美，家三兄赴德）。1939年我在英国学习和工作后携妻带女回到昆明时，学周兄已在当时的中央研究院化学研究所进行物理化学研究，并担任该所所长。在这里，我还参观过他们的研究所，见到他在进行物理化学研究。抗战胜利后，我返北京清华物理系，而学周兄则领导他们的研究所回到上海。自此以后，我因又到美国工作一段时间，其余都在北京清华大学物理系和北京大学地质系从事教学工作，而学周兄一直在上海，彼此相隔数千里，且专业又不同，彼此没有往来。

　　1952年，学周兄、王大珩兄和我主动响应党中央号召，第一批到长春工作。学周兄从那时起一直主持中国科学院长春应用化学研究所和进行科研到他逝世为止。虽然我们的研究方向完全不同，我对学周兄具体的研究领域不清楚，但有一点是可以肯定的。那就是：从1925年以来（除文化大革命十年

　　* 作者时任中国科学院数理学部委员、吉林大学物理学一级教授、吉林省人大常委会副主任。

动乱时期），学周兄一直领导中青年科研人员执着地进行物理化学研究。不论在南京、美国、上海、昆明，还是最后到东北的长春，学周兄一直最早领导祖国的物理化学研究，培养了一批又一批中青年优秀人才，为老一辈物理化学专家的研究提供了良好的环境和设备。现在中国科学院在长春的应用化学研究，在不少方面做出了突出贡献，在全国以至世界都有比较大的影响。这是本人耳闻目睹、千百人有口皆碑的事实。所以吴学周学长是祖国最早一批科学开拓者和创造者之一。因此我怀着无限敬仰的心情，仰望着：

　　吴学周学长的科学贡献与世永存！！！

回忆吴学周先生二三事

唐敖庆[*]

　　我和吴学周先生认识，是在20世纪40年代初期。那时中央研究院的几个所搬到昆明，他是化学研究所的代理所长，我在西南联大化学系当助教。当时，我常去物理系旁听吴大猷教授开设的《高等量子力学》课程，听课的除几位研究生和青年教师之外，还有一位中年学者。他听得非常认真，还不时地记笔记，有人告诉我，他就是有名的物理化学家吴学周先生。后来在中国化学会举办的一些学术会议上，我听了他关于分子光谱方面的学术报告。我到中央研究院图书馆查阅资料，也常见到他在阅读期刊，或和青年研究人员讨论科学问题。他给我的最初印象，是一位孜孜不倦、勤奋好学、热心科教事业、乐于帮助青年的前辈学者。

　　1952年秋，高等学校院系调整时，从北大、清华、燕京等校抽调了一部分教师到长春东北人民大学（1958年改名为吉林大学）创建理科，使该校成为东北地区最早的一所综合性大学。我也由北大调到东北人民大学化学系任教，当时系主任是蔡镏生教授，他原来是燕京大学化学系主任，是一位物理化学家，和吴学周先生熟悉。也就在同一年，吴学周先生带领一部分研究人员从上海来到长春，在长春综合研究所的基础上，建立中国科学院应用化学

　　* 作者时任中国科学院学部委员、国家自然科学基金委员会主任。

研究所，并担任所长。东北人大化学系刚成立时，师资力量和图书设备都不足，亟须争取外援。蔡馏生教授和我们商量，想和应化所搞协作。正在这时候，吴学周先生却走在我们的前面，首先提出了两个单位搞协作的建议。后经双方认真地商量，达成了多项协议：应化所的研究员到东北人大兼课，指导毕业论文；在仪器设备和图书资料方面，也给予必要的支持，应化所的青年科技人员到东北人大听课；东北人大输送优秀毕业生到应化所工作；有关人员在应化所兼职。根据上述协议，我兼任应化所物理化学研究室主任达8年之久。通过这种密切协作，达到了互通有无、取长补短、共同提高之目的，有效地推动了科研、教学工作的开展。正是由于吴学周和蔡馏生两位先生为应化所和吉大化学系的协作奠定了坚实牢固的基础，两个单位的协作关系一直到今天都保持得很好，堪称科研单位与高等院校合作的一个范例。

吴学周先生对培养年轻一代非常重视。他除了选送人员到兄弟单位培养外，还在所内专门开设了一些课程，其中包括政治理论课和专业业务课。我在应化所兼职期间，他就要我为研究人员开设系统的高等物理化学课程，例如化学热力学、化学动力学、物质结构、统计力学、量子化学等课程。他还聘请一些学有专长的教授来所讲授其他专业课程。为拓宽视野，学习国外的先进技术，在50年代中期，他就选拔优秀人才到国外对口单位进修学习。这些同志回国后，都已成为应化所的骨干力量。应化所是个出成果、出人才的先进所，这和吴学周先生站得高、看得远，从建所初期就采取种种措施，千方百计地培养人才是分不开的。

吴学周先生是九三学社吉林省的领导，在50年代我也曾担任过中国民主同盟吉林省支部的副主委，因此有机会和他一同参加省里召开的有关统战工作的会议。吴学周先生是二、三、五、六届全国人大代表，我是二、三届全国人大代表。因此有机会和他一同参加中央召开的一些会议。从他在会议上发言以及和他的平时交往中，我了解他对中国共产党领导的多党合作和政治协商制度有着比较深刻的理解。他是热爱党、拥护社会主义制度的，他认真学习马列主义、毛泽东思想，努力贯彻党的各项方针政策，在改造客观世界的过程中努力改造自己的主观世界。他是一位政治上进步，业务上有高深造诣，工作中取得优异成绩的前辈科学家。

　　为人民作出贡献的人，人民是不会忘记他的。在吴学周先生逝世十周年之际，他家乡为他出纪念专集。借此机会写了上述回忆，以此表示对他的深切怀念。

回忆化学界老前辈吴学周先生

高怡生[*]

我认识吴学周先生是在1934年。那年我刚从国立中央大学毕业，受聘于国立中央研究院化学研究所，担任研究助理员，随导师纪育沣、庄长恭先生从事有机合成方面的工作。而吴先生此时已是该所的研究员，在物理化学组承担紫外光谱的研究。因此，我在工作上与吴先生无直接关系。但当时全所只有20余名工作人员，同事之间还是能经常见面的。那时的研究员、教授年龄都不太大，一般只三四十岁光景，但大多是留学生。这些人中不乏严肃有余、洋气颇足者，使年轻人不愿与之接近。吴先生却与众不同。他经常面带笑容，显得精明强悍，给人一种平易近人之感。以后我对他的了解逐渐加深，知道他是中央大学前身——南京高等师范的学生，比我早毕业10年，所以也是我的老学长。我听过他的学术演讲以及在会议上的发言，印象是声音洪亮，思路清晰，学识渊博。

吴先生虽然是个知名学者，但他不同于一些书呆子，经常参与社会活动。当时上海科学社、化学会等团体，组织了不少活动，他都乐意于参加。抗日战争起，化学所迁往昆明，庄长恭辞去所长职务，吴先生被当时中央研究院总干事任鸿隽推荐为化学所所长，在内地苦撑8年，直到抗战胜利迁回

---

[*] 作者时任中国科学院学部委员、上海药物研究所名誉所长。

上海，担任所长至1949年。所以吴老也是长干行政工作的。

新中国成立后，化学所被中科院接收，庄长恭先生重掌所长职务，吴先生领导的一摊分出成为物理化学研究所。不久他服从上级安排，将上海物化所迁往长春，与长春综合研究所合并，成立了长春应用化学研究所。此举也表现了他识大体、顾大局的思想品质。多年来，他致力于科技工作的应用，为祖国科技事业发展作出了不少贡献。他是化学界的老前辈，享有较高的威望。他与柳大纲先生是同学、同事、好友，两人关系很密切。目前长春应化所、北京化学所的"三严"传统作风得以流传下来，是与吴、柳两位先生的倡导、带动分不开的。

我离开中央研究院化学所后，进入北平研究院药物研究所工作，所长是赵承嘏先生。赵老曾在南高教过一段时间的课，吴先生听过赵的讲授，所以一直尊赵为师。后虽迁往东北，但一有机会总要往访赵师。吴先生对药物所的研究工作也是重视的。他的夫人患癌症时，即向药物所求援抗癌新药。我们及时送去，他按时应用，虽急救成功但最终仍复发。这也说明他对国人自己的研究成果是有信心的。毫无疑义，吴先生是一位非常爱国的老知识分子，值得我们崇敬和怀念。

回忆我和吴学周教授的交往

袁翰青[*]

　　60多年前，我和吴学周教授在美国加州理工学院就相识了。说来也巧，吴学周教授是1928年考取江西省教育厅公费留学生，到美国加州理工学院攻读博士学位的，所学的专业是物理化学。我是1929年清华大学毕业后考取公费留学美国加州理工学院的，同样是攻读博士。尽管专业不同（我是有机化学），但是彼此的抱负却是一致的。

　　当时，美国加州理工学院有许多造诣很高的科学家，如：1923年荣获诺贝尔奖的著名物理学家R.A密立根教授（Millikom），他们开展着前沿课题的科学研究工作。

　　我的指导教授是A.A.Noyes（1866—1936），那时，来美留学的中国人比较少，而在加州理工学院就读的中国人就更少了。我刚来该校时感到寂寞，后来与中国留学生吴学周、赵忠尧等几人相识了，课余时间经常在一起，互相促进，互相勉励。

　　记得1929年冬，我的导师A.A.Noyes教授分别把吴学周、我和一位日本人（名字忘记了）请到他的乡村别墅共度圣诞节。在此期间，大家一起游玩、吃饭、谈学术。通过交往，我觉得吴学周很质朴，对人非常热情，对事

　　*　作者系全国政协常委、中国科学院化学学部委员。

很谦逊，对学术研究刻苦努力。我对他的印象越来越深。

在美加州理工学院就读半年后，经A.A.Noyes教授推荐，我入伊利诺大学攻读，于1933年获得化学博士学位，并在校当了半年助教。不久，接到前中央大学信函，邀请我去中央大学化学系任教。此时，吴学周教授在前中央研究院化学研究所任专任研究员。我们之间保持了通信联系。

抗战开始，我到了大西北的兰州，任甘肃科学教育馆馆长，开展科学普及工作，同时兼西北师范学院教授。而吴学周教授在昆明主持筹建科学实验馆，也属科学普及方面的工作，彼此可算是同行。为此，我们的通信联系增多了。

1955年，吴学周教授被选为中国科学院数理化学部委员，我和赵忠尧也同时当选。这样一来，我和吴老的关系就更深了一层，经常通信联系，交流学术上的问题。

"文革"期间，许许多多的人受到迫害，吴老和科技界不少专家、学者也未躲过这一厄运。当时，我被下放在河南罗山放牛，而吴老蒙冤入狱，受到严重摧残，一只眼睛被打坏。吴老在没有办法的情况下，如实地讲了以前哪些人和他同过学、同过事，哪些人和他交情比较深。结果，造反派就据此把这些人都当成"特务"，并加以株连。于是，唐敖庆、张大煜（已故）、徐光宪、赵忠尧和我等100多人先后被定为"特务"或"反动权威"。对此，至今还有人耿耿于怀。我在河南罗山时，有一天，上级派人把我叫去，询问吴老是不是特务？我回答不是。接着又问，上海条件那么好，他为什么要去不发达的长春？图的是什么？我简单地答复他们：他是被中国科学院派到长春筹备长春应化所的。在"文革"这场长达十年的浩劫中，我们这些人都是自身难保，相互之间无法联系：吴老恢复工作后，不计较个人恩怨，仍忘我地工作，彼此联系也很少。在党的十一届三中全会以后的一次九三学社中央全会上，我见到了吴老。谈及往事，他为"文革"中众多的同仁受到摧残和株连感到愤懑和内疚。

吴老是中国分子光谱研究的奠基人之一和化学科学研究的卓越组织者，为光谱研究和化学科学研究的发展贡献了毕生的精力。他一生为祖国培养和造就了大批光谱研究人才，为祖国的科学事业作出了应有的贡献。

记我国卓越的物理化学家吴学周教授

柳大纲　胡克源[*]

吴学周教授是著名的物理化学家，他为中国化学科学事业的建立和发展贡献了一生，对我国社会主义建设事业立有卓著勋劳。

吴学周教授是江西省人，1924年毕业于南京高等师范数理化学部，翌年毕业于东南大学化学系，授理学士。1928年赴美国加州理工学院留学，1931年获得博士学位。期间，在溶液电化学、分子光谱、统计热力学等领域完成了多项研究。1932年赴德国达姆施塔德城高等工业大学，与著名光谱学家赫兹堡教授共同进行分子光谱研究。1932年回国，历任中央研究院化学研究所研究员、所长。1947年兼任上海交通大学和上海医学院教授。

自30年代中期起，吴学周教授在国内艰难困苦的条件下，在分子光谱学、化学反应机理和动力学等领域中和他的共同工作者做出系统的出色工作。他和他的共同工作者曾对直线型、高度对称的多元分子乙炔、联炔、双氰等近紫外线的吸收光谱进行了研究。还利用吸收途程的长短、气压的大小以及温度效应、强度的观察等等条件的现象，把吸收光谱线尽量显示出来，弄清了他们的激发状况，进行了理论分析。各个分子不一，对研究获得的从数十以至千条的

---

　　* 柳大纲系中国科学院学部委员、化学研究所名誉所长、盐碱化学家；胡克源系中国科学院环境化学研究所研究员。

谱线进行细微观察和精确测量，得到了不同精确度的、表示几个激发态分子振动频率的级数公式。在双氰分子吸收光谱中，还发现一个新的光谱带系。吴学周教授还利用前人已经从红外和拉曼光谱分析已经获得基态成果，分子的对称性以及双氰和联炔为同电子数分子结构等等，基本上从近紫外光谱弄清了它们激发态分子的粗略结构，并作了较为深入细致的讨论。通过这一系列的工作，虽未能按照全部考虑完成，但已把多元分子的近紫外吸收光谱学推进一步。此外，吴学周教授等还进行过氰酸和一些异氰酸酯和正常硫氰酸酯与异硫氰酸酯的近紫外吸收光谱工作，从其连续吸收谱带出现的波长估测其解离能，并作出结构讨论，提出若干化学上感兴趣的问题。

在化学反应机理动力学方面，吴学周教授把注意力倾注于醇、醛、酮与碘、氢氧化钠在水溶液中的作用机制上，研究了甲基乙二醛、苯基乙二醛、乙醛、甲醛乙醛在水溶液中不同条件下与次碘酸根的不同反应进程和机制，特别是深入研究了甲醛乙醛与次碘酸根的多步反应的复杂反应动力学，阐明了反应机制。这些系统的研究揭示出控制这类反应按要求方向进行的条件，为应用这类反应于测走上述醛类提供了理论基础和准确方法。

60年代中期，吴学周教授从一位分子光谱学家的角度，对异体中的导电机制提出了看法。从芳香族化合物与氧分子间的电子转移光谱出发，提到多环芳香族化合物的半导体中载流子的热激发能和它们分子中芳环数目、结构与电子能级间规律的关系。也曾著文指出当时存在于非极性共轭分子电子光谱的溶剂效应问题，发生的争论和分岐，实存在有共同弱点，应从大量的实验工作求得解决。吴学周教授及其共同工作者曾在研究芳香族化合物与分子氧间的电子转移光谱与光致氧化时，观察到以分子氧作为电子受主的电子转移光谱，并证明在九种芳香族化合物中除苯甲醛和蒽外，所有光谱频率与电子施主的电离之间有直线关系。关于聚丙烯腈热处理的反应机理问题，许多学者研究认为是产生均一而规整的大共轭体系的高分子，但吴学周教授及其共同工作者，经一系列实验研究，认为经过三个步骤的反应，热处理的产物只能是含多核吡啶，骈环不长，结构杂乱的高聚物，认为这问题是值得进一步研究的。

　　吴学周教授深知培养人才是发展科学的根本。在长春应化所工作期间，他除亲自培养研究生，并不辞劳累地帮助中、青年学习提高外，还在研究所内举办了发射光谱学习会，又在长春化学学院举办光谱班，之后又在中国化学会的委托下举办了全国性"分子振动光谱学习班"。这一系列的学术组织活动对我国光谱的发展起了巨大的推进作用。

　　吴学周教授在长春应用化学所还组建了分析化学、高分子化学、稀土化学、结构化学、电化学、半导体化学等学科工作和队伍，取得了丰硕的科研成果，受到国家奖励。

　　吴学周教授的一生是勤勤恳恳，实事求是，专心一致献身于科学事业的一生。他的逝世，使我国科技界失去一位卓越的物理化学家，失去了一位杰出的人民科学家，失去了一位优秀的共产党员。吴学周教授令人难忘的形象、风格，将永远存在我们的记忆之中。

记吴学周先生二三事

黄耀曾[*]

  1902年，出生于乡村农家的吴学周先生，依靠自己的努力，考取了南京高等师范。毕业后又进修两年，成为东南大学文理科毕业生。接着又考取了江西省官费，留学美国，学习当时化学前沿分支学科——光谱学，获得博士学位。回国后进入中央研究院化学研究所（上海），在分子吸收光谱方面做出成绩。1937年日本军国主义者发动全面侵华战争，在所长庄长恭先生的领导下，吴先生率先带领许多研究技术人员，绕道越南，奔赴昆明，为我国化学界保存了实力、仪器、药品。在艰苦的条件下，他仍然坚持研究。抗日战争胜利后，被任命为中央研究院特派员之一的吴先生，把迁往昆明的一支研究技术队伍带领回沪，仪器药品也陆续运回。新中国成立初期，吴先生响应党的号召，服从党的分配，和一些研究技术人员在长春组建了应用化学研究所。在他苦心经营十多年后，该所成为东北地区一个很有实力的研究单位，为国家基础研究和应用研究做出了出色的成绩。

  我和吴先生始识于1934年。当年我随庄长恭先生进入中央研究院化学研究所从事有机化学研究，而吴先生是从事物理化学研究的。因研究领域不同，我和他不常见面，只是在每两周举行一次的学术讨论会上偶尔遇到，可

---

  [*]　作者系中国科学院学部委员、上海有机化学研究所研究员。

谓点头之交。抗日战争胜利后，化学所由昆明迁回上海，吴先生出任所长。我在一度离开化学所后，向他申请重返该所。回所后，我对他的性格逐渐了解，与他的交情逐渐加深。后来，他和我同住一幢楼房，他住楼下，我住楼上，我了解他非常用功，经常工作到深夜。加上他的子女和我的儿子们年龄相仿，时常往来。我们两家休戚相关，几乎成为通家。吴先生的性格是比较开朗的，和他闲聊，从不隐瞒自己的观点，往往口若悬河，一谈就是一两个小时。他对同仁也很关心。我想出国进修，他多次为我联系，终因我体检不合要求而未能成行。吴先生一生道路坎坷，经受了不少磨难，尤其是在"文革"中倍受摧残。但始终没有改变他对祖国科技事业的执着追求，对中国共产党的无限热爱。他不愧是一位爱党爱国的人民科学家。

有两件事深深印在我脑海里：一件是1948年秋，解放大军已解放了长江北岸，国民党苟延残喘，上海危在旦夕。一天，中研院院长朱家骅来到上海，召集上海所属各所的高级人员，动员全体迁往台湾，说是历史语言所所长傅斯年已经率领全所搬走了。接着叫各所分头讨论并定出搬迁方案。吴先生是化学所领导，主持了该所的讨论。他表面上遵从，暗地里却不执行。其他高级人员也大都是持这种态度。结果，朱家骅的企图在上海全落了空。另一件事发生在上海解放前夕。当时解放大军兵临在城下，国民党军队犹作困兽之斗，在岳阳路几个研究所的大楼楼上平台架起机关枪和迫击炮。在一个深夜，吴先生亲自敲我家大门，叫我全家和他家一起住进大楼的底层，因为我们的宿舍是不耐炮火轰击的，而大楼建筑坚固，可以抵御重磅的炮弹。此事令我终身难忘。

记化予先生二三事

梁树权[*]

　　化予（吴学周之号）先生是忠厚长者，律己严，待人宽，有丰富学识而更具远见，乐于助人，提携后进，敢于说对人民、对党的事业有利、有益的话。诚如林则徐答龚自珍书所言："责难陈义之高非谋识宏远者不能言，而非关注深切者不肯言也。"（见《定盦（ān）文集补编·卷四"》）

　　先生于权为亦师亦友，良师益友。回思往事，感念殊殷。权何敢以不文辞，爰记先生二三事，以表怀旧追思之意。

———

　　先生于1952年秋率中国科学院上海物理化学所同仁北上，与长春综合研究所（前身为伪满大陆科学院）合并。后改名为长春应用化学所。其急人民之所急，冒他人不愿去而去。只以这一点亦足以明先生一心为党、为人民，其毅力非常人所能及者。当时该所人员的水平不高，学科庞杂。旧有图书已遭炮火焚烧殆尽。且东北寒冷，当时人多不愿出关。例如50年代归国的科

———

　　* 作者系中国科学院化学学部委员、化学研究所研究员。

学工作者，来化学所者十余人而去长春应化所者仅二人。经先生30多年的努力，已蔚然成为中国科学院中一大所。人员逾千，成果累累。当年的青年今已成长为学术带头人。兹以稀土为例。初，权于解放时接受白云那博铁矿分析任务，遂有意从事稀土分离、分析工作。

"大跃进"时应化所同志来访，询及有什么题目可作，答以化学所正在进行稀土分离、分析。应化所同志得先生之支持，数十年坚持不懈，不但在稀土分离、分析方面卓然成家，而且更发展稀土应用。如应用稀土催化剂于高分子合成，更在世界科学中领先（其他成果不拟在此一一罗列）。反观化学所将稀土改为稀有金属，继又改为原子能，后一事无成（指分析部门）。于兹可见先生之远见矣！

前后对比，与兄弟所对比，先生惨淡经营而有应化所今日，其苦心跃然纸上。

二

新中国成立初期在上海中国科学院内，曾有批判基础研究之举。当然科学工作者是应该顾及应用和国计民生，但另一方面，基础研究对科学本身和新技术又是不可缺少的。没有基础研究如何能立国。这本来是事物的两个方面，是应该兼顾的。但是在一面倒于注重应用的时候，总要有人提出维护基础研究，以免忽略而成为陈迹，影响日后工作。于是在众人都不敢发言的时候，化予先生讲了一则西欧轶事。话说英皇家学会在圣诞节前举行一次关于电学的通俗讲演。讲演人是鼎鼎大名电学专家法拉弟（M.Faradoy，1791—1867）。讲完之后一位老太太站起问："您研究的电学究竟有什么用？"回答说："请问您生了个孩子的时候，您知道他将来有没有用！？"基础研究就像初生的婴儿一样。你不知道他将来有什么用。如果不是为了国家前途着想，当时谁也不敢说，也不愿说这种话。他就是上文所引的谋识宏远和关注党和人民的人。

三

当年所中重大事务，先生均先征求大家意见而后决定。1948年南京当局有意迁中央研究院各所去台。卒未果，先生有与力焉。其后果则为科学落后的我国保留一笔财富。先生之功不可泯也。

四

最后谈些私事，也可以说是提携后进的一例。权于1938年秋（抗战第二年）经香港、海防、河内而入昆明，承友人介绍，得识先生于中央研究院化学所（抗战初该所经香港迁昆明）。曾邀权在该所作一次学术讲演，权殊引为荣，先生又介绍权去浙大化学系任教。卒因该校甫迁贵州，校舍简陋，而成都华西协和大学校舍、设备较佳，权乃婉辞浙大约，而先生之德固没齿难忘也。又6年先生约权参加中央研究院化学所，1945年经评议会通过。徒以昆明生活水平甚高，且搬家困难，未能成行。卒于1947年夏到上海该所任职。一直到1953年因另有任务始调离长春。从此只有开会，才有机会见到先生。回忆1947年到1953年间得在先生领导下工作。多蒙指导，获益良多。回首前尘，曷胜惆怅。

吴老为我国原子能事业做出积极贡献

倪嘉缵[*]

　　20世纪50年代初，东北的工业和科技百废待兴。国家为了加强该地区的建设，动员南方的科技人员支援东北。吴老响应党的号召，离开了生活条件优越的上海，亲自率领物理化学所全体同志来到北国长春，参加东北地区的科技建设。当时我在所计划科工作，故和吴老经常接触，特别是1961年当我从苏联学习回来后，参加了核燃料方面的研究，长期在吴老的亲自领导下工作。吴老为发展我国的原子能事业，积极承担国家下达的任务，耗费极大精力认真组织、落实各项任务，在这一方面做出了积极贡献。长期以来，吴老高尚的品德、严肃的治学态度和刻苦学习新知识的精神给我留下了深刻的印象，并成为我学习和工作的楷模。

　　1962年，中苏关糸紧张，苏联专家在撤走时，将许多有关核燃料工程的设计参数带走，给我国的科研和建设事亚带来很大困难。当时二机部副部长钱三强来所，要求科学院的各所积极承担发展原子能事业的任务，克服困难，为国争气。

　　吴老认为中国人是有志气的，我们一定要贯彻党中央关于大力协同将原子

　　* 作者时任中国科学院化学学部委员、长春应用化学研究所所长、中共吉林省委委员。

弹搞出来的指示，并要求所内各有关研究室积极承担课题。当时为完成核燃料后处理的任务专门组建了一个研究室，该室成员除从各室抽调的一批骨干外，大多是刚从苏联学成回来的留学生，但他们对原子能化学的有关业务并不很熟悉，且缺乏学术带头人。虽然吴老自己的专业是分子光谱学，对燃料处理这个新领域也不内行，但他不惧艰难，勇敢地挑起领导的重担。他亲自兼任了核燃料后处理研究室主任。除负责组织领导外，他还查阅了大量文献，在业务上不断提出很多有创见性的建议。

当时我所承担的原子能工作涉及到许多方面，例如在核燃料前后处理中的腐蚀问题，有关核燃料中的分析问题等。吴所长要负责所内所外的组织协调，工作量很大。记得有一次吴老亲自带领我们从事核燃料工作的一些课题负责人前去北京，向二机部及当时二机部第五研究所进行交流、参观和学习。吴老亲自深入到协作单位的有关研究所实地了解他们提出的任务，解析对方的指标和要求，回所后立即有效地组织和落实。使我所在短短一二年中便多方面完成了国家下达的有关原子能化学的大量任务，例如在核燃料前处理中提出了制备不含硫酸根的重铀酸铵的流程，有关核燃料工程的许多重要腐蚀问题及新的核燃料后期处理流程等。这些成果均得到当时二机部的好评，不少已被采用，同时得到了首届全国科技大会的奖励。

吴老一生献身于科学事业，始终不渝地热爱祖国，急国家之所急，积极承担国家任务。吴老为振兴中华、造福人类而工作的崇高理想，言传身教、诲人不倦的优良风范将永远激励一代又一代在科学事业上辛勤耕耘的人们。

吴所长风范永存

高小霞[*]

　　1946年秋，前中央研究院化学研究所已由昆明迁回上海，吴学周所长亲自通知我可去所里当助理员。在我之后又陆续进来几位年轻的助理员，我们在吴所长和研究员带领下开始科研工作。那几年的艰苦岁月及吴所长的身传言教，使我们永远不能忘怀。

　　刚来上海，吴所长一家虽然住进院里住宅，但室内陈设简陋，生活十分俭朴。抗战胜利后，人人都盼日子好起来，谁料到国民党挑起内战，搞得物价飞涨，人心不安。人们称研究院为"翰林院"，本来就是"清水衙门"，更何况又是战争年月，当时没有家庭负担的助理员们也感到生活清苦，家有老小的就更不应说。为生活计，吴所长不得不去交通大学化学系兼课，以补助家用。在所工作的年轻人常常私下议论，吴所长一点没有官气，每天准时在办公室阅读科学书刊或到实验室询问我们的工作情况。吴师母勤俭持家，待人热情亲切，真是难得。吴所长和吴师母以他们高尚的情操，引导我们健康成长，真可谓我工作和生活中的良师。

　　尽管当时上海形势变化莫测，局势不稳定，但吴所长还是积极组织每周一次的"学术报告会"，并带头作了有关量子化学的报告。所里研究员、

---

　　* 作者时任中国科学院化学学部委员、北京大学化学系教授。

副研究员和助理员都参加。那时我爱人徐光宪在交大化学系当助教，也经常来听课。吴所长所作的量子化学的报告，决定了他以后的学科方向和学术道路。其他研究员们的讲课，也是我们学习的难得机会，增长了知识，培养了兴趣。我们以后虽然没有能一直在吴所长领导下工作，但他始终是我们尊敬的老师。

1949年初，我离开化学所去美国留学，吴所长曾给我写过介绍信，临行前他还嘱咐我和光宪早日回来。1951年5月我们回到北京，决定在北京大学化学系任教。同年回上海探亲，到化学所看望吴所长和同事们。他是那么高兴，一见我们便说："好，回来了，你们就都在所里工作吧！"我们很为难地告诉他，已经决定在北大了。他很失望，但仍兴致勃勃地告诉我们，上海解放时是如何平静、安好；在新中国化学所可以大大发展，等等。1952年化学所拟迁长春，创办中国科学院长春应用化学研究所。一天晚上，吴所长来到我们在北大的住处，动员我们去长春。他恳切地说，长春环境苦些，条件差些，但为了发展东北的科学事业和适应新中国宏伟建设的需要，让我们一起去努力奋斗吧。当时吴所长不辞辛苦南下北上，已经说服和动员了许多化学界的科技人员去长春，真可谓劳苦功高。遗憾的是，我们又一次使他失望，但我们对他热爱新中国建设事业的忠诚品德钦佩不已。

不幸的是，文化大革命中，吴所长成了重点审查人物，而且牵连了化学界许多知名人士，我们也因此受到隔离审查。我在被隔离后一个多月才知道被隔离审查的原因，是因为在上海时期和回国后与吴所长有联系，干了"特务"。天啊，我搜肠刮肚也想不出在化学所时，吴所长组织我们干了什么政治活动。在我的记忆里，只参加过"学术报告会"，再就是有一次每人以平价买了一两黄金。那是国民党看到研究院工作人员薪水低，为了收买人心而作的姿态。记得吴所长手里托着那一两黄金走进会议室，讽刺地说："就凭这能救活大家？！"审查期间，上海有机化学研究所也不断有材料来，提到吴所长与我们的关系，因此我开始怨恨吴所长。他与国民党有什么联系，一来我们不知道，二来也没有看到他有什么异常活动，怎么把我们都写上了名单？一直到1971年我们从江西鲤鱼洲农场劳动回来才搞清事情的真相。吴所长当时所受的压力和折磨远远超过我们。我们开始原谅并理解他了。这只能作为二次沉痛的历史回忆了。

以后我们在几次会上见到吴所长，他衰老了，眼睛受了伤，但他依然热情地和我们交谈。有一次他还对我说，是他连累了我们，很是不安。尽管他蒙受了委屈，但他毫无怨言，仍在岗位上努力工作，而更令人敬佩的是，他还积极申请入党。中国的知识分子真是党和人民的骄傲！这里我也要提到吴师母，她是如此善良贤慧。有一年夏天，我和几位女教员同去长春参加一个研讨班，吴所长和师母去看我们，她静静地坐着，耐心地听我们大谈业务，过后她把自已种的新鲜玉米煮给我们品尝。那是一次最愉快的欢聚。几年后她因病去世，我们都很怀念她，在吴所长的事业贡献中应有她的一份功劳。

吴所长重病期间，我和徐晓白等朋友一起到长春医院探望他。他虽在病中，但精神还好，不停地向我们打听他所熟悉的一些同志的工作、健康情况。还特别向我询问了徐光宪的工作、生活情况，要他注意身体健康。我心里十分哀伤，他已病到如此程度，还惦记着别人的健康，回北京后我常向化学所打听吴所长的病情和他的入党志愿是否实现。1983年10月，他在知道已被批准为中共党员的欣慰中与世长辞。我们永远怀念他。他的科学业绩，他的高贵品质和炽热的爱党、爱国之心，将永远激励着后人。

怀念吴学周同志

卢士谦[*]

50年代初，吴学周同志创建了九三学社长春分社。30多年来，他为九三的事业呕心沥血。九三的同志们都深深地怀念着他。他的良好作风和品格，至今回忆起来还记忆犹新，历历在目。

1944年，我在日本学成回国后，一心想为祖国的医学事业贡献出自己的全部才智，所以潜心医学科研的实践，是个只专业务，不问政治，思想单纯的知识分子。是吴学周同志帮助我认识到知识分子不仅要做好本职工作，而且要帮助党做好联系群众的工作，使我真正意识到知识分子肩负的历史使命和社会责任。

那是1952年，吴学周同志受九三学社中央的重托，在长春市组建九三学社地方组织。我当时在长春第一医院任副院长。吴学周同志通过医院党委领导和我联系，表示希望我参加九三学社组织。当时，我根本不清楚民主党派是什么性质的组织，加之岗位工作和科研任务很重，不想让其他事情分散精力。但又碍着党委领导的面子，不好直说；更重要的是凭着50年代知识分子对党的朴素的思想感情，认为听党的话不会错。于是，我申请加入了九三学社。

---

* 作者时任九三学社中央常委、九三学社吉林省委主委、吉林省政协副主席，长春市立医院名誉院长。

　　加入九三学社组织之后，与吴学周同志有比较多的接触，对他的认识加深了，感到这是一位学识渊博、值得尊敬的同志。吴学周当时是应化所所长，是不久前从中国科学院上海物理化学研究所调到长春，受中国科学院郭沫若院长的委托来组建长春应化所的。他当时既要忙于应化所的组建工作，又要进一步开展分子光谱等科研工作，还要挤出时间为组建九三学社长春分社奔走忙碌。耳濡目染吴学周同志为祖国的科研事业，为党的统一战线工作而兢兢业业、不辞辛苦的工作精神和一言一行，自己深受感动，觉得加入九三学社这一选择是对的。和这样好的同志在一起学习和参加社会活动，使自己社会责任感增强了，眼界更开阔了，在政治思想上有了很大的进步和收益。

　　在九三的活动中，吴学周同志尽管工作很忙，但总是按时参加会议和活动。对每一项社务工作都认真组织和部署安排，从不马虎。他的工作热忱和领导才干，使长春九三学社成为一个和谐团结的集体。那时，九三的组织生活抓得很紧，基层每月要组织两三次政治学习。九三全体社员的活动和会议，吴学周不仅带头发言，而且很善于协调关系，活跃气氛，使工作卓有成效。在社组织内，他从不以领导自居，善于团结人，帮助人，处处以身作则，率先垂范。那时，各方面条件都比较差，九三长春分社组建初期，没有完备的办公机构和专职工作人员，一切工作全靠吴学周同志操办。只要工作需要，他无论是在办公室里，还是在家里，都可以听取汇报，和来者一起研究工作。这种情况是经常有的。

　　50年代后期60年代初期，由于极"左"路线的影响，很多知识分子受到打击和伤害，吴学周同志也未幸免。有一次，我听说吴学周同志受到无端的指责，心里很不平。但吴学周却宁可忍辱负重，也从不在社员中谈论和表现出来，避免在社员中产生消极情绪。十年浩劫的政治灾难席卷全国时，我们很多好同志都遭到迫害，吴学周更是首当其冲。当时，九三学社组织被迫解散，我也被批斗、关押，相互之间失去了联系。

　　一场噩梦结束后，我和吴学周同志不期而遇，谈及"文革"期间的经历，不禁感慨万端。十一届三中全会后，拨乱反正，九三学社恢复了组织生活，人们都感到心情愉快，精神振奋。吴学周更是如同焕发青春，热情投入到九三组织的恢复和发展工作中去。由于"文革"期间的残酷迫害，吴学周的身心受到严重摧残，身体状况远不及以前，视力明显减退，看书、写字，眼睛几乎要贴近桌面，人也消瘦和衰老了许多。

1981年，吴学周因肺气肿住进我们医院。住院期间，他平易近人、谦虚礼貌的作风给医护人员留下了深刻印象。吴学周当时不仅是应化所所长，中国科学院学部委员，而且是九三学社长春分社主委，省政协副主席，是很有身份和名气的人，但对每位来探视的同志和身边工作的医护人员，他都很和气、亲切。医护人员都和他相处得很好，而且，从他的身上，受到了全心全意为人民服务的教育。

1983年，吴学周同志看到九三学社组织不断巩固和发展，心里很高兴，认为建立九三吉林省委的条件已日趋成熟。于是，积极向社中央汇报并提出建立九三吉林省委的设想。此时，吴学周同志身体日渐衰弱，多次住院治疗，但他始终关心着九三组织的工作，即使在病榻上仍念念不忘九三吉林省委的筹备和建立，积极为选拔德才兼备的接班人思考着。在生命的最后时刻，他的心里还惦记着九三组织的发展和未来。

今天，我们深切缅怀吴学周同志，就要像他那样为中华民族的振兴，为祖国和平统一大业去努力奉献。多少年来，在吴学周同志精神的感召下，我时时重温他的嘱托，以他为榜样，告诫自己要认认真真站好岗，服好务，决不辜负吴老和全体社员的信任和重托。

想起化予兄

刘云浦[*]

　　提到物理化学家吴学周先生，我更喜欢称呼他化予兄。他比我大两岁，化予是他年轻时自己取的字号，寄寓他的理想，表明了他愿为科学贡献终身的决心。我很佩服他勤奋好学，聪明能干，更感谢他曾经给我许多帮助。总觉得他不仅是我的知心同窗，而且是良师学长，我们在一块读书学习虽只两年光景，但朝夕相处，情同手足，结成的友谊深厚长久。所以，我爱叫"化予兄"，他也习惯了。如果招呼"密司吴""吴哥"，彼此都会感到生分，别扭。

　　我能结识化予兄，完全是由于他的热忱。1930年1月，我进入美国南加州大学攻读研究生。该校在洛杉矶市，与设在帕萨迪纳的加州理工学院相距很近。同是异邦求学人，相逢何必曾相识？那时，在美的中国留学生一般都很看重同乡故国情，在同一个地方留学的炎黄子孙们，不管是不是一个学校的，也不管原来在国内同学没同学，认识不认识，都会互相来往，结成朋友。那年6月，我获得硕士学位，在加州理工学院的化予、赵忠尧、何增禄三人一起找到我，建议我赶快转理工学院攻读博士学位。由于他们的帮助，我顺利办理了转学手续，进入化予兄所在的给次（gateo）化学研究所。我

――――――――――

　　* 作者系天津大学教授。

们四人住在一起，向一位美国老太太租的房子，早饭马马虎虎，午餐自己将就对付，晚饭四个人轮流做。化予兄的菜做得很好，至今令我难忘其味。开初，我的伙食、房租等生活费用是他们三个人提供帮助，后来化予兄出了个主意，要我向中华文化基金会申请科研补助金。果然，不到两个月就得到一仟美金的补助。我的经济问题完全解决，没有了后顾之忧，化予兄也为我高兴得不得了。由于我们攻读的都是化学，所以两人接触更多，白天各自听课、做研究，吃过晚饭，就一块到学院图书馆查资料，看文献。我常有不大了解之处，化予兄总是不厌其烦地给我解释清楚，直到我明白为止。

在加州的中国留学生中，化予兄严肃认真、一丝不苟的治学精神，是大家所称道的。他小小的个子，一头的黑发，体质不算强健，有时还闹点胃病，但他学习的毅力惊人，吸收知识的速度也快。导师本吉尔（Bager）先生很喜欢他，两人常在一块做实验。化予兄对科研的设计、安装、运转都是事必躬亲，绝不假手于人。他很重视基础科学理论，参加第五学期"化学热力学"的学习，从未缺过一次课，另外又选修了好几门化学专门课，还自学了里子力学。因此，他的学业功底很深，接二连三在国内外发表了好几篇重要科学论文，表现了他的学识与才华，在分子光谱研究方面崭露头角。

化予兄能说会道，多才多艺，为人乐观风趣，热情真挚。他的英语讲得很流利，又会奏笙吹箫笛，一些对中国感兴趣、真诚希望中国强盛的外国人，常常请他参加联欢，请吃饭，这时候，化予兄总会带着笙箫邀了我一块去。会上，他谈笑风生，奏笙吹箫吹笛，随着宛转悠扬的乐声，外国朋友也会情不自禁击节附和，离席起舞。所以，他成了当时理工学院及其附近地区的知名人士，一些中国留学生也开玩笑说他是我们的"外交部长""联谊部长"。平常，我们还会邀些留美同学郊游，只要有化予兄在，气氛就格外地热烈、活跃。可惜，我们这样一块在异域攻读的时间不长。1931年，化予兄获得博士学位，留校做了一年研究员，就离开了美国。现在想来，化予兄和我同在加州理工学院的两年，真是我们的峥嵘岁月。

化予兄回国后，应聘为中央研究院化学所研究员。我1934年获得博士学位才乘加拿大"皇后"号返国，化予兄老早就在上海码头接我。这次重逢相聚也不过两三天，不久我就到北京大学化学系任教。1938年学校搬昆明，化予兄也随所迁昆明，并代理所长。他请我到化学所去作过学术报告，我教学之余也时常去拜访他。抗战时期，很多事情难得办好，日本鬼子的飞机又经常窜入昆明骚扰。在这种情况下，化予兄挑起所务重担，科研上唯一的助手只有柳大纲先生，已经很不简单了，他却还能因地因时制宜，制订科研计划，开展科学研究，服务抗战。自己设计、安装、整理出实验室。化予兄爱国爱科学的精神和出色的组织能力、管理能力，在那几年艰难岁月里，表现得淋漓尽致。

抗战胜利后，搬迁昆明的一些大学、科研机构陆续复员。化予兄和我又天各一方。50年代初，我知道他调了东北，开初颇为吃惊，继而又被他的开拓精神、他的朝气与勇气所折服，像化予兄这样乐观、正直、有才能的爱国学者，在离不离上海、去不去长春两者之间的选择，是不会有任何犹豫的。可是，后来我又隐隐约约听到一点议论，说化予兄不大关心政治，不免有些为他难过，为他不平。接着在"文革"中又听说他被关押，罪名是"暗藏大特务"。尽管我那时也自顾不暇，但还是忍不住为化予兄着急。

我还不了解化予兄吗？30年代的美国，种族歧视还很厉害，黑人受欺受辱，中国人同样被视为"肮脏的穷鬼、病夫"。可化予兄却毫无顾忌，处处堂堂正正表现自己是中国人。有些电影院规定有色人种只能坐边厅旁座，他却偏要坐正厅，和干涉者展开说理斗争，直到对方理屈词穷，悻悻而去。他同情黑人，和黑人交朋友，常常参加黑人的聚餐会、学术报告会，一些黑人也很尊敬他。有个叫爱克斯（akos）的黑人独身汉，夏天的时候，几乎每天都从实验室窗外给化予兄送进一大块冰，以保持实验室需要的恒温条件。我们在美国的时候，正是日本帝国主义侵华步步进逼的时候，化予兄常常看报、了解祖国的消息。言谈中，说到日本鬼子，他就恨恨有声。有一次，在一个美国人组织的报告会上，他当场戳穿一个日本记者的无耻谎言，受到大家的赞扬。正是出于关心祖国命运，恨不能把日本鬼子赶出中国去，所以化予兄获得博士学位后，就急着回国参加抗日救亡活动。这种种表现，难道是"不关心政治"还是"特务"的作为？40年代末，化予兄是溃退台湾的国民党政府所需要的著名学者之一；但是，他坚决不去台湾，将一个化学研究所完整地交给人民政府；50年代初，他一点也不考虑自己已年过50，是否适应气候寒冷的东北的生活，含辛茹苦十几年，搞起了一个应用化学研究所。这些，难道是"不关心政治"的"大特务"能够做到的事？这样对待化予兄！未免太不公平了。

然而，不久就有了令我惊讶、钦佩不已的事。1970年，刚刚从关押中出来但还未彻底解脱的化予兄，到北京治病返长春时，特别路过天津，由他的堂妹夫、天津财经学院肖嘉魁教授陪同，来到天津大学找我。十几二十年不见，我真有些不敢相认了。他失去了一只眼睛，明显地苍老，与昔年朝气蓬勃、精神奕奕的化予兄相比，真是判若两人。好在头发还乌黑乌黑，暗示他的科学青春没有老。两人互贺劫后余生，热烈地回忆当年在加州、在昆明的生活，至于最近几年的遭遇，都不愿谈。化予兄却还不失幽默风趣，诵了几句屈原夫子的诗，借以自喻，又说"大难不死，必有后福。我们不要把这几年的事挂在心上，还是在政治上继续前进吧，要继续搞科学研究，我不相信国家振兴可以不要科学，我们千万不要万念俱灰"。化予兄这几句话，真令我又惊又喜，精神为之一振。好一个化予兄啊，光明正大，不计委屈，不记嫌隙，当一些人派性还在膨胀，争斗犹酣时，他却还不"悔改"，想着科学。

我们这次重聚，为时不过半天；留给我的记忆，却是永远、永远。万万想不到，此一回分手，竟是永诀。我为化予兄遗憾，科学的春天真正到来没几年，他却无可奈何地辞世了。如今，我也年老了，告别了讲台，常常夜不成寐，想起过去的岁月，想起为祖国、为科学鞠躬尽瘁，死而后已的化予兄！

（吴振群根据1991年6月3日访问刘云浦教授的谈话
记录和刘教授同年6月14日致吴振群的信整理）

回忆吴学周博士

黄汝光[*]

　　60年前，我和吴学周博士同在美国加利福尼亚州Pasadena城的加州理工学院C.I.T（California Instifufe of Technologg Calfech）读书和研究，在一起相处了两年。吴博士在1931年获取化学博士后，继续在校从事研究工作。而我则在1931年进入C.I.T第四年级，读土木工程科，于1932年毕业。翌年获硕士学位后返回祖国，在工程方面服务。记得当时在该校的中国留学生只有四人，就是吴学周博士、刘云浦博士、何增禄博士和我。我们四人除上课和研究外，行动都是一致的，同居一间房子，同做中国式晚饭。我们还常在周末时一同驱车前往郊外游览。因附近的山顶，就是洛衫矶LosAngeles天文台所在，有天文镜供游客观看天上星球。我们常到那里游玩和野餐。我们和洛杉矶南加州大学的中国学生常有联络。还经常到华裔学生们的家中开晚会，生活非常有趣和愉快。吴博士爱好音乐，他有一支中国竹笛，常在会中演奏，很受会众的欢迎。

　　吴博士和当时在中国的科学家们有着密切的联系，他极力鼓励在美国的中国科学家返国服务。为了祖国科学事业的发展，他还联络世界有名科学家前往中国讲学。当时加州理工学院已经开始研究大空飞行科学。校内设有

　　*　作者系吴学周留美同学。

一个大气层的气筒Wind Tunnel实验室，由Dr·Kauffmann教授主持。吴博士曾约请他到中国协助研究大空飞机科学。我们的校长Dr·RobertA，Millikan是诺贝尔物理学的领奖人。他和德国物理学家Dr·albertEinstein——发明Einstein Theory of Relativity的诺贝尔物理学奖的领奖人相互认识，曾邀请他于1932—1933年来校共同研究和讲学。吴博士亦曾邀请他们前往中国讲学。吴博士对中国的科学研究工作确有特殊贡献。

1933年，吴博士离开美国，前往法国参加国际科学会议，然后返回祖国服务。我们在美国分别后，至今已有58年，再也没有见过面。我和吴博士相处的时间虽然不长，但那在异邦他乡结下的情谊却令人难以忘怀。他学习刻苦，精明能干，我很敬佩他。最难得的是他待人诚恳、谦虚谨慎，大家都乐意和他在一起。他思想开朗，具有坚强的毅力和快乐的人生观，给我深刻的印象，使我至今难忘。

深切怀念敬爱的吴学周所长

吴　越[*]

时光荏苒，吴老逝世已经10年了。我是新中国成立后在吴老来应化所之后才认识他的。我作为他的晚辈，每忆起过去30多年在他关怀下工作的岁月时，他热爱祖国、热爱党、热爱科学、关怀青年一代成长的高贵品质，总会引起我对他崇高的敬意和深切的怀念。他对我的关怀和影响，将永远铭记在我的心中。

一

吴老给我们晚辈最有教育和影响的，是他在解放初期，以一位在旧中国生活了几十年，并在上海担任中国科学院物理化学研究所所长，有着优厚的工作和生活条件的著名学者，竟能于1952年毅然率领该所几乎全体工作同志支援东北的经济建设来长春工作。这充分表达了吴老对祖国，对党一片赤诚之心。

新中国成立初期，我党在接管日伪大陆科学院的基础上建成了由东北

---

[*]　作者时任中国科学院长春应化所研究员、副所长，吉林省科协主席。

工业部领导的东北科学研究所（后改为长春综合研究所，应化所前身）。当时，科研骨干十分缺乏，吴老率领一批有经验的科研骨干参与东北经济建设，无疑是雪里送炭，对东北地区的科学研究事业起到了积极的推动作用。而且，吴老几十年如一日，就在这里为新中国的科学事业奋斗终生，为应化所能在今天成为一个国内外有影响的化学研究机构，奠定了坚实的基础。

后来我才知道，尽管吴老在旧中国已是一位有影响的学者，旧中国的反动政府也曾许以高官厚禄，企图拉拢他，但吴老刚正不阿，在大是大非面前，体现了一位正直科学家的品质。新中国成立前夕，吴老曾率领物化所的全体同志，成功地开展了抵制国民党迫迁台湾的斗争，充分反映出吴老那时已有一颗热爱祖国、热爱真理的心。了解了这一点，吴老能在建国初期就能响应党的号召来东北工作也就不难理解了。十年动乱期间，吴老遭受了科学界少有的迫害，一些"莫须有"罪名铺天盖地地压在吴老头上，但是他仍能"忍辱负重"，度过了这场浩劫。重新工作之后，他依然一如既往，努力工作，反映出吴老热爱祖国，热爱党的忠贞不渝的高贵品德。

二

吴老既是一位造诣深邃的物理化学家，又是一位经验丰富的科技工作组织者和领导者。在吴老来长春不久，长春综合研究所即和物理化学研究所合并为长春应化所，由吴老任所长。当时，我正好在业务处工作，在处理日常事务工作中，和吴老直接接触颇多。

新中国成立初期，如何在科研工作中正确贯彻党的科研方针政策，特别是理论联系实际的问题，不管是像吴老那样的老科学家，还是党的领导干部，都没有经验，成为当时领导层中经常议论的中心。吴老作为一位党外人士，却能和当时的党委书记孙景斌、夏光韦等同志密切合作，在前进中求索，他一方面积极提出自己的建议，让自己的正确意见融合在党的一些具体政策之中。另一方面又十分尊重党委的领导，坚持社会主义方向，认真贯彻党的各项方针政策，把一些问题解决得很好，使应化所无论在经济恢复时期，还是在以后的建设时期，都能为国家做出引人注目的贡献。他经常这样说，解放后共产党领导的建设事业，包括科学研究，规模如此之大，发展如此之迅速，真是了不起，旧社会是无法与之相比的！

30多年来，吴老不仅对长春应化所的建设作出了卓越的贡献，对我国化学学科的发展和布局也倾注了心血。他积极参加制订12年和以后历次的科学发展远景规划，把握住学科方向，受到国家领导的重视。就在他76岁高龄之际，还被中国科学院委以环境化学研究所所长的重任。可见党和国家对吴老器重之深！他在81岁寿辰时，加入了中国共产党，实现了多年的夙愿。

三

新中国成立以后，由于工作的需要，吴老积极参与了各种领导和组织工作，真是日理万机，公务十分繁忙。但是，吴老作为一位老科学家，对他自己所从事的专业和研究领域，几乎没有搁置过，对应化所物理化学的几个领域，如结构化学、电化学、催化、激光化学等，无一不怀有浓厚的兴趣。只要一有时间，他就要和他过去的同事，像朱晋锠、朱荣昭先生等或一些晚辈共同探讨一些感兴趣的问题。记得我早期在烃类脱氢和催化剂方面的研究，就是在吴老关怀下完成的，与此有关的几篇学术性论文，也是由他亲自审阅后在《科学通报》上发表的。其他一些研究方向，像光谱、波谱的确定，以及一些学术带头人，像黄本立、吴钦义、沈联芳等同志的成长，也都倾注了吴老的心血。应化所目前在物理化学方面有如此之规模，可以说，都是吴老辛勤耕耘的结果。他也不无自慰地说过，和新中国成立前的物理化学研究所相比，现在不仅领域扩大了，而且研究力量也大大增强了。吴老还十分注意一些前沿科学的发展，不时为我们晚辈指出一些新的研究方向。在他的晚年，十分关心生物氧化过程中自由基发生和控制的问题，认为这是和人的生命有关的大问题。他孜孜不倦地阅读了大量文献，提出了不少想法，体现出一位科学家热爱科学的特有美德。

一个"跟着共产党走"的知名科学家

——对吴学周先生在上海解放前后的若干追忆

胡永畅　黄宗甄　刘　惠[*]

　　1949年7月，由中国科学工作者协会、中国科学社、中华自然科学社以及东北自然科学研究会四团体联合出面，召开史无前例的"全国科学会议"（后改称"中华全国自然科学工作者第一次代表大会筹备会议"）。吴学周先生作为上海代表团成员之一，出席了这个会议。在这次会议上，会议主席梁希教授作了报告，提出了一个非常重要的问题——我们新中国的自然科学工作者新的努力方向是什么？大家共同的回答是："跟着共产党走"。我们追忆一下在上海解放前后的吴学周先生，不禁由衷地认为：吴学周先生就是一个"跟着共产党走"的知名科学家。

　　吴先生为人正直、豪爽、敢说敢做。吴先生如同一大批中国老一辈正直的科学家一样，不仅从自己的业务体验中，而且在社会的实践、观察、分析与综合中都不同程度地得出一个结论：旧中国的国民党政府腐败无能，鱼肉人民，故中国科学技术的健康发展和中国人民的幸福康乐，只有在中国共产

　　*　胡永畅时任中国科学院副秘书长、离休干部；黄宗甄时任中国科学院科学出版社编审；刘惠时任中国化学会副秘书长、研究员级高级工程师。

党领导下建设新的人民民主共和国才能得到。新中国成立前，在中央研究院化学研究所曾有一位年轻的地下中共党员，在吴先生身边做研究工作，吴先生在这个地下党员的帮助下，对时局和社会的发展看得更清楚。上海科协是地下党领导的人民团体，吴先生是这个协会的会员。

1948年7月30日，上海科协举行了一次"科学与工业"的座谈会。会上科学界与工业界互诉衷肠，共同探讨了科学与工业的关系以及与政治的关系。翻看当时的记录，有着吴先生的一段发言："中国的工业界不是不愿意帮助科学界，而科学界也不是不愿意与工业界合作。科学界与工业界都很痛苦，主要症结皆在政治。"会议的共同结论是："我们以为这两部分必须团结起来，争取生存，冲破政治与社会的枷锁，才可以在新的国家里繁荣起来。"这表明当时吴先生已明显地站到"跟着共产党走"这一立场上来。正因为这样，上海解放前夕，地下党在组织上海科技界知名人士如吴有训、侯德傍、茅以升先生等筹建地下社团"上海科技团体联合会"以配合当时争民主、争和平的群众运动时，就吸收了时任上海化学会理事长的吴学周先生参加。在共同讨论时局中，吴先生坦诚、谦虚、朴实无华，很注意了解党的方针、政策，有什么话讲什么话，有什么意见讲什么意见，和大家关系都很好。也正因为这样，在1950年中国科学工作者协会上海分会改选时，吴学周先生即被选为该会的理事长。吴先生积极参加了在党的领导下的上海科协的一切活动，和青年人打成一片，受到青年科技工作者的爱戴。

抗日战争爆发后，中央研究院化学所迁往昆明，吴先生曾担任所长职务。抗战胜利后，吴先生付出了大量的辛劳，把化学所从内地搬迁到上海。解放战争后期，国民党政府阴谋将这些研究所迁往台湾，吴先生在地下党的引导下，积极联合各研究所的科学家，拒绝将研究所迁往台湾。其后又为保护研究所人员和设备，避免国民党政府的阴谋破坏做了大量的工作。国民党在溃退台湾的前夕，曾想把少数全国知名的科学家、教育家劫往台湾，当时的国立浙江大学校长、原中央研究院气象学研究所所长竺可桢先生即是其打算劫持的对象之一。在杭州解放之前，竺可桢先生从杭州潜行来上海，吴学周先生即在化学研究所辟出一间实验室供竺先生居留，把竺先生保护起来，并在生活上多方照顾，使之能安心地潜居上海，躲开了国民党反动派的阴谋劫持。

一唱雄鸡天下白。1949年5月上海全部解放了。吴先生和全市人民一样兴高采烈。6月9日，吴先生在上海主持了中央研究院成立二十一周年纪念会，陈毅市长从百忙之中抽空参加了这个纪念会并讲了话。会上，竺可桢先生报告了中央研究院历史和蔡元培先生建立中央研究院的功绩，吴学周先生则报告了中央研究院研究人员在迎接解放中所做的工作和解放后对解放军拥护的情况。

1949年7月，吴先生在北京参加了全国科学会议之后，又参加了会后组织的东北参观团。当时东北老解放区是国家重工业的重要基地，组织科学家去参观，目的是让他们亲眼看到国家对东北工业的大力恢复以及进一步发展的要求，动员他们为东北工业与经济发展做出贡献。在参观过程中，东北地区的丰富资源和工业建设给他留下了深刻的印象。在一次座谈会上，他说："这里的炼焦副产品已奠定了有机化学工业的基础，但相应的科学研究工作还很薄弱，许多领域还是未被开垦的处女地，科学工作者在这里还是有所作为的。"由此可见，为东北经济建设献身的宏愿，已开始在吴先生心中萌动。

东北，是新中国工业建设、经济建设的前哨阵地，全国科学界都在积极支援东北，以吴学周先生为理事长的中国科学工作者协会上海分会在上海市人民政府的领导下，配合前来上海的东北招聘团积极为东北招聘科技人员，为东北输送了几百名科技人员。在1949年11月1日成立的中国科学院也在积极地贯彻中央方针，组织动员科学家去支援东北。中国科学院郭沫若院长首先派出了办公厅主任严济慈与副主任恽子强前往东北，组建了中国科学院东北分院。1951年间，郭沫若院长又邀请吴学周先生去京，对吴先生说："毛主席要建设好东北，你们迁一部分人去那里怎样？"吴先生毫不犹豫地回答说："可以。"由于不久开展了"三反运动"和"知识分子思想改造运动"，所以直到1952年底，在"思改"运动结束后，吴学周先生才得以组织整个物理化学所北迁长春，加强了东北分院的研究力量。其后，物理化学所与长春综合研究所合并成为今天的中国科学院长春应用化学研究所。在以后的三十年中，吴学周一直领导这个研究所，为这个研究所的研究业务的发展以及研究人员的培养付出了他全部心血，直至1983年吴先生因病逝世。长春应用化学研究所已经是中国科学院的一个大所，一个好所，它为各地输送了大批人才，为国家经济建设和国防建设作出了大量贡献，在国内外都享有盛誉。在这几十年中，有些曾经与吴先生在新中国成立前与新中国成立初一起工作的科学家，因工作需要调离了长春应化所，而吴先生仍一直留在自己的岗位上，执着地为应化所的发展作出自己的贡献，这尤其是难能可贵的。

值得一提的是，当时吴先生及物理化学所的科学家在迁往长春过程中，是克服了不少困难的。比如，吴先生夫妇都是江西人，一家七口一直生活在南方，习惯南方的气候和生活条件；吴先生一家只他一个人工作，家庭经济有些困难，举家北迁至寒冷的东北，添衣加被也十分不容易。当时他的二女儿还患有癫痫病，正在读高中三年级，无法转学到东北，所以只好将她一人留在上海，不幸竟在浴室洗澡时发病死去。对于种种困难，吴先生都毫无怨言，全靠自己克服。由此也可见吴先生"听共产党的话，跟共产党走"是何等坚定，何等忠贞。

吴学周同志多年追求真理，追求进步，对共产党有着深厚的感情。1983年9月，党根据他多年的请求，批准他为一名光荣的共产党员。这是他迈步跟着共产党走而正式进入共产党行列的最终愿望的实现。实际上吴先生早有加深对共产党的认识和加入共产党的意愿。记得1949年7月初去北京参加全国科学会议的上海代表团因交通受阻留在南京时，他与笔者同住一室，见笔者在阅读一本《唯物辩证法》的书时，就主动向我了解唯物辩证法的主要内容。当他了解到唯物辩证法是共产党人立场、观点、方法的有力武器时，就问我："我们代表团中哪一位对唯物辩证法最有研究？可不可以找他谈谈？"当时我感到他有进一步了解党的愿望，但我因比他小20岁，认为还是让他去找年龄差不多的人深谈为好，于是我告诉他："可能代表团中陈维稷先生较有研究，你可以找他。"因当时我了解陈维稷同志也是共产党员，于是介绍给他。可惜今天吴学周同志和陈维稷同志俱已作古了，不知后来他们有否作过关于入党问题的深谈。

缅怀吴老

吴立民[*]

　　吴老虽然不是我在学校给我授业的老师，却是我为人处世的良师。1953年我加入九三学社，在这所社会政治大学的宽阔课堂里，吴老以他的言行给我讲授了做人做事的真谛。从他的言传身教中我获得了不少教益，并终身难忘。

　　吴老是一位有高尚情操和道德修养的学者，从他的身上可以看出老一代科学家虚心求实、虚怀若谷、坚持真理、认真负责的风度和气质。他从上海迁来长春时，要筹办科学院应用化学研究所，要培养新生力量，担子是很重的。然而，他除努力做好本职工作外，还一手创建了长春九三学社，确实耗费了他的大量精力。那时九三组织才建立起来，社员人数虽不多，但来自五湖四海，各方面的人员都有。有高等院校的，有科研单位的，有医疗单位的，还有工程技术方面的。他们在业务上是单位的骨干，在思想战线上又是改造的对象。要带好这样一批人，使他们人人愉快地接受改造，积极地发挥作用，加速新中国各项事业的发展，确实不是一件容易的事。党对九三组织给予了极大的帮助和关怀，吴老没有辜负党的希望。在他的带领下，九三学社的同志团结和谐，从严要求，努力拼搏，不

---

　　* 作者时任九三学社吉林省委员会顾问、东北师范大学教授。

计得失，受到各方面的好评。

吴老早年抱着教育救国的志愿，读了大学，后来出国深造，又以振兴科学为己任。他对于物理光谱学有极深的造诣。新中国成立后，他衷心拥护共产党的领导，以饱满的政治热情、高度的责任感，对待所肩负的事业，可以说是尽心尽力、死而后已。他以自己的实际行动，为九三的同志做出了榜样。我们不但景仰他的道德学问，而且衷心钦佩他的工作态度。当时九三同志能团结合作，努力奋斗，其凝聚力就来自这里。

有几桩事是我亲身经历的，虽然已经过去几十年了，但是在我脑海中仍然记忆犹新。有一次在社的常务会议上，讨论学习的要求和安排，我与另一位常委因意见相反，争执起来了。我认为自己有"理"，就据"理"力争，毫不妥协，而且说话声音很高，越说越来劲。虽然那位同志也反唇辩驳，但他说话的劲头没有我足，一时间被我压得喘不过气来，颇为尴尬。在这种僵持的情形下，会议面临着难以正常进行的局面。作为会议主席的吴老，他既不发急也不生气，而是慢言细语地向我们说了一段很富哲理的话。其大意是：要我们两个人心平气和，把理由都说出来，让大家加以分析、评论，究竟哪个意见比较合适，有没有其他补充意见。还提出研究办法，要考虑一个中心问题，就是要有利于学习，而且对大家都方便；要不拘形式而讲求实效。因为我们社员同志不是在一个单位工作，情况不同，所以不能要求学习的方式方法都统一于一个模式。把原则定下来后，各支社小组在执行中可以根据自己的实际灵活安排。有不同意见，采用不同办法是正常的。他这些话入情入理，使我们两个人的心情很快平静下来了，特别是我自己，深深责怪自己的毛躁。于是，大家又深入地交换了看法，从各方面提出了补充意见。最后取众人之长，拟定出了一个大家都满意的方案。

吴老主持会议的这种高明办法和态度是令人佩服的。他不训斥人，不偏袒任何一方，不把自己的意见强加于人，而启发大家，让大家参加讨论，最后集思广益，作出决定。这样，大家的积极性、主动性都调动起来了。更重要的是，他能把握时机，进行引导教育，具有长者和领导者的风度！过了一段时间，我和吴老闲唠，他语重心长地说：谈问题、处理问题都要平心静气。要知道感情是不能代替办法的，反而会惹起不必要的误解。我们都是搞科学的，看问题，办事情都要有科学的态度，而不能只凭自己的主观愿望。这几句话虽然非常简短，但对我的教育却是十分深刻的。

还有一件事给我留下了极深的印象，也使我深受教育。在"文革"期间，我是批斗对象，后来回到了师大，但工作一再变动，家也被分成三起，各处一方。对此，我有些想不通，也打不起精神来，心情非常沮丧。我曾到吴老家看望他，当他了解到我的情况以后，就再三地开导我，说他现在只是为光谱室查查有关资料，也不管别的事了，觉得很轻松，没有从前那样总担心工作了，仿佛又回到了开始科研起步的时代。你现在又教书了，不论在哪类学校，教什么学生，只要把学生教好了，就是尽了责任，对得起国家。听了他这番话后，我心里在想：吴老大概在"文革"中没有受到什么冲击，怎么一点情绪都没有，还给我讲这个大道理呢？！也许他不了解那时我所受的磨难，更不会体会到现在工作上的困难。岂知我都想错了。后来从旁打听，才知道吴老在"文革"的遭遇比我重得多，受折磨和屈辱的时间比我还长得多！最后他还被关在监狱里待了一年多！过了一些时间，他又由雅南同志陪同来看过我一次，但我不在家，未见着。我猜想他老人家大概是为进一步勉励我、鼓舞我而来的吧！

我从农村回到长春以后，原打算在分校教学工作结束以后，就退休回老家去，老老实实地当个农民，不再干别的了。正是由于吴老这种精神的感召，又使我坚持带了三届硕士研究生，并且送他们去国外进修，现都在读博士生了。

吴老作为民主党派负责人之一，又是科学院一个研究所的主持人，他做了不少关于科技人员方面的统战工作，大大地调动了他们工作的积极性。有一位教授，在科研和教学上有相当成就，资格评审时给定为二级教授，致使他感到抬不起头来。吴老知道后，积极向有关方面反映，终于改变了原来的意见，使这位老教授的积极性更大地发挥出来了。这样的事例并不少。

　　他对于九三学社人员的任用和安排，从不搞任人唯亲，对人更不是求全责备，他一身清廉，从不沾一点公家的便宜。他知道有人有比较严重的缺点，但是工作的积极性高，他还是相信他，并委以重任，只是不时地进行开导和劝勉。所以从未发生过大的问题。

　　吴老离开我们已10年了，抚今思昔，感慨万千。我们永远要做吴老的学生，要用吴老的思想品质、精神风貌教育我们的后一代，更要把吴老爱党爱同志爱事业的精神永远传下去。

循循善诱　严格要求

——忆恩师吴学周所长

黄本立[*]

学周先生已经离开我们10年了，但30多年来他对我的教导和帮助却一直留在我的心中。

1952年，吴先生为了更直接地支援当时的工业基地东北地区的建设，毅然响应党的号召，将上海物理化学研究所迁到长春。后来，该所与长春综合研究所合并，建成中科院所属规模最大的研究所之———应用化学研究所。我原先所在的长春综合所光谱组也与原物化所光谱组合并，这使我有更多的机会受到先生的教诲。我当时血气方刚，有时对一些问题的看法颇近偏激。对此，先生不是批评、责怪了事，而是和我谈心，循循善诱地帮助我去正确地认识和处理问题。他也从不因我们是从综合所并入，非原物化所的"嫡系"而厚此薄彼。1956年他曾因我提出一种新型双电弧光源而为我请奖（后因适逢中科院停发科学奖而没有颁奖）。1958年也曾提名派我到苏联科学院光谱学委会直属光谱实验室进修（我当时因舍不得丢下手头正在进行的研究项目而请求加派他人）。由此可见他对下属是一视同仁、公正对待的。

---

　　*　作者原为中国科学院长春应用化学研究所研究员，时任厦门大学教授。

　　先生对待我们年轻人的工作和生活既是关怀备至，又是严格要求。他经常告诫我们，要苦练实验室的各种"基本功"，对实验结果要保证可靠无误。实验数据是科学研究的基础。一种新的理论或假设今天提出来了，明天也许就会被修正甚至被推翻，但实验数据应该是在当时的实验条件允许下得到的最可靠的结果。另一方面，他又十分重视感性认识上升到理性认识的飞跃，教导我们如何从可靠的数据中总结出尽可能正确的结论或理论来，并将自己的实验结果和结论及时地、恰当地发表出去，介绍给同行们。他经常强调正确、恰当的表达方式的重要性。1957年我要在《科学通讯》上发表我的"新型双电弧光源"的学术文章时，他逐段逐句逐字地和我讨论原稿，在我修改到第6稿之后才让我投出。先生治学严谨的态度和良苦的用心，使我深受感动。直至现在我写的文章也都是数易其稿后才投出的。后来当我想将该文投到国外的杂志上发表时，他不但同意，而且还鼓励我这样做。他说应该让世人了解中国的科研成果，达到广泛交流的目的，在1957年他访问苏联时，苏联科学院光谱学委员会主席C·n·曼杰利施坦教授拿着我的英文原稿向他问起我时，先生又介绍了我们工作的情况。不久这篇稿子就被苏方译成俄文，发表在有名的《工厂实验室》杂志上。后为多种国外专著所引述，该光谱并为国内外一些同行所采用。这里面渗透了先生对晚辈的关怀和帮助。

　　恩师学周先生对我的教诲和帮助，使我终生难忘，他的教导是我受用不尽的精神财富，他崇高的品德和严谨的治学态度是永远值得我学习的。

缅怀著名爱国化学家吴学周教授

刘永懋[*]

吴学周教授是我国分子光谱学研究的先驱者，是化学界的老前辈。他毕生从事物理化学研究，是一位学识渊博，造诣高深，贡献卓著的人民化学家。

1983年10月31日零时20分，这颗化学巨星陨落，至今，已过去10个春秋。在这10年中，我国改革开放节节胜利，科学发展蒸蒸日上，人民生活不断提高，伟大祖国发生了翻天覆地的可喜变化。科学，已渗透到各个领域，成为社会发展的决定力量。当今世界一切成就无不孕育着科学的价值与作用。一个"科学兴业"、"科学决定一切"的时代已经到来。在此时刻，我们不能忘记曾为祖国科学发展作出巨大贡献的先驱们，同时，也更加深切怀念我们所长、导师——吴学周教授。

我是吴老生前唯一的一名兼职业务秘书，回想与吴老一起工作的岁月，真是令人难忘。那时，由于学科跨度比较大，我一边学习，一边为吴老做些业务组织工作，就像禾苗吮吸雨露一样，天天接受着导师的培育、熏陶和教诲。今天，当我怀着十分崇敬的心情挥毫撰章，缅怀人民化学家吴学周教授

---

　　*　作者系吴学周生前的业务秘书，时任国家水利部环保局松辽流域水资源保护局副局长、总工程师、高级工程师。

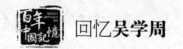

的时候，他的音容笑貌，油然浮现在我的眼前。他忘我的工作精神，献身科学的高尚情怀，将永远激励着我前进。

呕心沥血　献身科学

吴学周教授把毕生精力都献给了祖国的科学事业。半个世纪以来，他致力于分子光谱及化学反应动力学的研究，特别是在分子光谱的研究上造诣尤深。早在30年代，尽管当时量子力学处于初创阶段，光谱实验技术落后，设备简陋，但他仍做了大量的开拓性工作。曾先后在美国、德国、英国和国内学术刊物上发表过很多篇学术论文，其中影响较大的有20多篇。在这些论文中，他提出了一些新的光谱带系，解决了多原子分子的一些重要结构和化学反应机理等问题，在国际上亦属领先地位。这对量子学说的物质结构理论，对创造物理化学的分子结构学科，有着非常重要的意义。这一卓越的学术贡献，受到国际学术界的广泛推崇。他不愧是我国化学领域研究中分子光谱研究的创始人之一。

新中国成立后，在党的知识分子政策感召下，吴老"科学救国"的思想随之升华，并变成"科学建国"的实际行动。1952年，他响应党中央、毛主席关于建设东北的号召，毅然放弃上海舒适的环境和良好的工作条件，带领30余名科研人员来到长春，和东北工业研究所合并，成立了中国科学院应用化学研究所。作为所长的吴学周教授，他不顾东北的生活艰苦，工作条件不佳，立即组织全所的科技人员，积极地开展了科学研究工作。经过他辛勤的耕耘，先后建立了我国光谱学科研究基地和国家超纯分析基地。同时，还先后建立了分析化学、无机化学、有机化学、高分子化学、结构化学、催化、电化学、稀土化学、半导体化学、原子能化学等学科，并取得了大批重要科研成果，多次受到国家嘉奖。在发展学科的同时，他遵循科学规律，不断拓宽研究领域，亲自查阅文献资料，把握动态，撰写学术论文，为寻找有机半导体新材料，解决自动氧化和老化等问题，提供了一些理论依据。

正当吴老兴致勃勃组织力量向科学的深度和广度进军的时候，十年浩劫降临了。他无辜地挨斗坐牢，身体受到严重摧残。但是，他那颗为中华崛起的赤子之心并未泯灭。他不顾自己右眼被打失明，左眼只有0.03的视力，经常挑灯夜战，查阅文献，研究国内外激光拉曼光谱学的发展状况。他在研究的基础上撰写了数万字的综述文章，为发展分子光谱学起到了重要的指导作用。

吴老还呕心沥血地为祖国培养了专门的科学研究人才。50年代中，他根据国家建设和科学发展的需要，创办了专门培养高级科研人员的长春化学学院，并亲自任院长。学院开设了许多新学科专业，填补了国内空白，先后培养出三批毕业生，充实到中国科学院的许多研究所，成为科技队伍的骨干力量，有的已创造出高水平的科研成果。同时，还举办了全国光谱训练班，培养了百余名光谱及波谱学专门人才。这些人毕业后如同新学科的"火种"，散播在全国各地，成为科研、高教的生力军。吴老为祖国科学发展作出的杰出贡献将名垂千古，永载科学史册。

终生爱国　光照人寰

1919年"五四"运动爆发了。在进步思想的影响下，吴学周和同学们一起展开了抵制日货的爱国活动。大学毕业走向社会后，对统治当局的反动腐朽性有了更深的认识。这一切引起了这位年轻人对祖国前途的忧虑。1928年，吴学周以江西全省最优异的成绩，考取了美国加州理工学院研究生。

在美国留学期间，他废寝忘食地刻苦学习，因此，不到3年时间就获得了化学博士学位。在学习之余，为了解祖国的情况，他阅读了大量的《上海密勒氏评论报》，从中看到不少日本帝国主义侵华的反动罪行。对此，他心中十分焦虑。一天，美国西海岸"学生会"组织了一次关于日本进军中国谁是谁非的大辩论。日本一个报馆记者造谣说："因为中国杀死了日本人，所以日本才派军队到中国。"吴学周听到这种无耻谰言，感到十分愤慨，立即予以反驳。他用大量的事实揭露了日本帝国主义的侵华罪行，据理驳斥了日本记者。在铁的事实面前，日本记者理屈辞穷，趁大家不注意，偷偷地溜走了。

吴学周结束留学生活后，山于交通不便，没能马上回国。1932年，他从美国转赴德国达摩城高等工业学校，从事光谱研究工作。身在异邦，但他时时想念着祖国。于是，第二年他便毅然回到了灾难深重的祖国。为了寻找真正的救国道路，开拓新的生活，他在黑暗中不停地摸索着。

1937年"卢沟桥事变"后，由于国民党的腐败无能与不抵抗，上海沦陷了。中华民族面临着危亡，吴学周博士又陷入了更加痛苦之中。怎么办？跟着国民党反动派屈膝投降，效力于日本吗？这决不可能。吴博士在紧急召开的研究所会议上激愤地说："我们决不能与侵略者合作共事！我们要尽快地把仪器、图书资料转移出去，决不能落在日本人手中。"一天夜里，他们以法国旅行社的名义，把仪器、图书装上轮船，历尽千辛万苦，经沿海绕道越南运到昆明。他们费尽周折，找到一间小房，开始了研究工作。科学的生命，又从此开始……

1945年，在中国人民的沉重打击下，日本帝国主义宣告投降了。吴学周教授又与同事们一起携带仪器、图书资料回到了上海。然而，国民党当局并没有为他们提供良好的科研环境，而是发动了一场人民厌恶的内战。在濒临崩溃之前，又想诱骗一些科技人员去台湾。吴学周教授看透了国民党反动派的腐败本质，深刻认识到靠国民党发展科学，建设国家，是没有希望的。于是，下决心留在大陆。

吴学周教授在黑暗中摸索，在苦难中挣扎，终于迎来了大半生都在盼望的光明。1949年5月，上海解放了。在欢腾的日子里，他和许多人一样，分享着胜利的喜悦。他亲眼看到人民子弟兵宿于操场，食于路旁，为了保护人民的生命财产冒雨站岗。吴学周教授十分钦佩地说："我活了四五十岁，还从未见过这样好的军队啊！"一天，上海市党组织派人来接收研究所，来的同志非常和蔼地说："你们把图书资料、仪器保存下来了，这是为人民立了一大功，党和人民都非常感谢你们。"此时，吴学周教授的心被震动了。他眼含热泪在想，这与国民党官老爷们那种随意贪占科研经费、肆意破坏科学研究的状况相比，真是有着天壤之别呀！后来，他又听到了陈毅市长的报告。陈毅市长说："祖国解放了，人民胜利了，愿意与共产党合作的一切爱国之士，党都欢迎。""知识分子是国家的财富，是党的朋友，党需要你们，希望你们把科学技术献给祖国建设……"吴学周教授听了就像迷航的轮船找到了航向一样，感慨万端地说："我奔波了大半生，终于找到了能够拯救祖国的真正领导者——中国共产党。"

吴学周教授终生热爱科学，热爱社会主义，热爱中国共产党，是党的忠诚朋友。他为了早日实现祖国统一大业，长期从事民主党派工作，直至生命垂危之前，才实现了自己终生最大的政治夙愿，光荣地参加了中国共产党，成为了一名优秀的共产党员！

中共吉林省委、省政府历届领导都十分敬重吴学周教授，对吴老的科学贡献和爱国行动都给予了高度的评价，一致称颂吴学周教授是一位杰出的爱国主义者。他热爱祖国的光辉业绩，将留传千古，光照人寰。

严于律己　宽以待人

吴老严于律己，宽以待人，堪称为人楷模。

吴老有较高的政治修养，这与他对自己的严格要求是分不开的。他常说：人活在世上，一定要为祖国、民族、人类做出贡献。为此，必须建立起一个科学的人生观和世界观。

为了更好地解决自己的人生观和世界观，吴老经常选择一些马、恩、列、斯和毛主席著作进行学习，如：恩格斯的《自然辩证法》、毛主席的《实践论》与《矛盾论》。吴老对毛主席是十分崇拜的。他说："毛主席是一位了不起的伟人，他的著作非常好，有水平，充满辩证法。"他经常教育我，一个科学工作者一定要学好自然辩证法和马克思主义哲学。没有辩证的思维和哲学的头脑，不可能很好的认识和解决科学实践中的"对立与统一"问题、人生道路上的"逆"与"顺"的矛盾，也不可能在科研上出很好的成果。吴老的教诲，使我受益不浅。

吴老对党中央的重要文件、报纸上的重要社论，总是要反复地进行阅读，认真地领会其精神实质，有时还与我一起讨论。他说："不学好文件，就不能执行好政策，就难以在政治上和党中央保持一致"。1982年3月，吴老要我把十二大文件汇编找来给他看。书到手后，他如饥似渴地阅读起来。还重点反复地学习了党章，特别是总纲和党员部分。然后诚恳地对我说："我要按照党员的条件去做，老刘你得帮助我呀！"吴老的话如同一股暖流冲灌我的全身。我以崇高的敬意和十分感激的心情对吴老说："吴老，我以一个普通党员的身份欢迎您啊！"吴老沉思了一会，十分虔诚地说："我还很不够……"简短的话语，倾注了伟大科学家要求加入中国共产党的强烈愿望。

吴老近80高龄时，一些重要的会议还亲自参加，一些重大的科研决策都要亲自审定。他把工作始终看成是自己生命的延续。

晚年，吴老的身体很不好。但是，他坚持自强自立，生活上尽力自理而不给别人带来麻烦。他经常风趣地说："在生活上请多给我一些自主权！"又说："拐棍多了，我就不能走路了。"一旦别人帮了忙，他马上和蔼地说："对不起，谢谢你。"1983年前，我陪同吴老多次去北京参加全国人民代表大会，每次一下飞机或火车，服务员就热情地迎上来，有的帮助提包，有的搀扶吴老。吴老非常感动地说："谢谢你们了，我们自己能拿。"因为吴老是吉林省人大代表团的副团长，按照有关规定，可以单独乘坐小车，但他往往不肯坐，要求和代表们同乘大客车。

住进宾馆后，服务员同志见吴老年纪太大，就亲切地说："吴老您想吃点什么？可以特殊为您做。"吴老一听就受不住了，立即回答说："谢谢，不必了，代表们能吃的东西，我都能吃。"

吴老对自己的子女要求也是十分严格的。当年，吴老的小外孙女在长春市第二实验中学读书，为了照顾她，有的老同志主动与吉林省实验中学联系。这件事后来给吴老知道了，他把女儿叫到身边，严肃地批评了一顿，并下了一道禁令："只要我活着，不管你们哪一个，谁也不准借用我的名义搞特权！""特权""特殊"，对吴老来说就像"瘟神"一样，非把它驱赶得远远的。可是，吴老对其他同志包括工人同志却是关心倍至。如十年动乱期间，和他一起坐牢房的一个难友，原长春火化场负责人郭群同志，同他结下了深厚的友谊。郭群的母亲不幸病故后，吴老亲自带着钱去老郭家，帮助他解决生活困难。

吴老家先后请过两个保姆，一位是从上海农村请来的周惠霞，另一位是从长春市郊区请来的白淑莲。吴老把她们当成自家人，平等地对待他们，吃饭也是共聚于一桌。她们回去探亲时，吴老还要买些礼品带给家人，保姆感动地说："吴老待人可真好哇！"

"文革"中有一些人受极"左"思潮的影响，在吴老挨斗时大打出手，使吴老眼睛致残。可是吴老从不怨恨他们，却把仇恨记在"四人帮"身上。他常说："那时候你们上当了，现在认识了，改了就好。要老老实实做人，踏踏实实工作。"

"文革"中打过吴老的一位科技人员，后来调到了吉林省某研究单位工作，省里根据他的工作表现情况想提拔他，但对他在"文革"中的表现又有所顾虑。因此，省委组织部门派两位同志找吴老调查。但吴老不肯说出当时的情况，更不给写证明，还对来调查的同志说："过去的事情就算过去了，现在他表现好，符合提干条件，你们就提吧！"又说："文化大革命是一场悲剧，是历史的倒退，它摧残和伤害了许多干部。但悲剧毕竟是过去了，今天，我们应想方设法地抢救出一批人才啊！"吴老的高姿态与远见卓识，使调查的同志感慨万千，深受教育。后来，那位同志得到了提拔。

吴老这种严于律己、宽以待人、克己奉公、关心他人的高尚品质，永远是我们学习的榜样。

老骥伏枥　壮心不已

1980年7月的一天，我陪吴老乘上南下的火车，去北戴河参加中国大百科全书环境科学卷条目编审会议。我们在山海关下了火车，然后乘小骄车，穿过海滨的茫茫沙洲和郁郁葱葱的树海，来到了北戴河专家休养所。刚下车，还没来得及休息，吴老就与我研究起条目来了。许多专家看到吴老这种不辞劳苦的工作精神，无不为之感动。我也由此联想起叶帅的诗句"老夫喜作黄昏颂，满目青山夕照明"。

晚餐后，我们迎着微风，穿过花廊，慢步来到海边。啊！浩瀚无垠的大海，碧波翻滚，浪花飞溅，频频击涮沙滩。吴老见景生情，风趣地说："我们应像海浪那样，不懈地工作。"晚上，吴老召开条目编写负责人会议，研究编审原则，直到深夜11点多钟才休息。这是一种多么大的精神力量啊！

同年9月，我陪同吴老去北京参加全国人大会议，他大小会都要参加。晚上，有时连电影也不去看，忙于把人民关心的一些问题，如"物价问题""改善中青年知识分子工作与生活条件""要重视科学对经济发展的促进作用"等写成一个个提案，反映给党中央、国务院。

晚年的吴老，不顾自己体弱多病，一直废寝忘食地为党工作。他常说："我的一分钟要当一年用。"他经常工作到深夜，查阅了大量的文献资料，为我国分子光谱学的发展起到了指导作用。他还招收了3名研究生，利用有生之年，继续为祖国培养光谱研究人才。

1983年6月，吴老带病参加了全国人大六届一次会议。会上，他积极建议国家要采取有利措施，搞好智力开发。会议还没有结束，他就住进了中国人民解放军301医院。病重期间，他还多次中肯地建议："有贡献的中青年科学家不要兼职太多，以防夺去他们创业的年华。"他还十分眷恋台湾同胞，渴望早日实现祖国统一大业。

在吴老81岁寿辰时，他光荣地加入了中国共产党。他感慨万端地说："我为共产主义奋斗终生的愿望终于实现了！我要在有生之年，更加积极地工作，直到生命的最后一息"。

吴老生活中的许多平凡小事，如同晶莹的点点水滴，映照出他高大的形象和无私奉献的精神，永远值得我们怀念和学习。

"桃花灼灼柳依依，满园春光各献奇"的崭新时代已经开始，愿吴学周教授为祖国的繁荣昌盛含笑于九泉吧！

深切怀念化予先生

刘 惠

　　化予先生是我接触最早的一位科学家，是他把我领进了科学殿堂，使我成为一名科学工作者。我和他的相识早在41年前，当时我是一名初出茅庐的大学毕业生，被分配到上海物理化学研究所工作。我还清晰地记得，1950年8月中旬我去中国科学院报到，接待我的是计划局副局长简焯坡先生。他告诉我："吴所长正在北京开会，8月底开完会后，可带你到上海物理化学研究所去。"后来，由简副局长安排，我和吴老见面相识了。8月30日，吴所长等三位科学家领我乘火车赴沪，于次日上午抵达。到所后，吴老首先把我领回他的家中，让我认识了吴师母和他的五个子女，并安排我洗澡、更衣、吃饭等等。之后，外出为我安排住处。我在他家里整整待了一天，直到晚上才到吴老为我安排的临时住处歇息。第二天，我到所里人事处报了到。在我踏上人生征程之初，就遇上了吴老这样关心人、体贴人的领导，终生难以忘怀。以后我将他视为自己的父辈，从他身上学到不少东西，他的女儿也成了我的挚友。

　　我在吴老领导的物理化学研究所工作期间，逐步了解到吴老不仅是我国的知名物理化学家，而且也是一位卓越的科技组织管理家。他思想进步，听党的话，一心跟着党走。他坦率、直爽，敢于讲真话，勇于挑重担。因此，在所乃至上海科技界都有相当高的威望。当时，所内学术气氛浓厚，秩序井然，我至今仍然十分留恋。

后来，化予先生考虑到东北工业基地的实际需要，毅然决然地服从中国科学院领导的指示，决定将物理化学研究所迁往长春。这在当时位于上海的近10个中国科学院所属的研究所中，是唯一的一个。先生当时在党组织的支持协助下，挨家挨户做迁所动员工作，反复强调迁所的重要意义，还采取措施帮助解决各家的具体困难。为顺利搬迁奠定了坚实的思想基础。1952年8月上旬，吴老又率领所内主要高级研究人员亲赴长春调查研究，制订1953年的科研工作计划。我作为两个参加工作不久的年轻人之一，有幸参加了这次东北之行。我们在中国科学院东北分院聆听了严济慈院长关于资本主义国家与社会主义国家科学研究的不同，人在两种不同社会制度中的不同作用的讲话，还听取了武衡秘书长关于东北的丰富资源与科研规划等情况的介绍，倍受鼓舞。在与长春综合所领导会晤并参观该所后，大家一致认为，东北的基本建设正在突飞猛进地发展，象征着祖国灿烂的前程，但还有许多科研课题，例如选矿剂、稀土矿的综合利用，钒钛铁矿的分离，硼矿资源的开发，需要科研人员去研究。在调查研究的基础上，并结合物理化学研究所的研究方向，初步确定了催化、高分子物理化学、农药、萤光料、光谱分析等方面的科研课题，为迁所后迅速开展科研工作，作好了充分准备。吴老当时虽已年近半百，但他旗帜鲜明，情绪饱满，自始至终与全团人员一道，反复讨论计划的编制，实验室的安排，所的发展规模，人员培养，国外订货，经费预算等等各方面的问题。甚至连职工的生活、待遇等细微问题，他都考虑到了。这充分体现了先生的组织才干，使找十分敬佩。

是年8月下旬，我再次奉吴所长的指示，作为迁所的先遣人员，陪伴3名高研人员的6位在校子女再次赴长春。以后吴所长全家搬来长春，我与他们全家又有了进一步接触。我感到吴老非常疼爱自己的子女，但从不溺爱。当时全家7口，仅吴所长一人工作，吴师母主要操持家务，抚育子女，家庭经济条件并不宽裕，但家庭气氛却十分融洽、和谐。吴老还经常和孩子们半等地讨论问题，鼓励他们发挥自己的专长。他们的小女儿宜南自幼喜爱弹钢琴，小学毕业后就考入天津音乐学院幼年班，至今仍在音乐战线上耕耘。

　　吴所长的一生中有许多的不幸：50年代初期，他的次女蔚南在上海读高中三年级，不便转学到长春，只好一人留在上海。而她患有癫痫病，在一次洗澡时发病，不幸溺水而死；60年代中期，吴师母因患乳腺癌而逝世；在十年浩劫中，他倍受磨难，他的次媳还因车祸罹难身亡；80年代初期，又失去了次子景松，但他始终没有放弃对事业的执着追求。就是在身患肺气肿等严重疾病，已失去一只眼睛，视力极为微弱的情况下，他仍然顽强地拼搏，将全部精力投入工作乏中。这种不屈不挠的精神，实在令人敬佩！

　　化予先生不仅是一位科学家，也是一位杰出的社会活动家。几十年来，始终十分热心于化学会的工作。因此，早在1939年至1942年，就连续被选为中国化学会第七、八、九届理事会理事。1947年至1956年，他又被选为中国化学会第十四届、十五届、十六届和第十七届理事会常务理事。1963年再次被选为第二十届理事会常务理事兼物理化学委员会主任委员。他还亲自担任《分析化学》与《应用化学》等期刊的王编。1978年，化学会恢复活动后，吴老兴奋异常，他以分子光谱专家的身份冷静地分析了当时的状况：虽然进口的光谱仪器很多，但科研工作却开展得不多，有忽视理论和基础研究的倾向。吴老遂与柳大纲先生亲自参加中国化学会于1979年在桂林举行的红外光谱专题讨论会，并不顾高龄体弱，为与会者作了《红外与拉曼光谱》的长篇讲演，号召大家开展这一领域的研究。紧接着又受中国化学会委托，于1980年在长春举办了分子光谱基础理论学习讨论班，吴老再次对激光产生的理论与实践背景、激光拉曼光谱的进展等问题作了非常精辟生动的阐述，从而促进了我国在这一领域工作的发展。吴老还为化学会在长春组织过"第一届物质结构学术报告会""第一届电化学学术报告会"以及其他全国性大型学术报告会等，都收到了较好的效果。

　　化予先生，我们永远怀念您。

苟利国家生死以，岂因祸福避趋之

——纪念我的老师吴学周先生

李　海[*]

　　光阴荏苒，化予先生离开我们已近十载了。

　　先生家乡来函，告之将编辑先生生平事迹专辑，以弘扬乡贤美德，砥砺青年后学。血浓于水，情切意深，使我感到义不容辞。

　　先生早年毕业于中央大学前身的东南大学，以后又任教于中央大学化学系直至1928年赴美深造，前后在校约8载。中大系我母校，虽不曾直接受泽，但仍可列为他的晚辈学生之一。在校时从张江树、高济宇等师长言传中，早已得知先生在物理化学尤其是分子光谱学上诸多成就，使人仰慕不已。先生后来去德国与赫兹堡教授合作研究自由基光谱和分子振动光谱的成就，尤为学人称道。作为中国现代物理化学的先驱之一，化予先生的功绩是不可磨灭的。

　　先生一生有许多可歌可泣的事迹。他为祖国科学事业发展作了不懈的甚至是不惜牺牲自己的努力。我认为，借用清代名贤林则徐诗句"苟利国家生死以，岂因祸福避趋之"来称颂先生是毫不过誉的。

————————

　　*　作者时任中国科学院化学部副主任、研究员。

　　抗战军兴，先生当时正值学术上踔历风发之年，但他毅然决定中断钻研，走出书斋，和当时中央研究院的爱国学人一道，坚持反侵略，不当亡国奴的斗争。他想方设法，历尽艰辛，将上海化学研究所的图书仪器、药品设备绕道越南，运往昆明；事后又在极其清贫简陋的条件下，逐步开展有利国家民族的科研工作。记得50年代中，有一次先生和我谈及当年的化研所，居然在土屋茅舍里裂鲜蓖麻子油制取汽油以冀支援抗战，听来令人感动。如果没有崇高的爱国主义热情和为科学献身的精神，确实难以置想。

　　抗战胜利后，先生回上海主持中央研究院物理化学研究所的工作，同时在化学动力学和分子光谱学研究上重整旗鼓，卓有进展。然而，树欲静而风不止。几年中，国民党反动派从"接收"到发动大规模内战，搞得国无宁日，民不聊生。就在上海临近解放时，国民党要员、中央研究院代院长朱家骅亲自出马，以"关心安全"为名，威逼利诱知名学者南撤迁台。化予先生和其他爱国正直科学家一样，义正辞严地拒绝了。不仅如此，他还参加了保护人民科学财产、防止敌特破坏的应变委员会，积极工作，迎接解放。此时竺可桢先生遇到反动派胁裹去台的危难，他又挺身而出，冒着极大风险，掩护竺先生避居岳阳路实验楼内，直到人民胜利。凡此种种，都反映先生真心热爱祖国、热爱正义、热爱科学事业的美好品德。对这些事，先生从不自诩。1951年夏，我随他的旧友张大煜先生（时为东北工业部大连科研所所长）南下招聘，在他们亲切晤谈今昔时，化予先生倾心称颂的是共产党政策英明，解放军纪律严明，特别是陈毅同志会见后自觉生平首次理解为人民服务的崇高宗旨。

　　吴老在以后的岁月里，以亲身实践来证明了他的这种高度觉醒。首先是在50年代初，为配合建设东北重工业基地并促进、提高长春综合研究所的科研工作，他真心诚意地接受了中国科学院的委托，积极动员、组织，将物理化学研究所从上海迁到了长春。那时我正在新组建的中国科学院东北分院工作，参加了严济慈分院长到长春主持的欢迎仪式。当看到清癯瘦弱的化予先生率领40多位上海科研同仁在热烈掌声中健步进入会场时，我的心情很为激动。须知当时的长春不仅给人印象是滴水成冰、艰苦落后，而且抗美援朝硝烟未熄，威胁仍存，没有相当的毅力、勇气和献身精神，举所从沪上迁来，谈何容易！以后，两所在自然融合、部分调整的基础上建成了中国科学院长春应用化学研究所，由化予先生出任所长，经他多年精心擘划，该所已成为一个学科配套、人才辈出、成果显著、知名于国内外的大型先进研究所，为国家，为地方作出许多贡献。而吴老个人则如春蚕、似蜡炬，直至鞠躬尽瘁于斯，甘棠遗爱，后人永志。

还应记述的是，先生在"史无前例"的"文化大革命"中，右眼盲废，左目仅存些微视力，但他坚信："共产党没有变，社会主义制度没有变，总有一天党会公正地对待我，说我无罪"。其后，在鱼龙混杂、人妖共处的混乱岁月里，他不仅仍要履行应化所科研业务领导之责，又因环境保护问题日趋严重，接受了筹建中科院环境化学研究所的新任务。在垂暮之年，以伤残的身心，不计恩怨地为当时纷杂支离的科研事业付出加倍劳动。直到"四人帮"覆灭，科学春天重返人间，经他与有关同志共同努力筹组的环境化学研究所，终于在1978年创建完成。中国科学院再次委他兼任所长。这些功绩，我想自有专人专文来纪念，简述数行，意在表达先生是在何等艰难的条件下为国家、为科学、为后人而呕心沥血。他的辛勤劳绩，尤其是他的亮节高风令人深切缅怀！

1983年11月4日，我受命偕吴学珍同志代表中国科学院专程到长春参加吉林省各界为吴学周先生隆重举行的追悼大会。会后，我们到吴老家中慰问亲属子女，并征询是否有需院解决的困难与问题。我们所得到的唯一要求是其子女吴景阳、吴雅南、吴宜南根据吴老生前的教诲，拟将他数十年茹苦含辛、铢积寸累的储蓄一万元贡献给研究所，作为科研奖励基金（后经研究所所务会议决定，于1984年设立"吴学周科学技术奖"，每年评比一次，一次10人。到1990年止，已评奖8次。受奖者达80人，这在中科院15个化学研究所中尚系首创）。这在当时是一笔可观的数目，使我立时浮现几十年来化予先生总是一袭蓝布衣、一双旧皮鞋、一副黑框近视镜的坦荡磊落音容。先生自己暮年入党，成为真正高尚的共产主义战士，而子女又在先生身后迅速表达了令人敬佩的高尚行动，足见先生始终是一位不自大其事、不自尚其功的哲人，使我久久难忘。最后，谨摘录先生为中国化学会成立50年所写的一段话，似可作为他自己的总结和对后人的殷望。

忆往昔，岁月艰难，在颠沛流离中取得了如此成绩，真也得来不易！

看今后，国泰民康。经历了十年浩劫瑕珠，必当以更加雄伟的气魄和稳健的步伐奋勇前进。振兴中华，此其时矣！

平凡之处见精神

陈　琪[*]

　　我在吴学周所长领导下工作了30多年，得到了他的精心指导和大力支持。吴老虽然离开我们10年了，但他对我的教诲和支持，却永世难忘。缅怀吴老，真有说不尽的话，限于篇幅，简述二三事，以资纪念。

　　1950，我从重庆工业试验所应聘来到长春东北科学研究所（即现在的中科院长春应化所），被分配在检验室矿石分析组，具体从事矿石检验、煤焦样品分析等工作。1952年，吴老率上海物理化学所的同志们来长春。不久，两所合并，成立应化所，吴老任所长。为了使科研工作能对国家有更多更大的贡献，吴老花很大精力做好全所科研的组织和发展工作。检验室的工作也在吴老的考虑之中。当时正值中苏友好时期，苏联援助我国筹建多项工程，其中包括某些矿产资源的开发和综合利用。因此，资源勘探设计所需的分析任务量大且多，我们应接不暇。在此情况下，吴老要我们在众多的任务中，选择一些具有研究价值的任务开展工作，以便在完成任务的同时开展某些分析方法研究，不断提高分析队伍的素质。1954年，冶金部地质司给检验室二项江西钨矿全分析任务。钨矿是我国丰产的多金属

---

　　* 作者时任长春应化所研究员、《分析化学》主编、九三学社吉林省委顾问。

矿，经济价值很高，每年都有出口。但当时对钨矿分析无现成方法，检验室业务人员水平又有限，要按时完成任务，确有困难。吴老知道这一情况后，鼓励我们大胆把任务接受下来，并立即调五名大学毕业的同志到我们小组帮助工作，还配备了所需仪器和实验室。同时组织外室的光谱组、极谱组参与攻关。我被任命为这项任务的负责人。在所党委和吴老的人力支持和鼓励下，同志们干劲倍增，经过一段时间的苦干和巧干，终于按期保质保量地完成了任务。样品分析结果还通过了苏联专家的抽测。此后，我们还将研究的二十多种方法推广到有关钨矿厂。为此，我们受到了冶金部地质司和所领导的表彰。这一任务的完成，改变了检验室的工作方法和性质，奠定了分析方法研究的基础，提高了工作人员的业务水平，并开辟了稀有、微量元素分析和研究方向，在结合任务发展学科方面也积累了一些经验。后来，所领导决定将检验室改为分析化学研究室。由于吴老的精心指导，该室规模越来越大，成绩越来越突出。其分析方法具有普遍的适应性，分析结果准确、可靠，因而在国内享有一定的声誉。此外，还培养出一批业务骨干，为分析化学研究室的进一步发展打下了坚实的基础。

　　1972年，组织上把我从农村调回应化所，分配在情报室工作。根据工作需要，我和同志们一道创办了《分析化学》期刊（国内外发行）。吴老亲自担任主编。他严格把握办刊方向，要求结合国内分析化学研究发展的实际情况，不断提高刊物质量，办出特色，并注意从办刊中发现和培养人才。编委会每次开会，吴老都克服困难，积极参加，还很注意听取编委们对改进工作的意见，发挥编委会的整体功能。就是编辑部的一些重要会议，他也带头参加，并提出了不少很有见地的意见。在他的领导下，《分析化学》越办越好，如实地反映了我国分析化学研究的水平和动向，对推动国内外学术交流、发展分析化学学科起到了一定的作用。该刊曾四次被中科院评为优秀期刊，自1988年起一直被选为国家自然科学核心期刊，在国内外享有一定的声誉。这些成绩，凝聚着吴老的心血。

　　1956年，我加入了九三学社，不久被推选为九三长春市委会委员，与时任九三长春分社主委的吴老有了更多的接触。吴老在科学事业上是一位一丝不苟的知名学者，在社会活动中又是一位热情奔放、颇具凝聚力的活动家。在市委会上，凡讨论重大问题，他总是冷静地听取委员们的意见，经过综合分析后再作出结论，从不固执己见。有时有的同志对某些问题想不通，他总是耐心、善意地加入引导和说服，有时还上门谈心，直至问题解决。1958年以后，我担任了九三应化支社的主委，与吴老接近的机会更多，吴老给我的教育也更深。那时，每两周开一次生活会，吴老总是亲自参加。他十分注意提高社员的思想觉悟，关心社员对党的科研政策和执行情况。他常常教导我们，要做好党的助手，做好本职工作，以自身的行动影响周围群众一。吴老是这样说的，也是这样做的。他处处以身作则，严格要求，带领我们开展各项工作。九三社员在他的带动和影响下，团结互助，亲密无间，在群众中影响很好。九三应化支社曾多次被九三长春分社、九三吉林省委评为先进支社，这与吴老的正确领导是不可分的。

吴老为祖国的科学事业和党的统战工作奋斗一生。在十年动乱期间，虽无辜遭受迫害，身心受到严重摧残，但他对党和社会主义事业仍然充满信心。他坚决拥护党的十一届三中会以来的各项方针政策；他治学严谨，办事认真，他严以律己，宽以待人，是一位有坚定信念、高尚情操和美好品德的老一辈杰出科学家。我们应该学习他的优秀品质，并以此教育后辈，使之永垂不朽。

吴学周同志筹建九三学社长春分社及其所属支社简况

朱晋锟[*]

  我国著名的物理化学家吴学周同志,长期担任九三学社中央和长春分社的领导工作,在民主党派中有很高的威望。他是九三学社长春分社及其所属支社的创建人,是筹建长春分社的主要负责者。

  在新中国成立之初,吴学周同志就在上海加入九三学社,不久被选为社中央委员。吴学周同志响应党和国家的号召,支援东北建设,于1952年冬带领中科院物化所科研人员30余名,从上海来到东北长春,建立中科院应化所。在来长春前夕,吴学周同志积极接受社中央的委托,主动承担在长春地区发展九三组织、筹建九三学社长春分社的任务。他到长春将迁所工作稍作安顿后,便于1953年春去中共长春市委统战部汇报工作,办理组织关系。随同吴学周同志来长春的30余人中,仅我是九三社员,那次我亦随同前去统战部。吴学周同志向统战部杨部长汇报了社中央委托给他在长春发展九三组织,筹建分、支社的任务,要求在共产党的领导下,统战部积极给予指导帮助,开展九三学牡的工作。杨部长非常赞赏,表示全力支持,如遇困难一定帮助解决。

---

  * 作者系中科院长春应化所研究员,曾任该所研究室主任。

　　长春地区原无九三学社社员，更无九三学社组织。在1950年全国高等院校院系调整之后，有少量九三社员调来长春大专院校，但他们没有相互联系，也没有过组织生活。吴学周同志从有关各方面了解到了已来长春的社员，有东北人民大学（吉林大学前身）杨振声同志，他是著名文学家。还有一位是长春地质学院的业治铮同志，他年富力壮，干劲很足。吴学周同志与他们取得联系后，连同应化所两名九三社员，成立了九三小组，开始了社组织生活。当时每两周开一次生活会，生活会都在应化所吴学周同志的办公室或他的宿舍中开。当时小组会的主要内容：一是商量积极发展组织事宜。吴学周同志对发展社员的原则和措施都指示得很清楚，一定要在中国共产党的领导下，取得所在单位党组织的帮助发展社员。二是领导同志们学习党的方针政策和社中央的文件，自觉改造思想，提高觉悟，做好岗位工作，团结社内外中高级知识分子，帮助他们思想进步，解决具体困难，争取让九三成员在国家建设中积极做出贡献，做好党的助手。

　　在吴学周同志的努力下，在应化所党组织和工会的大力支持和帮助下，九三组织有了较快的发展。相继有高国经、陈琪、季鸣时、张维纲、张庆余、袁秀顺、曹孟骏等同志加入九三学社，在上海来的人员中也发展了柳大纲、沈青囊、余柏年、钟焕邦、郑绍基等同志。在应化所首先成立了支社，在吉林大学和长春地质学院亦相应发展了社员，并成立了支社。吴学周同志还在市委统战部和各有关单位党组织的支持下，努力在无九三组织的单位发展社员。东北师范大学、吉林财贸学院、吉林工业大学亦相继发展了九三社员。医务卫生界的社员发展稍迟，早期有省医院陈光明同志，市医院卢士谦同志，以上这些单位都比较早地成立了九三支社或直属小组。

　　在九三分社筹备委员会还未正式成立以前，既无专用社址，亦无专职脱产干部，大小社务都由吴学周同志亲自主持，其工作非常辛苦。业治铮、陈光明等同志亦都非常热心社的工作。由于我与吴学周同志同在应化所工作，也分担了社里的一些日常事务工作。后来（大约在1955年）市委统战部将上海路政协大院内一幢楼房拨给了九三，并配备专职干部两名，还聘任东北师大的社员肖懋同志为专职秘书，长春分社筹备委员会就正式挂牌成立了。

以上所记是吴学周同志筹建九三学社长春分社及其所属支社的早期部分情况，由于事隔多年，手头毫无资料可查，仅凭回忆，错误遗漏在所难免，仅供参考。

怀念吴学周老师

朱晋锟

　　我国著名的物理化学家吴学周老师，是一位学识渊博、造诣高深、贡献卓著的人民科学家，是我国分子光谱研究的先驱者、创始人，是科学工作的杰出组织者。他把毕生精力贡献给了我国的科学事业。他治学严谨，兢兢业业，谦虚谨慎，严以律己，宽以待人，他联系群众，团结同志，不愧为一位杰出的人民科学家，优秀的共产党员。

　　吴学周老师离开我们已经10年了。我自1946年以来一直是在吴学周老师的亲自指导和亲切教诲下从事科学研究工作的，对老师崇高的思想品德，严谨的治学精神，忘我的工作态度，突出的科研成绩，有较为全面的了解。现回忆若干片断，以志深切怀念。

自觉理论联系实际

　　新中国成立后，吴学周老师响应党和国家号召，放弃上海优越的生活环境和工作条件，带领中国科学院物化所30多名科研人员来到东北长春，创建了中国科学院应用化学研究所，为发展新中国的科学事业作出了积极努力。他在非常繁重的科学组织和管理工作的间隙中，亲自开展了电子转移光谱研究课题。在一次实验工作的讨论中，当谈到为什么要以分子氧作为电子转移络合物的受主时，吴学周老师语重心长地说，我们做科学研究工作，尤其是做科学基础研究工作，应当时刻不忘为祖国经济建设服务，自觉理论联系实际，做基础理论研究必须有明确的目的，最后必须着眼于实际问题的解决。氧无时无刻不与人类相处，氧化老化问题是生产建设中、国民生活中非常重要的问题，我们研究以分子氧为受主的有机电子转移络合物的光谱，其中一个非常重要的目的，就是研究自动氧化原始反应机理。如何做好理论联系实际，要注意三个方面的问题，即客观需要、主观力量和科学发展，也就是说要将社会主义建设的需要、自己的科研基础力量和科学的发展方向三者很好地结合起来。吴学周老师这种自觉理论联系实际的治学精神以及对理论联系实际的深刻认识，永远值得我们学习。

以党的事业为重

十年浩劫，使国家和人民遭受了深重灾难。不少专家、学者受到冲击，吴学周老师这位颇有影响的高级知识分子也未幸免于难，其身心受到严重摧残。粉碎"四人帮"以后，吴老师获得了新生。他不计较个人恩怨，而是忧国忧民，以党的事业为重，夜以继日地忘我工作。他以渊博的学识，丰富的经验，洞察了国际科研发展动态和我国社会主义建设需要，并从我国科研基础这一实际出发，提出了要恢复分子光谱研究，应该首先开展激光拉曼光谱研究的设想。他在调查研究、大量查阅文献资料的基础上，亲自撰写了激光拉曼光谱学的重要综述性文章。明确指出，现代科研的发展，离不开高水平的现代技术的应用。在吴老师的倡议下，有关单位通力协作，终于成功地制造了国内第一台激光拉曼光谱仪。他还在不少科研单位宣讲激光拉曼光谱学，促进了全国分子光谱的研究工作。他还进一步提出了激光光谱和激光在化学反应中的应用等研究课题。目前在应化所有不少新领域的研究项目，如激光分离同位素等，都是吴学周老师在世时所提议和倡导的。吴学周老师这种在困难面前亲自上阵，团结带领同志突破要点，迎头赶上国际水平的精神，无不令人万分钦佩。

"老骥伏枥，壮心不已"

吴学周老师晚年的身体愈来愈差，肺心病缠身，气喘频繁，一年之中住医院的日子比在家里的日子多。由于一目失明，一目视力严重减退，阅读和写作都十分困难。然而，他没有退却。他克服种种人们难以想象的困难，不论在办公室、在家中、在医院，不管白天黑夜，不管上班或周末假日，仍顽强地拼搏。他说，我在世的时间不多了，多干一点，加快了科研的步伐，就是延长了生命。他查阅了大量文献资料，写下数十万字的重要笔记心得和设想。他以渊博的学识，敏锐的洞察力，和一些有识之士一样，看到物理化学和生物学科结合将有强大生命力，是不久的将来高科技发展的非常重要领域。他决心结合生物方面开拓新研究领域。他涉及的面非常广泛，如生物酶、激素、中草药、海洋生物等等，提出了不少新设想。老师这种在生命垂暮的最后时刻仍忘我钻研、努力拼搏、不断开拓科研新领域的高贵治学精神，实在感人肺腑。我们一定要好好学习。可惜老师来不及形成系统设想见解，制订系统新课题，就与世长辞了。现在应化所许多有关生物方面的研究工作，是与老师的倡导、预见分不开的。吴学周老师把毕生心血都贡献给祖国的科学事业，勋功卓著。在建国之后的30余年，老师把极大部分精力投入科研组织工作和科研管理工作，在自己专业上的成就虽不及青壮时期，但仍不愧为一位著名科学家。他仍尽可能地亲自从事研究，完成了一些很有意义的课题，撰写了一些很有价值的科学论文。而尤其难能可贵的是他一丝不苟的治学精神。

难忘的回忆

张庆余*

吴老离开我们已经10年了，但他的音容笑貌仍清晰地留在我的记忆中。记得他刚到长春应化所时，就积极发展九三学社组织。我是1955年入社的，当时所内社员很少，只有五六个人，高国经先生（现已去世）是组长。当时，因无办公地点，组织生活会是晚间在吴老办公室里开，后来也常在他家里开。给我印象最深的是，在会上，吴老总是积极发言，每次发言都非常深刻，使人感到他是经过充分思考的。记得一起参加组织生活会的夏诵娴同志曾对我说过，吴老的每次发言都很深刻，对我们有很大启发。我也有同感。吴老在讨论问题时态度很明朗。记得在"三个主义"教育运动时，对给知识分子戴上资产阶级帽子的问题，他就有不同看法，明确提出了自己的观点。这在当时是很不容易做到的。

吴老常说，一个研究所的发展要从三个方面考虑，即客观要求（指国家生产建设上的要求），主观力量（指技术力量）和学科发展。在所的领导岗位上，他是这样说的，也是这样做的。在培养技术力量方面，更是不遗余力，筹办化学学院就是明显的例子。

在"文革"中，他的身心受到很大摧残，一只眼睛失明。恢复工作以

---

* 作者时任中科院长春应化所研究员、研究室主任。

后，他没有半点消极情绪，仍是兢兢业业地忘我工作。那时，我住在他的楼下，有时晚上有事到他那里去，见他戴着高度近视眼镜在灯下阅读资料。平时也经常看到，夜已深了，但他屋里的灯仍在亮着。和吴老一起进行科研工作的王仁萍同志曾对我说："我们的科研工作，有幸受到吴老直接指导，他严谨精细的治学精神真叫我们佩服。"

总之，我认为吴老是一位忠于党、忠于革命事业，积极进取、学识渊博的学者，永远是我学习的榜样。

缅怀吴老的谆谆教诲

张维纲[*]

　　吴老，是我国著名的科学家、分子光谱研究的奠基人，同时又是我国科学事业的杰出组织者和社会活动家。我有幸在吴老手下工作多年，并亲聆他的教诲，受益非浅。回忆往事，历历在目，记事二三，以志缅怀。

　　1954年，我在牡丹江市进行了将近一年的钢纸推广建厂工作后回到应化所，很快感受到所内的气氛非同寻常。经了解，才知是由研究方向的转变而引起的。原来所内的一些同志从事的结合造纸工业的研究方向，已不适应形势发展的需要了，但究竟要转向什么方向，心中又无数。于是，不少人感到焦躁不安。

　　就在这个时候，吴学周所长多次来到有机研究室，和我们这批年轻人一起座谈，听取大家在研究方向转变方面的不同看法，并针对我们的工作、思想实际，谈了自己的看法。他要我们把眼光往高处看，要我们把研究方向从造纸工业的工业性研究转到结合高分子科学的纤维素化学研究上来，并要我们对纤维素化学的基本理论进行学习。还要求我们注意补充高分子化学和高分子物理方面的基础知识。此后不久，所图书馆到了一套以otto著的纤维素化学专著，吴老阅读后，向我们推荐，要我们进行深入学习。另外，又让我

_____

　　* 作者时任中国科学院长春应用化学研究所研究员、科技处处长。

们查阅有关文献资料，掌握科技动态。并从中找出可以从事研究的课题。同时，吴老还要我们有机研究室与天津大学造纸专业陈国符教授和轻工业部主管造纸工业的葛春霖司长保持经常的联系，以扩大对有关工业生产实际的了解。这样一来，大家心中有了底，情绪便稳定下来了。

1956年以后，吴老更进一步支持我们向苏联的纤维素化学专家学习。1958年初，吴老邀请了苏联莫斯科纺织学院高分子教研室的罗果汶教授来所作纤维素化学新进展的系统介绍，并请他对我室的业务方向调整问题提出意见。另外，吴老还大力倡议向苏联、民主德国从事纤维素化学研究的单位派送中、高级科研人员，前去学习纤维素化学研究工作。我就是在这种情况下，于1958年10月去苏联罗果汶教授那里进修的，我室的刘克静主任则先期去了民主德国进修。后来，由于种种原因，虽然纤维素化学的研究工作调整到了中科院广州化学所，我室的研究工作却转移到了高分子辐射化学或高分子物理、合成橡胶等方向上来，但是吴老为我室研究方向的转变和落实所作的种种努力和对我们的谆谆教诲，则始终铭刻在我的脑际，现在回想起来，仍感到分外的亲切。

1956年末，我由陈琪同志介绍，参加了我所的九三小组。这样与吴老的接触就更多了。吴老经常强调每个社员要努力改造自己的思想，积极做好本身的岗位工作，还要注意联系好周围的社外同志，在可能范围内，协助解决他们的一些思想问题和工作中的困难，并及时向所党委反映有关情况。在发展九三组织的工作中，吴老也总是严格要求，注意征求和听取党委的意见，听取社外同志的反映，以保证新社员的质量。当时的所党委书记孙景斌同志，也经常参加九三应化小组的生活会，帮助九三开展好工作。吴老和孙景斌同志之间也一直保持着深厚的友谊，相互尊重和支持。

在九三应化小组的生活会上，吴老常常根据他在社中央、全国人大或省人大开会学习的体会，向大家介绍他的一些看法，并及时向社员提出号召和要求。吴老还一直十分关心九三应化小组在应化所所起的作用，关心社员的思想状况，帮助社员思想进步。这些都给我留下十分深刻的印象。

回忆我们的老所长吴学周同志

吉树蓉　关凤林[*]

　　吴学周老所长是一位待人诚恳、受人尊敬的长者。他把毕生精力投入到发展祖国科学事业上，并为发展爱国统一战线作出了积极的贡献。晚年的时候，他光荣地加入了中国共产党，实现了自己多年的夙愿。

　　我们是工作在他身边的机关人员，在出版他的专集的时候，从他生活的沃野中采撷几束小花，献给关心他的读者。

　　党的十一届三中全会之后，吴老真正感到科学的春天来到了，他的心和解冻的大地一起复苏了。吴老重新担任应化所所长后，日夜操劳，要把失去的时间夺回来。尽管科研工作繁忙，他仍不忘九三学社工作，他多次找党派负责人商量，要求尽快恢复九三组织活动。他认为民主党派无论过去、现在和将来都是党的助手，都会为发展这个共和国做出贡献。在所党委关怀支持下，1979年8月，九三学社应化支社恢复组织活动，并隆重召开了大会。市委统战部王明月部长、省里各民主党派负责人关梦觉、耿岳伦等到会祝贺！所党委书记也到会祝贺。他在讲话中，充分肯定了应化支社全体社员在以往科学研究方面所起的学科带头人作用及为发展应化所做出的重要贡献；并希望九三组织不断壮大，独立开展工作，在今后的工作中再立新功。吴老很激

---

　　[*]　吉树蓉时任长春应化所中共党委宣传统战部部长。

动，他代表九三学社长春分社向大会表示祝贺，并回顾了应化支社成长历程，希望九三组织加强自身建设，认真学习党的路线、方针、政策，与党同心同德、风雨同舟，为巩固和发展新时期统一战线而无私奉献一切。此后，应化支社组织不断扩大，作用不断增强，现已成立基层委员会，发挥着越来越大的作用。

1981年5月，所党委为配合中央文件学习，了解党的十一届三中全会以来农村发生的变化，组织九三应化支社社员，党外科学家到吉林省梨树县蔡家乡进行社会调查，吴所长欣然前往。一路上微风拂面，梨花初绽，汽车在绿荫中飞驶，吴老不时向车窗外远望。农民们穿红挂绿地耕耘播种，人欢马叫的喜人场面使吴老非常高兴。在乡里，陪同吴老一行的王主任，指着那绿油油的防护林带、那平展展的黑土地，自豪地告诉吴老，他们一靠政策，二靠科学，不断完善生产责任制，实现了四年连续大丰收的经验，并让他到农民家中走走、坐坐、看看。

在农民王老汉家中，吴老见他家日子过得挺红火，成了万元户，问他是怎么富起来的，王老汉眯着眼睛说："日子得过，那是因为共产党的干部有眼珠，尽办好事。我们没有两个心眼，信得实，干活不胡弄，这几年风调雨顺，挣钱就多呗"。吴老和其他九三成员连连点头，是呀，党的政策好，人心顺，农村真的变了。吴老到农村调查之后，触动很大，见人就介绍说："农村变化大，全靠党的好政策。"

1982年初夏时节，所党委为了让常年忙于科研工作的民主党派成员得到一点休息，组织九三和民盟两个组织的科技人员到附近的星星哨水库风景区游览。水库管理人员听说来水库人员中多是科学家，还有省人大常委会副主任、著名物理化学家吴学周时，特别高兴，派人连夜将库区公路垫平，铺上沙子，生怕路不平摔坏科学家。吴老知悉后，十分感动地说："多么好的百姓呀！他们关心科研的进步。我们一定要稿好科研，为人民造福。"

外出游览山川风光，吴老是很高兴的，但在长春几十年，这还是第一次。他兴致勃勃地登上游船，尽情池观赏湖光山色，高兴地开怀畅谈。他说，可惜我不会写诗，吉林这个地方山好水好，我们吃的是吉林人种的粮食，喝的是吉林省的水，要为吉冰省多做点工作。在场的其他科学家及领导都会意地笑了，赞成老所长的看法。

还有一件事使我们终生难忘，1983年1月1日，吴老正式向党支部写了入党申请书。支部领导及党员对吴老这一举动非常高兴，在找吴老谈话以后，及时向所党委作了汇报。2月下旬的一天，机关的一位同志拿着吴老的入党申请书到印刷厂复印，回来的路上不慎丢失，这位同志心急如焚，因为所党委马上要讨论吴学周同志入党问题。这位同志和他的处长沿着去印刷厂的雪路找了四五个来回也没有找到，严重的失职使这位同志非常内疚。怎么办？他的领导说："你赶快向吴老说明情况，求得他的谅解，请他重写一张。"吴老是一位豁达大度、宽以待人的长辈。但要重写申请，又谈何容易。吴老当时左眼失明，右眼只有0.03的视力，就是原来那张百把字的入党申请书，也是他戴着老花镜，经过反复思考后，用了三个晚上才写成的，字里行间充满了对党的爱。现在，怎么忍心再劳神吴老呢？但除此还有什么办法呢！无奈，这位同志来到吴老家中，说明情况后，诚恳地进行了检讨。吴老不但没有责备这位同志，还拿出好烟好茶热情地款待他，并和蔼地说："凡是我能做到的，费什么力我都能办。"一句暖心话说得来者热泪盈眶。临行前又对来者说："欢迎你今后常来，咱们多聊聊，常谈心，情才真。"次日上午吴老打来电话，告诉申请书已写完，可派人去取。吴老一见机关那位同志就笑着说："没耽误时间吧？"事后，吴老的入党申请书找到了，便当即送还给他。他苍老的眼睛里闪出可敬的目光，高兴地说："你们工作认真就好。"

怀念吴伯伯

梁映秋[*]

我是吴伯伯的女儿蔚南的中学同学。当我1950年升入高三毕业班时，我家由上海迁到南京。这时候如果我转学到南京，对考大学不利；继续读下去，又因就读的上海市立务本女中是走读学校，住宿问题无法解决。在这种左右为难的情况下，我的好友蔚南便邀我住到她家，和她同居一室。这样，我便有幸认识了吴学周伯伯。

蔚南是我们的团小组组长。但她性格内向，不善言辞。上海解放后，她一改以往的沉默不语，显得热情、奔放，经常在政治上帮助同学们进步，对我尤其如此。蔚南为什么会出现这种明显的变化呢？在她家住了一段时间后，便找到了答案。原来她有一位不同寻常的父亲。吴伯伯尽管学术和社会活动很忙，但对子女的教育却很重视。在这个家庭里充满着和谐、平等、友爱的气氛。蔚南在她父亲的影响下，政治上逐渐成熟，对共产党充满着深情厚意。这种情意，就具体地体现在她的言行之中。

有两件事，虽时隔30多年，但至今仍记忆犹新。有一段时间，每到晚上，吴伯伯家的客厅里就坐满了开会的人，讨论非常热烈。后来我才知道是关于物理化学所从上海搬迁到长春一事。吴伯伯为了响应党的号召，为了祖

---

* 作者时任吉林大学理论化学研究所研究员。

国科学事业的发展，做了大量的、耐心细致的说理工作，终于说服众人，圆满解决了这一难题。其实，吴伯伯全家要举家北上，何尝没有困难；但他能以党的利益为重，以人民的利益为重，置个人利益于不顾。我虽然与此事无关，但从中受到了教育。

1951年上半年，我一心准备考大学，社会活动很少参加。一天晚上，蔚南外出听党课，我一人留在屋里读书。吴伯伯微笑着走进来，温和地问我："怎么不去参加活动呢？"我胆怯地回答："我没有时间啊！"出乎意料，吴伯伯不但没有正面批评我，还像朋友一样对我说："是不是一天只有24小时？我也有这个问题，是个不好解决的问题……"此后，吴伯伯只要有空，就和我们一起交谈、讨论。我从中受到不少教益。后来，我考入北京大学化学系，与吴伯伯一家暂时分开了。但是，吴伯伯及全家对我的教育、帮助，尤其是吴伯伯那种把党和国家利益置于首位，不计较个人得失的精神风貌，使我终生难忘。

1955年我大学毕业，被分配到长春东北人民大学（现吉林大学）化学系工作。这样，我又能经常和吴伯伯全家交往了，又有机会接受吴伯伯的指导和教育了。节假日，我常到吴伯伯家去，一见面，吴伯伯和吴伯母总是问寒问暖，问长问短，关心我的工作和生活，使我这个身处异乡的女子感受到父母般的温暖。通过30年的交往，我对吴伯伯有了更深的了解。他是国内外著名的光谱学家，尽管也有一天24小时之难，但他为了祖国科学事业的发展，献出了毕生精力。他不贪图名利，多次婉拒宣传媒界的报道。为了祖国和人民，他鞠躬尽瘁，死而后已。遗憾的是，"文革"中，吴伯伯受尽折磨、委曲和种种误解。当时他还不是一名共产党员，但他对党矢志不移，独自承担了加在他身上的不实之词。这是很不简单的。

吴伯伯逝世快10年了，他的高风亮节终为人悉。我们纪念吴伯伯，要学习他追求真理、热爱祖国、廉洁奉公、舍己为人的高尚品德。

患难之交情似海

郭　群[*]

　　我是吉林省长春市殡葬管理处的离休人员。因为吴学周同志是我国老一辈著名的科学家，所以他的名字在我的脑海中早有印象。在"文革"前，吴老的爱人病逝后，其大理石制骨灰盒存放在我处，盒上刻有三行醒目的字，最上一行是："江西萍乡人"，中间一行大字是："汤正行之灵墓"；下面一行则是："吴学周率子景阳、景松、女雅南、宜南敬挽。"把死者亲人的名字全都刻在骨灰盒上的做法为数极少，这既说明对已故亲人的深厚感情，也真切地反映了吴老对子女的思想教育。这是我所接待的数以万计的丧家当中较为突出的一例，给我留下难以忘怀的印象。

　　我怎么也想不到，我和吴老相识竟是在"文革"中的1969年2月4日。从这一天起至同年6月30日近五个月的时间里，我们朝夕生活在一起。

　　1969年2月4日以前的两周，我是被隔离在本市南关区"群专"。在这里，人员成份复杂，屋里空气混浊，给人一种很强的压抑感。经过请示驻我单位的军代表和革委会，2月4日我被转移到另一个地方的隔离室（本市朝阳区百汇街10号，原吉林省教育学院旧址，吉林大学东南侧）。这里已经有一个人，他不吸烟，非常虚心地接受审查，还刻苦攻读毛主席著作。

---

*　作者系吉林省长春市火化场场长。

这一切，立即使我感到清新，受到鼓舞！但是，鉴于当时的规定，我没有问他，也不知道他是谁。一天，提审的解放军警卫人员喊出吴学周的名字，我才知道，原来和我同在一个屋的这位沉静的老人，竟是我早就知名而不曾见过面的老一辈著名科学家。顿时我觉得喜出望外！我有幸认识他实在难得，但是，当时的纪律，不准许我们交谈。我只好用笔在一张纸条上写道："吴老，您的爱人就在我们单位。"吴老不解地写道："不，您搞错了，她已病故了。"我又写道："她老人家的骨灰盒就安放在我们单位。"就这样，我们相识了。

这儿每人单独隔离于一室，唯独我与吴老同室。我猜想：这可能是为了保护吴老的一种特殊安排。当年67岁的吴老身处那样的环境，是多么需要人照顾和安慰。可是，吴老却严守纪律，对我一言不发，整天仍默默地攻读毛主席著作和毛主席诗词，用实际行动感染着我。

当时吴老缺少日用品，我看到后，实在感到心疼！于是，我偷偷地写了一张小纸条塞给吴老，劝他给应化所革委会和驻所军代表写张便条，请求组织上转告家属送来一些日用品。他按照我的提议做了。果然，不几天日用品送来了，吴老很开心！

当时规定，不仅不准许我们俩交谈，更不准许我们随便走动。吴老一动不动地坐在椅子上看书。我担心这样下去他会受不了的，就利用看守人员未来检查的空隙时间，用手势鼓励吴老活动活动。他在我的引导下，站起身来，两脚叉开、站稳，两手插腰或伸展，从头、颈、腰部活动到两条腿，做得非常认真，吴老每次从厕所回来，都主动操起笤帚扫走廊，他扫得那样认真，仔细！还有，每逢吃油饼或吃饺子的时候，吴老怕我吃不饱，总是坚持分给我一些，他用手势向我表示：你年轻，饭量大。这许多生动的事例，都给我留下了极深刻的印象。

同年6月下旬，在我即将解除隔离的前几天，一位解放军班长来到我们的隔离室告诉我："对你的审查即将结束，你的老母亲和家人都挺好，你就放心吧！用不了几天，就来接你回原单位了。"这位班长走后，吴老迫不及待地写张纸条问我："你是共产党员吗？"我写："不，我现在还不是党员，您是老一辈科学家，是祖国的宝贵财富，希望您珍重自己，今后好为党、为人民做出更重要的贡献！"

就这样，我们俩暂时分手了。

1970年初，吴老被释放出狱以后，从我们单位打听到我家的住址，在他儿子吴景松的陪同下来到我家。当时，我不在家。我下班后，邻居交给我一张景松写的便条。我看了之后惊喜交加，立即按纸条上写的地点奔吴老家而去。见面之后，我们俩立即互相拥抱在一起，心里都在兴奋地想：我们终于又见到啦！

从那以后，我时常去看望吴老。每次去，差不多总是看到他老人家伏案精心阅读书刊。在这些书刊中，有不少是字体非常小的外文书刊，吴老要戴着眼镜，几乎贴近书面，才能看清。尽管如此，他还是一个劲地看，看得那么认真、仔细。当年吴老在隔离室攻读毛主席著作那种安静的姿态，顿时又重现在我的眼前。这时吴老已经70多岁了，而且一只眼睛已经失明了！我感到心酸、心疼！我劝他："您已经是70多岁的老人了，眼力又不好，这外文字体又那样小，何苦那样去死啃书本？！"他斩钉截铁地回答道："老郭，我们需要赶超世界先进水平！如果不了解周围世界科学技术的发展情况，可用什么去赶？用什么去超？"这就是历经坎坷，仍然坚定不移地去探索、去奉献的老一辈科学家的本色！

有一天，吴老不在，只有景松的女儿利群和雅南的女儿席群在家。这两位十来岁的小朋友热情地接待了我，给我泡茶，并且非常有礼貌地说："郭爷爷，请您喝茶，一会，爷爷就该回来了……"当时，我激动地说："一位利群、一位席群，又来了一个老郭群，咱们三群相会啦！"两小一老，都开心地笑了。

党的十一届三中全会以后，我原想就职于吴老的身边，或者分担应化所总务方面的零星业务或者到九三学社去做些事务工作。这样，既可分担一些吴老的辛劳，也便于直接照顾吴老的生活，弥补一下子女们照顾的局限性。当时，吴老为我选择了去九三学社的方案。他把孙敏慧和谷长春两位同志约到家来，请她们代为联系，安排我到九三学社工作。谁知领导嫌我年迈，这件事没办成。市委统战部考虑吴老头一次提出人事安排意见，便与民政局联系，希望民政局对我的工作给予妥善安置。最后，局里决定我到火化场担任场长。

有一天，因为我工作中遇到不顺心的事，就向吴老流露出不安心火化场工作的思想。他老人家便语重心长地开导我："火化场，也是一项不可缺少的社会福利事业，那里也需要有人认真负责地去工作。你在那里已经干了那么多年，会有实际体验的呀！在我们有生之年，能为党，为人民搞好任何一项事业，都是光荣的！"听了他的话，我还有什么可说的呢。

有一次，我对吴老说："最好人人平等，和睦相处，谁也别欺侮谁。"吴老却说："那不可能。任何情况下，都会有矛盾存在；没有矛盾，就没有斗争；没有斗争，就不能进步。"

1980年秋。继其儿媳马霭芳由于交通事故遭不幸之后，他的儿子吴景松又病逝了。对此，他老人家竟是那样沉着、冷静。他委托身边的大女儿吴雅南代替他前去处理丧事，并一再嘱咐她，丧事一定要从简，尽力避免再给组织上和同志们增添不必要的麻烦。就是这样，吴老还觉得不放心，又用他自己的名义，直接写信给高能物理研究所领导，请求一定要节约办丧事，一定要按政策照顾遗孤。多好的老前辈啊！从那以后，我觉得自己更有责任爱护、体贴他老人家，因而经常去探望他。我发现，吴老固然为老年丧子而悲痛，但他更难过的却是组织上耗费心血培养、深造景松，可万万没有想到景松还未来得及做出应有的贡献就早亡了。这使我愈加感到吴老是值得尊敬的一位老人。

1983年10月中旬，吴老病危。我来到吴老病床前，他听到我来探望，心里十分不平静。这时，老人家已经不能睁眼，也说不出任何一个字，但头脑却依然清醒。他用那病弱的手紧紧地握住我的手，从他老人家那微弱而用力的手中，我深刻地感受到，他是在说："我要走了，你可要继续努力奋斗，在有生之年，尽心竭力，多做贡献啊！"我也用劲握住他的手，回答说："请您老人家放心！我绝不辜负您老人家的期望，一定好好干！"就这样，吴老和我们永别了。

吴老虽然离开了我们，但他的革命精神和高尚品质却永远激励着我们。

尊敬的吴老，我们永远怀念您。

吴学周为发展祖国科学事业作出突出贡献

曾广赋　吴稚南　席时权[*]

吴学周，是我国著名物理化学家，分子光潜研究的奠基人之一和化学科学研究的卓越组织者。他为中国分子光潜研究和化学科学研究的发展贡献了毕生的精力：培养了几代科学研究人才；创建和发展了适合国情的化学研究机构，在经济建设和国防建设中发挥了作用；在学术上最突出的成就是对多原子分子的电子光谱和分子结构进行了开拓性研究，在振动光谱的应用研究、反应动力学研究和电化学研究中也有独特的建树。

吴学周是我国分子光谱研究
的开拓者、奠基人之一

1928年，吴学周来到美国加州理工学院攻读博士学位，专业为物理化学。这所大学的校长是1923年荣获诺贝尔奖的著名物理学家R.A蜜立根教授

---

　* 曾广赋系长春应化所副研究员；吴稚南系吴学周的女儿，时任长春应化所副研究员、吉林省九三学社副秘书长；席时权系吴学周的女婿，时任长春应化所副所长、研究员。

（Millikan），很多有造诣的科学家云集在该校，开展着前沿课题和科学研究工作。由于吴学周学习刻苦和善于实验，用不到三年的时间提前完成了学业。1931年夏被授予博士学位，同年，在《美国化学会志》上发表了两篇论文：《HCL溶液中四价铱还原成三价铱的还原电位》和《铱的电位测定》。

20年代中叶到30年代初，正是量子力学建立和蓬勃发展时期，原子光谱曾为量子力学的建立奠定了实验基础，而新的量子力学理论也以无比的威力推动着实验科学的发展。吴学周锐敏地感到，分子光谱研究将是下一个重要的前沿领域。因此，在做博士论文的同时，便自学了量子力学，并调整研究方向，逐步把目标转到分子光谱领域，与该校的R.M贝杰（Badger）教授合作，开展多原子分子的吸收光谱研究。先后在《美国化学会志》和《物理评论》上发表了《气态卤化氰的吸收光谱结构和解离能》《近紫外区氰的吸收光谱》和《从光谱数据计算某些简单多原子气态分子的熵》等一系列研究论文。他利用该校良好的条件，自己动手设计实验装置，测定了乙炔、乙烯、乙氰、丙烷、氨、碘甲烷和乙醛等14种气体的远红外光谱，其论文《气态的远红外光谱》后来发表在《物理评论》上。他的这些工作，受到了国际学术界的关注。

分子光谱的研究，在量子力学的发源地欧洲更受到化学物理界的重视，因分子光谱研究而荣获诺贝尔奖的G·赫兹堡（Herzberg）教授当时就在德国从事电子光谱与自由基的光谱研究。为了吸取经验，交流学术思想，1932年秋，吴学周以访问学者的身份应邀来到德国，在达姆斯塔特（Darmstadt）高等工业学校进行合作研究与讲学。在这里他结识了赫兹堡教授，两位年轻学者因共同的研究兴趣而建立了深厚的友谊。

1933年夏，应中央研究院化学研究所所长王琎的邀请，吴学周回国担任化学所的专任研究员。当时这个所以庄长恭、汤元吉、黄耀曾等人从事的有机化学和药物化学的研究实力最强，理论化学研究基本上是空白。所长期望吴学周能在该所把他在国外开始的并走在世界科学前沿的分子光谱研究继续下去，以带动理论化学研究的开展。尽管困难重重，吴学周与柳大纲、朱振钧等一起，完成了"丁二炔的紫外吸收带""氰酸和某些异氰酸醋的吸收光谱和解离能""乙氰分子的基频""乙氰分子在近紫外区的新吸收带系""某些氰酸醋和异氰醋的吸收光谱和分解能"和"乙炔的近紫外吸收带"等十多项研究土作。论文先后发表在美国著名的《物理评论》《化学物理》和德国的《物理化学》等杂志上，开创了我国多原子分子光谱研究的新局面。

30年代国内研究分子光谱的有严济慈、吴学周、吴大猷和陆学善等几个研究组。严济慈研究的对象着重双原子分子气体的电子光谱，吴大猷也刚开始对多原子分子的振动光谱进行实验探索和理论解析，而陆学善和其他少数学者则仅有个别工作涉及分子光谱。国外光谱研究的状况与国内相似，绝大部分工作是研究双原子分子。而吴学周和柳大纲、朱振钧等人所从事的多原子分子光谱研究，正是当时这个领域的研究前沿。

吴学周发表的第一个光谱工作成果是"气态卤化氰的吸收光谱，结构和解离能"。他找到了CICN、BrCN和ICN连续吸收光谱的长波极限，从它们的光谱类似推断出三种分子具有相似的几何结构，由热化学和光谱数据确定常态卤化氰由常态卤素原子和常态CN基构成，第一次激发态则由常卤素原子处于激发态2П的CN基构成。把光谱数据与分子结构及热力学参数关联起来，开拓了分子光谱的研究和应用领域。

双氰是对称的简单四原子线型分子，其对称性质与几何形状和当时研究得相当成熟的同核双原子分子非常相似。吴学周认为：以这种分子作为模型化合物，考察原子数目增加给光谱带来的变化规律以及怎样由这些变化了的复杂光谱中提取有用的分子信息，对于复杂的光谱研究具有理论与实践上的指导意义。就这样，他经历了几个春秋，实验上精益求精，紫外吸收池从50厘米最后增长到3000厘米。摄谱装置的分辨率也一再提高，首先在182—230nm区确定现称为$\tilde{A} \leftarrow \tilde{X}$的带系，以后又在240—302nm区发现一个新的弱吸收带系。在整个203—302nm的光谱区内，鉴认了九百多条吸收带，实验之精细，行家无不惊叹。吴学周等根据红外与拉曼光谱的数据，第一个确定了双氰分子的基频振动频率，他从电子光谱发现C—N键伸缩振动频率在电子激发态变小，而C—C伸缩振动频率在激发态时增大，从而推出电子激发

态中的双氰具有 $\overset{\cdot}{N}=C=C=\overset{\cdot}{N}$ 型结构。率先阐明了电子吸收光谱在研究分子激发态时的意义，尤其是对激发态分子结构的推断为后来利用共振拉曼光谱研究激发态位能面提供了思想基础。关于双氰分子的振动基频归属在这个时期是有争论的，为此，在1935年的《中国化学会志》发表了他与柳大纲、朱振钧有关XCN和XCCX线型分子的力常数计算公式时，修正了一个基频。对A·奥耶肯（Eucken）和A·贝尔夫拉姆（Berfram）由比热给出的力常数值与归属，吴学周曾在德国《物理化学杂志》上载文评述，由变形振动及其相互作用力常数的计算指出他们的归属是错误的。

双氰分子紫外光谱的研究成功，增强了吴学周对光谱研究的信心，计划以 C_2H_2 为对象，通过温度对光谱变化来确认哪些跃迁来自振动基态，哪些来自振动激发态，拿这两组谱带的频率差与红外和拉曼光谱的结果进行比较；利用同位素取代，由 C_2D_2 的光谱来鉴认（0，0）带和归属电子基态与激发态的振动频率，利用分辨率高的光栅摄谱仪来分析某些谱带的转动结构，以了解电子跃迁的本质和振动选择定则。后因抗日战争，只完成了第一步设想。他与柳大纲等对乙炔在低于243nm的短波紫外区内，分辨出可归属为 $\tilde{A} \leftarrow \tilde{X}$ 系的1000多条谱带和谱线以及许多转动线。三个带系的强度与温度无关，他认为这些跃迁起始于电子基态中的振动基态。这些谱带间的频差580cm^{-1}实际上是电子激发态的振动 V_4（Eu）。七个主要带系的频率差1050cm^{-1}，可归结为这个激发态中的us振动的泛频2us。利用光谱的温度效应来鉴别谱带系的起因对电子光谱的研究具有普遍意义。

在上述工作的基础上，吴学周从两个方面开拓他对紫外光谱带系的研究：一是考察不对称线型和非线型分子，一是原子数更多更复杂的对称线型分子。前者如HNCO，CH_3NCO，C_2H_5NCO，CH_3SCN，C_2H_5SCN，CH_3NCS，C_2H_5NCS，$CH_2:CH_2NCS$和C_6H_5NCS，后者如丁二炔等。上述这些论文均已载入了赫兹堡在光谱方面的名著中，有两篇被《分子光谱与分子结构、卷Ⅱ：多原子分子的红外与拉曼光谱》所引用，七篇被《分子光谱与分子结构、卷Ⅲ：多原子分子的电子光谱与电子结构》所引用。

吴学周是我国最早把光谱数据应用于分子常数和热力学函数计算的光谱

学者。如氰酸、氰酸醋，异氛酸醋和卤化氰分子的解离能的确定；HCN，CICN，BrCN，ICN，C_2N_2和C_2H_2等分子在298K的熵值计算，对光谱研究也是有指导意义的。

吴学周在开展光谱基础研究的同时，就注意了这门学科在物理化学研究的应用。例如从丁二炔在近紫外区吸收光谱有某些规律与双氰分子类似，确认两者在分子结构上的类似性；由丙酮醛的吸收光谱研究，探讨了共扼C=0对吸收带的频率与强度的影响；比较氰酸的分立谱与伯仲和叔胺的光谱确定它的几何结构应为H—N=C=0，并从连续谱的比较推断氰酸甲酯、乙酯和苯酯的结构类似。这种把结构与光谱参数联系起来正是后来应用光谱的基础。在硫氰酸酯和异氰酸酯的吸收光谱考察中基于每个分子具有两个连续吸收区，求出两种解离能，并认为解离成烷基或芳基、硫氰酸基或异硫氰酸基是初始光化学过程。在装备了红外光谱仪以后，又开展了红外与紫外在化学反应中的应用，例如用光谱监视聚丙烯腈热处理中的特征基团的产生，脱氨反应和分子内部的环化，阐明了反应机理，指出热处理产物是含多核吡啶骈环不长、结构杂乱的高聚物，而不是理想的均一规整的大共聚体系。

吴学周除了在分子光谱的研究中做出世界性的贡献外，在物理化学的其他领域也有不少成就，30年代初期在电化学方面的先驱工作，40年代反应动力学的研究，以及配合光谱研究所建立的定量测试方法都有独到之处，不少方法为后人所采用。

吴学周认为，一门学科的发展，应该是理论、技术和应用三位一休、相辅相成。我国要想在科技领域中跻身于世界强国之林，必须也只能全面发展。作为一个分子光谱研究中的老前辈，早就希望有国产的分子光谱仪器，60年代初，长春光机所试制成功红外光谱仪，但拉曼光谱仪却长期无人问津。60年代后期，激光拉曼光谱是分子光谱领域内最富活力的一个研究方向。当时我国虽然在光学、激光、电子和机械方面都有相当基础，有能力自己研制这种仪器，可惜因为"文革"而未能实现。70年代初，在吴学周倡仪下，长春光机所、北京第二光学仪器厂和上海有机所等几个单位，通力协作，使国产的第一台激光拉曼光谱仪终于问世。

吴学周是一位化学科学研究
的卓越组织者和优秀教育家

吴学周不仅在科学研究方面做出了突出成绩，在科研组织和教育方面的功绩也是有口皆碑的。

抗日战争爆发以后，吴学周为了不中断光谱学研究，决定随中央研究院化学研究所迁到后方。他于1938年夏，以中法旅行社的名义，经香港、越南等地，辗转万里，把102箱图书、设备和仪器运到昆明。鉴于他在迁所过程中表现出的组织管理才能和献身科学精神，中央研究院蔡元培院长委任他为化学所代理所长，主持筹建科学实验馆。在短短的6个月内，建成了临时实验馆，一年以后，永久性实验馆又告落成。这一时期，吴学周为建馆呕心沥血，四处联系，多方奔波，大部精力消耗在事务性的工作中。这种精神倍受同行友好赞誉。由于经费、试剂和仪器等原因，气体吸收光谱无法进行，吴学周改为从事溶液和液体光谱研究以及反应动力学研究，着重矿产资源的开发应用。

抗战胜利后，吴学周回到上海，仍担任中央研究院化学研究所所长直到上海解放。这期间经费奇缺，物价飞涨，3年多时间，只能在动力学方面做了些研究。

1949年，上海回到人民的怀抱。在党和政府的感召下，吴学周不仅使研究所很快地恢复了工作，而且还兼任上海交通大学和上海医学院教授，讲授物理化学。同年7月，他参加了中华全国第一次自然科学工作者代表大会筹备委员东北参观团。东北地区的资源和工业建设给他留下了极深的印象，他在一次座谈会上说："这里的炼焦副产品已奠定了有机化学工业的基础。但相应的科学研究工作还很薄弱，许多领域还是未被开垦的处女地，科学工作者在这里是有所作为的。"为东北经济建设献身的宏愿开始在他心中萌动。中国科学院成立时，他被任命为中国科学院物理化学研究所所长。

1950年，中国科学院郭沫若院长电邀吴学周来京，商议请他与严济慈、武衡等一起去东北组建科学院东北分院，并对吴学周说："毛主席提出要建设好东北，你们迁一部分人去那里怎样？"吴毫不犹豫地回答"可以"。于是上海物理化学研究所的30多名科技人员在吴学周带领下来到长春，与长春综合研究所合并，于1954年成立了中国科学院应用化学研究所，他被任命为所长。这一职务除"文革"时期中断几年外，一直继续到1983年任名誉所长。

吴学周认为：办好研究所要抓三件大事，一是选择好研究课题，二是要有一支训练有素具有高科学水平的研究队伍，三是具备良好的实验设施。而确立研究方向是关键。他借鉴国内外的经验，根据国家建设的需要和科研发展的趋势，对所的研究方向不断进行调整和更新。先后建立了超纯物质及稀土元素分析、辐射化学和激光化学等十余个新的研究室，使应化所逐渐形成包括无机化学、分析化学、物化与结构、有机高分子四大中心的综合研究机构，并先后组织力量在合成橡胶、塑料、枯胶剂、稀土材料、电分析化学、有机结构、痕量分析、催化和激光分离同位素等多方面攻关，取得很大成绩。鉴于这些项目成就对国家科技事业的贡献，长春应化所曾荣获国家科技进步奖特等奖1个、一等奖1个，国家发明奖和自然科学奖二等奖6个、三等奖10个。而院、部和省级奖励多达数十个。80年代后期应化所先后成立了"稀土化学"、物理"电分析化学"和"高分子物理"三个开放性实验室。吴学周在这方面的业绩，正如赫兹堡教授在1983年10月他逝世时从加拿大打来的唁电那样，"他在应用化学方面的后期工作，包括长春（应化）所的建立，将成为他事业的丰碑。"

新中国成立以后，百废待兴，最急的是要有一定数量的专家来满足国家经济建设的恢复和发展以及科学事业的需要。吴学周来长春不久，就与长春综合研究所联合举办有25个单位参加的"X—线探伤学习会"，62个单位参加的"极谱分析会"，1954年应化所成立后，又举办了54个单位参加的"光谱分析学习会",为全国培养了大批科技骨干。1958年创办了长春化学学院和附设的化学学校与技工学校,由唐敖庆、钱保功、孙家钟、吴饮义等著名教授为光谱班讲课,先后为科研单位和高等院校培养了100多名磁共振、分子光谱、原子光谱和X一衍射结构研究人员。1978年吴学周以分子光谱专家的身份冷静分析我国在这个领域的状况:进口光谱仪器很多,但分子光谱研究的论文却寥若晨星,有学术创见的论文则更少,有忽视理论和基础研究的倾向。针对这一现状,吴学周积极提出合理化建议。1980年,他受中国化学会的委托,在长春举办了分子光谱基础理论学习讨论班。江元生和胡皆汉、王宗明、辛厚文等学者参加了讲学和讨论。他本人不顾八十岁的高龄,对激光产生的理论与实践背景、激光拉曼光谱的进展等问题做了非常精辟而生动的讲演。

在我国恢复研究生的招生制度时,吴学周虽已是年逾古稀,身患重病,繁忙的科研管理和组织工作与社会活动几乎消耗了他全部精力,但他仍招收了几名研究生,并为他们的研究课题定方向,进行细致的指导。他对青年研究人员和学生,注重启发式的提问,鼓励创新精神,一再告诫"实验,要仔细、严格;论据,要充分、严谨;对困难和问题,要锲而不舍、顽强拼搏""问题解决了,知识和能力就积累和提高了。"吴学周以自己的实际行动,为发展祖国科学事业、繁荣学术培养了一大批新生力量。

吴学周为祖国科学事业奋斗了一生,创下了不朽业绩,必将在振兴中华的史册中,永远闪烁着灿烂光辉。人民将永远怀念他。

宽阔的胸怀　高尚的情操

——纪念父亲生辰九十周年

吴景阳　吴雅南　吴宜南　李健博　席时权　白　宇[*]

　　每年九月重阳一过，我们就会想起，敬爱的父亲的生日即将来临。尽管一心为祖国科学事业的父亲总是忽视这个日子，也不容我们为他搞什么庆祝活动；但是，我们寄希望于他的八十、九十寿辰，让我们表现一点儿女对老父的情怀。不幸的是，直到他老人家八十初度，仍未尽意。不料，再过一年，他老人家就停止了科学的思索，舍弃终生为之尽力的科学，永远离我们而去了，给我们留下无限的悲哀，无尽的怀念。

　　我们热爱父亲，尊敬父亲，因为他是一位爱祖国爱科学爱人民的杰出科学家，他的一生，是光明磊落、正直无私的一生，是一位著名学者不断追求、不断探索的一生。

　　如果从1933年学成回国算起，至1983年10月31日逝世，那么，父亲为祖

　　　*　吴景阳系吴学周长子，时任中国科学院青岛海洋研究所研究员；李健博系吴景阳夫人，时任中国科学院青岛海洋研究所科研干部；吴宜南系吴学周幼女，时任中央音乐学院副教授；白宇系吴学周女婿，时任中央音乐学院管弦乐系副主任、副教授。

国科学事业的发展、繁荣，足足呕心沥血了半个世纪。

有一段时期，父亲曾经被认为是个只埋头业务、不过问政治的人。其实他表面平和、沉稳，内心却激荡着对祖国无限热爱的炽烈情感。我们从小时候起，进入青年，直到跨进中年，常常从父亲的同学、同事、朋友那里听到有关他热爱祖国、做个堂堂正正中国人的一些故事。

全国解放以后，父亲担任中国科学院上海物理化学所所长，满怀信心进行科研。1952年，他带领30多名科研人员和我们全家从上海来到了寒冷的长春。从此，他在这里奋斗了30年，直到生命的最后时刻。

上海，是父亲工作了十几年的老地方。那个研究所，是父亲从日本鬼子手里接收过来惨淡经营了近10年的"家"，父亲的40岁、50岁都是在这里度过的。从感情上说，就是我们作子女的也难割舍中国这个第一大城市，更何况无论从科研、工作、生活以及气候等哪一方面来说，上海的条件与环境都远比长春优越。父亲毕竟年过半百了啊，这时候来个大迁徙，值吗？适应得了吗？

"为了祖国，为了科学！"父亲这斩钉截铁的八个字，回答了我们所有的疑问，不容我们再有任何犹疑和不高兴，促使我们老老实实跟他离开上海，扎根东北。

从上海到长春，是父亲人生和科研的一个大转折。30年中，我们一家，有欢乐，有喜悦，有不幸，有痛苦。可父亲的心境却如平静的湖水，"不以物喜，不以己悲"，任何意外的刺激与打击，都没有丝毫损害他的爱国、爱科学之心。

来东北以前，父亲尽管担任了所长职务，但绝大部分时间还是能集中到分子光谱等研究工作上。父亲到长春以后，把主要精力都花到了科研的组织、管理工作中，为后学铺下走向成功之峰的道路。但他并没有完全停顿自己的研究，他的眼光始终注视国内物理化学研究领域的新动态、新发展，不断调整和扩大应化所的研究方向与项目。直到晚年，他还挤时间搞研究，写论文。我们常常想，如果一直在上海，没有"文革"的摧残，他的科研工作一定会有更多的成就。然而，为了祖国的强盛，为了中华民族的科学的繁荣，父亲说："个人作点牺牲，应该！"哦，父亲，他的宽广胸怀里只有祖国科学事业的发展，却没有自己！

为了科学事业，父亲毕生真是鞠躬尽瘁，死而后已。在他的日程表上，几乎没有节假日，常常废寝忘食、不分昼夜地工作，且精力总是那么充沛，精神总是那么乐观。任务再繁重，工作再紧张，也很少听到他说一声"累"，叹一声"苦"。真正累了，心情不畅快，他就奏笙，吹笛，吹箫，打网球，或者来点幽默，讲点笑话。年轻时乐此不疲，年老了也童心不泯。

父亲，是这样热爱生活，热爱工作，然而，生活又待他如何？不够公平啊！1944年，我们大姐召南患病殇逝，才18岁；1955年，28岁的二姐蔚南痼疾猝发，意外夭亡；1964年，母亲病逝，父亲失去了终身伴侣；1977年，小儿媳蔼芳罹车祸丧生；1980年，我们的兄弟景松病逝于北京。几十年间，生活就是这样无情地让亲人一个又一个先父亲而去，一次又一次狠刺父亲的心灵。多残酷啊，生活！然而，父亲每一次都承受住了，每一次都是默默地将逝去的亲人的形象和着眼泪、哀伤藏入心底。尤其是景松兄弟走的那一年，父亲年已七十有八，白头发送黑头发，已够人揪心的了，风烛残年哭风华正茂，更是人间痛事。但父亲还是用非凡的意志力，回击不公平生活的挑战。当时，我们真担心他老人家再也接受不了失去骨肉的严酷事实，又何况活跃坦率的景松兄弟是他的"开心锁"呢。可父亲出奇地平静，只让雅南携他一封亲笔信去北京，感谢高能物理所在景松兄弟患病期间给予的关怀和照顾，要求丧事从简，把治丧经费省下来用到科研上去。啊，父亲！在很多人都难以摆脱的悲苦哀愁中，他却那样清醒，摆在第一位的还是国家，还是科研，还是事业。

如果说，亲人的迭次死亡，还只是生活在父亲感情纽带上烙下的几个伤痕，那么，"文革"十年的磨难，就是生活对父亲科学生命的凶残扼杀，在父亲身边的雅南夫妇因他受株连，全家被遣送到东北农村。景阳、宜南远在青岛、北京，同样受牵连。谁也照顾不了父亲，谁也不能给父亲半点精神上的安慰。然而，他没有垮，尽管被打瞎了一只眼睛，父亲却积习难改，"依然故我"，或是悄悄为应化所的科研中断而忧心如焚，或是偷偷收检被砸坏、被遗弃的实验仪器，或是为自己熟知的学者遭殃而扼腕叹息。"劳改"

做砖的时候，工余还画图，与计划，设想如何提高工效，做出更多的砖。我们做子女的为他欲哭无泪，他却欲罢不能。

父亲一生有"两怕""两不怕"。不怕科研任务重，工作头绪多；也不怕病痛纠缠环境苦。就怕养病误科研，误工作；怕为自己花国家的钱，麻烦别人。有一年，父亲风湿关节炎发作，疼痛难忍，但他不肯去医院，只让母亲给他做了个布口袋，装上热沙药敷在疼痛处，就继续看书、工作。后来，还是郭沫若院长来电令他住院治疗，才不得不听令照办。可他人在医院，心却还在应化所，惦念着科研进展情况，3个月的疗程，他只治疗一个月，就返回所里。他说他离开工作，不搞科研，生活就没有意义，就会憋得心慌、烦恼。进入老年以后，由于东北寒冷气候的影响，又患上哮喘、肺气肿病。为此常常有老同事、亲友劝他离开东北，到北京或南方工作。但是，父亲对科研、对应化所全体人员的感情实在太深厚了，不管是谁劝说，他总是说"我怎能撇下所里同志们不管而自己跑呢？一个人不能只顾自己，要有事业心，"父亲宽厚广阔的胸怀，在任何时候，都和科学、和应化所紧紧相连。

林彪、"四人帮"两个反革命集团覆灭了。噩梦醒来，正是科学的春天，父亲劫后余生，虽然哮喘、肺气肿更严重了，又患上了头晕病，剩下的一只眼睛，视力不到0.1，他却犹如逢春老树，生机盎然枝怒发。在人生的最后几年旅程上，他忘记了自己已近耄耋之年，不惜病残之躯，兴高采烈参加全国科学大会，满怀信心接受新的科研任务。他不分昼夜地查阅文献和资料，直至深夜，还无倦意。有时看得眼睛红肿，泪流不止，他只是滴点药水，又继续工作。我们看到他那吃力苦熬的情景，想到他的诸多疾病，不由心急心焦更心痛。规劝他休息，他总是说："不行啊！年过70，岁数当以日计，我快80了，一分钟要当一年用呀！"果然，他快马加鞭工作的结果，是短时期内查阅了数以百计的重要文献资料，争得了时间。平反后他又积极主持所里的科研工作，编写论文，培养研究生，为中青年科研人员指方向，对扩展全所的研究领域提出种种建设性意见。1978年，父亲再次被中科院任命为长春应化所所长，不久，又兼中科院环境化学研究所所长一职。为了使年轻的环化所工作开展得更快更好，他常常把几天的工作集中到一天干完；为了把研究人员的提职审查报告和他们的学术论文审稿工作赶在人大会议前完成，在整整一个多月内，他每日伏案工作达16小时，因此而导致肺部疾病增添和加重。有人劝他将工作交班，到北京去住，他却不住摇头，说："北京户口、房子都紧得很，不必去麻烦人家。我现在不是过得很好的吗，在长春大家都熟了，天冷人间暖啊，几十年创业，谁都舍不得离开。"

1982年。可恶的病魔硬将我们的父亲逼进了北京友谊医院。9月20日就是父亲80岁寿辰了，我们想为他在医院搞个生日庆祝会，表表我们儿女子婿的心意。可是，他不答应，还正颜厉色告诫我们说，这样做，破坏医院制度，影响了大夫工作，妨碍其他病人休息。宜南想不通，向他说："您80岁了，所里为什么不像别的单位对待高龄知名人士、专家的生日那样搞个庆祝活动？"父亲笑了笑。说出一大篇我们至今还牢记不忘并视为人生箴言的话："所里早就要搞的，我始终不同意。多麻烦呀，为个人花时间，花财力有什么必要呢？应该把精力和财力用到所里科研上去，多做实事。国家和人民给我的已经很多很多了，可我做得很不够，庸庸碌碌几十年，很惭愧。所以，吉林电视台和长影曾几次派人上门要我谈经历，准备拍电视，我谢绝了，后来躲起来不见，人家也就算了。在我心里，是希望他们多采访多报道一些人们真正关心的事情。你们以后也要记住，少在个人的事情上花精力，多做实事。"最后，父亲总算给了我们一个"面子"，同意买一个蛋糕到病房里，以示庆祝，但又不许高声谈笑。我们陪着年老力衰的父亲，默默地吃着蛋糕，默默地为他祝福。这就是我们作子女的为他举行的第一次也是唯一的一次生日庆祝会。

1983年6月，父亲带病参加全国人大第六届第一次会议。会上，他提出了"国家要采取有力措施，搞好智力开发"的建议。没几天，他又病倒了，住进301医院。医院劝他什么事都别管，安心治病。当时，也在医院治病的广州军区一位负责同志邀他去广州，说广州气候和环境都对治好他的病有利。这位军区领导同志还表示，要和父亲同行去广州一起住院。可父亲担心花钱太多，谢绝了他的好意。经医生精心治疗后，父亲的病情有所好转。医生为了稳定病情，再三嘱咐他继续安心住下去，等完全康复后出院。然而，任谁说什么也不行，他惦记所里的工作，惦记即将举行的中日分析化学会议，天天吵着出院。他说"我一个人在这里住院，人大还得派个人陪着，花这么多钱，给国家和组织造成的麻烦太多了！"并说："我在这里多住一天，国家就多花一笔钱，我能安心在这里待下去吗？"话说到这个份上，有什么办法呢？热忱的医生拗不过执拗的老人，只好违心地开了出院的绿灯。

8月20日，父亲回到应化所，又颇有大干一番的劲头。然而，不久他又旧病复发，简单地吃点药已无济于事，再次住进了医院，不及两月，就与世长辞了。他没来得及给我们留下半个字的遗嘱，倒是七八月在北京住院时给医生留下几句令人肝肠寸断的话："我到底还剩多少时间？要是再能延长两三年，就可以把科研文献材料汇总，把自己对今后科研工作的设想写成书，一起交给年轻的科研人员，那我遂了心愿，就可以放心地去了。"10年过去，今天，我们再次回忆父亲临危时的情景，内心还被他这些冷静的询问与诉说所震撼。回忆父亲一生，他在许许多多事情上都虚怀若谷，善于听取别人的意见，唯独对待自己的治病大事，表现得过于乐观，过于自信，过于执拗。这执拗，是追求科学的执着，是热爱国家和人民的执着。"

"心里没有自己的人，别人心里有他。"缅怀敬爱的父亲，我们深深感到，这句格言也是他一生为人处世的写照。他虽是一位知名的科学家，但他非常平易近人。

平常在所里，即使路遇一般的工人，他也会笑容可掬地打招呼，握手，熟识的还会问长问短。应化所很多人都爱称"老所长""吴老"，说他"没架子""和蔼可亲""和他在一起不受拘束"。对于曾经护理过他的医生、护士，即使几年过去，他还记得住他们的名字，一旦在什么地方邂逅，就主动上前和他们交谈，询问他们的近况，探问他们有什么困难，需要帮助。60年代，江西有些青年在长春读大学，他关心备至，逢年过节都把他们请来家里欢聚。父亲幽默风趣的谈吐，使年轻的老乡不想家了，他自己也变得年轻起来，彼此成了忘年交。

"文革"结束后，父亲从不谈自己受迫害的事，说斗他、打他的人不过一时的错误，不要揪住人家不放。个别老同事、老朋友对他有误解，他淡然处之，以为"路遥知马力，日久见人心"，总有一天，人家会明白的。萍乡、南京、上海、北京的叔叔、姑姑们听说他恢复了工作，纷纷写信说要来长春看看他，他一一劝阻，说"现在碰到好气候，努力工作吧，我什么都好"。有一位在"文革"中迫害过他的同志，"文革"后屡受批判，整党时又怎么都不得"过关"。父亲不计前嫌，找所里有关部门说："他还年轻，也有能力，可做很多事。知道错误，改了就算了，还是让他早些解脱吧。"

父亲的心里充满对同事、朋友、普通职工乃至曾经有愧于他的人的关怀。正因为这样，父亲逝世后，前来吊唁致哀者近千人，许多普通的，我们并不认识的同志都为他掉泪。感动感激之余，我们总会情不自禁地浮想：如果父亲心里不是只有别人，没有自己，别人心里怎么会有他？

父亲，在生活上对自己要求特别严格。那时父亲的工资比较高，但他为自己花钱很小气，抠得很紧。他常说，钱是国家和人民给的，该省的就要省，不要乱花。更不能慕虚荣、摆阔气。他把"生活不能超出全国人民的水平，要时刻想着劳苦大众"作为安排一家人生活的准则，家里陈设简朴，最值钱的是书房里那占了一面墙的书。衣物只要能穿能用，决不换新。一条军毯，他盖了40多年，一双布鞋补了又补，穿了7年，身上的衣服，大都由母亲一针一线精心缝过。有一次在北京参加全国政协会议，大会司机打趣说："老爷子真朴素，看你这副行头，谁晓得是名人、教授、科学家呀！你们有大学问的人干嘛都穿得这么随便，这么差？是不晓得花大钱吗？"后来，父亲好几次颇为幽默地谈到这件事，待我们笑过后，他意味深长地声明说："我们怎么不会花大钱？不过要看花在什么地方。"老实说，我们开初对他这句话不怎么理解，也没多去思索，不料，1982年12月，父亲给中国儿童和少年基金会一次就捐献了人民币1000元。过去我们家的一位保姆，家乡遭了火灾，还有一位保姆家里有了病人，父亲知道后，不声不响地分别给她们家里寄去上百元钱。"文革"中，他被关押时，和一位同时落难的别单位的普通职工结成了好朋友。几年后，这位同志的母亲逝世，父亲立刻拿去200元帮助治丧。也是"文革"中，所里有位工人生活陷入困境，父亲尽管当时每月只有30元生活费，仍然拿出钱接济这位工人。

　　在我们的记忆里，父亲的一生，总是不停地奋斗，不分昼夜地工作，在他的日程表上，没有星期日，因而我们和父亲的接触只有在短暂的吃饭时间。虽然善良贤淑的母亲承担了繁重的家务和育训子女的重任，全身心地支持着父亲毕生的事业，但父亲也时刻关怀着我们的成长，给我们以严格教育和爱。我们敬佩他，因为他总是以身作则，对自己对我们都一样严格要求；我们亲近他，因为他对我们管教并不严酷，从来没有打骂过我们任何一个人。在家庭教育这个严肃的课题上留下了出色的答卷。

　　父亲平等待人，对我们也从不搞家长作风，给我们每个人以深沉的爱，充分尊重我们每个人的志向，尊重我们在读书、就业以及婚姻大事上的选择，只要不违背原则，不图名利，他总是热情支持。建国初年，蔚南二姐响应参加社会主义建设的号召，没有报考大学就投身于华东检察院，做个普通职员。对此，父亲也没说半个"不"字，而是全力支持她。母亲去世后，他常常自己洗衣服，不让雅南代洗，说："你们有许多工作要做，别为我耽误工作时间。"他年老眼花，哪里洗得干净，雅南只好乘他不注意时，偷偷地重洗。开初，我们不懂父亲为什么这样做，后来慢慢明白，父亲平等待人，连子女也不例外。

　　有时候，父亲会拿社会上一些新鲜事启发我们。有一次，他从报纸上看到女工杜芸芸同志将姑姑给她的10万元遗产献给国家的事迹，十分感动，他想了很多很多，也想得很远很远，随即把三个孙子孙女叫到一块，让他们学习并谈体会。我们早就从老姑母那儿了解到，建国前几年，祖父要我们父亲寄点钱回家买田置地，他拒绝了，说留下田地给子女是个祸害，会阻碍他们的前途，使他们不愿学习，不爱劳动，坐享其成，绝对成不了人才。

　　父亲平生最痛恨的，是凭着特权谋私利，搞特殊化。他耿直、公正、宽广的心里，没有丝毫个人的小天地。应化所统战部根据国家有关规定，要父亲填写一张华侨登记表，但他未填。宜南说："怎么不填？没准华侨政策对你的子孙后代有用呢！"父亲笑着说："你又想沾光呀？想搞特殊嘛？怎么不学学周总理呢？"宜南立即省悟，是自己把父亲的教诫忘记了。过去，他多次给我们讲过，父辈享受的种种待遇，是人民给予的，因为他们为国家的振兴，民族的繁荣付出了辛勤的劳动，作出了一定的贡献。而作子女的，人小年轻，还没为社会为人民做出多少有益的事情，应该自觉不沾父辈的光，更不可打父辈的旗号去谋私利。父亲的这些谈话，道理浅近明白，是字字千钧的家规箴言，我们牢记不忘，并且照着办。因此，在他老人家逝世以后，便把他留下的积蓄交应化所组织处理。这样做，是符合父亲心愿的最好安排，是对父亲高尚品德和无私精神的最好发扬。我们尽管并没得到他老人家多少物质遗产，但是却得到了他的一份精神遗产。

风流水逝，岁月悠悠。10年了，不见父亲的音容笑貌，而且我们也永远见不到了，然而，我们又始终感到还在父亲宽阔的胸怀里生活。他一生的事业和成就，克己奉公、廉洁无私、热忱待人的作风与精神，已永远铭刻在我们的心上。继承父亲的遗志，不辱父亲的声誉，就要像父亲那样去做人做事，让胸怀宽阔，容得下天地；让热情如炽如注，遍洒人间。

敬爱的父亲，安息吧！

难忘学周兄长对我们的关怀

肖嘉魁　吴纯周[*]

　　1983年6月，学周兄到北京出席全国人民代表大会，我们从天津到北京去看望他，见他比10年前由沪过津返长春时消瘦了许多，心里不由一紧，他却还是那样和蔼可亲，热情接待了我们，谈到侨居国外的肇周兄向祖国提出采用省油简易汽车的设计方案的建议，学周兄十分关心，表示"定要设法联系有关方面办成此事"。当时，他声音嘶哑，竭力反复说明自己的意思，不肯休息。后隔数月，忽然接到他辞世的讣告，才知他返长春后，病势日趋严重，10月底溘然长逝。北京一别，竟成永诀。40多年来，我们两家亲密来往的片断，历历在目，回想起来，不胜悲痛。

　　纯周共有嫡堂兄弟17人，学周行八，是我们的堂兄，也是我们最钦佩的兄长，喊他"八哥""学周哥"，他都是笑嘻嘻地答应。在家时是这样；后来名气大了，地位高了，还是这样热情地对待自己的兄弟姐妹。1935年，学周兄应邀为清华大学化学系出国留学生考试命题，从上海来到北平，初入清华的嘉魁，通过同学继周兄认识了学周兄。后来得知，他命题注重基础理论，题目多，涉及面广，学生都考怕了。

---

　　* 肖嘉魁系吴学周堂妹夫，天津财经学院教授；吴纯周系吴学周堂妹，天津财经学院退休教工。

　　1937年，抗战开始不久，国民党军队节节败退，国民政府命令北大、清华与南开西迁昆明，合并成西南联大。当此国难时期，嘉魁于1939年毕业留校任助教，结婚后到联大叙永分校工作一年。后分校取消，回到昆明本校，两度找不到住房，最后靠学周兄多方奔走，才找到一个住处。那时，日本鬼子实行"疲劳轰炸"，昆明人跑警报成了每天例行的定时任务。有时敌机已飞临昆明上空，警报才响起来，人们走避不及，挨炸罹难的事随时有发生。在这种情况下，我们一家三口常常匆匆忙忙往学周兄那儿跑。这多半是因为他临事镇静有主意，又很热情，在他那儿，我们总有种安全感。

　　在昆明，生活极端艰苦，物价飞涨，西南联大发的月工资，维持不了半个月的基本生活，我们因此陷入困境。就在这山穷水尽的时候，学周兄出力为我们找到兼职会计的工作。从此，一直到抗战胜利，我们总算勉勉强强安定下来。

　　想起来，1940年前后在昆明的岁月，那真是一个艰苦时代，也是一个考验人的时代。内迁到西南的政府机关、大学、科研机构不少，知识分子日益增多，有的不堪生活困苦而自杀了，有的又跑回上海、北平或者香港去了，有的改行去干赚钱的事，有的千方百计出国"进修"，还有很多像我那样兼职增加收入。中央研究院化学所迁到昆明后，开初本来有所长的，可不知为什么不管事，让学周兄代理所长，实际工作担子全在他一个人头上。要说，这时候学周兄也可设法出国的，不管是美国加州理工学院，还是法国塔摩高等工业化学院都会欢迎。可他却像钉子似的钉在昆明不肯动。而且不在外边兼半个职，全部精力用在化学所里，不是因为清高，更不是因为他的工薪高。主要原因，是他自己说过的："我们在四季如春的昆明，照样教书，搞科研，满不错呢。比前方抗日战士不知要好多少倍。抗战，抗战，都跑了，谁来抗战？中国人总会打败日本鬼子的，不管怎么说，跑到别人屋里行凶作恶的强盗，从来不会得逞的！"学周兄为了抗日，安贫乐道，坚持工作，坚持科研。那时，他的日子真够苦了，一家四口挤住一块，一件像样的家俱都没有，两头搁在凳子上的硬木板，既是床，又是坐椅，经常工作到深更半夜。贤慧的汤氏嫂嫂在一边缝缝补补，或烧点茶水，常常也陪伴到更深人静。有时，为了节约，学周兄还亲自为孩子设计、裁剪衣服，他说，这也是一种休息。这一切，使我们从那时起，就深深感到学周兄爱国爱科学，有渊博学识、有高度的工作责任感，有热忱助人精神，还很有人情味。

1946年冬天，嘉魁由清华大学选派赴美公费留学，到上海办理出国手续，历时两个月才办理完毕，承学周兄热情接待，免费提供膳宿，临启程时又馈赠珍贵的常州咸菜和醺鱼，并且全家到码头相送，以壮行色。当在大洋中晕船的时候，这种中国风味的食品便成了进餐开味的至宝，他想得真周到。

1950年嘉魁返国后，学周兄常因公事或私事到北京，我们因此有机会相遇，畅谈积愫。他目光远大，胸怀坦白，平等待人，没有半点学者架子，总是谈笑风生，善于启发、勉励，乐于助人解决问题。听他谈话，令人精神振奋，心情愉快，如沐春风，不忍离去。

与学周兄常常促膝畅谈的愉快，一直持续到60年代初期，渐渐万马齐暗，忽然"文革"乱起，继周兄遭殃，学周兄也落难，我们也被弄得焦头烂额。这个是"走资派""叛徒"，那是个"学阀""特务"，用学周兄后来的一句俏皮话说，"都是一根藤上的黑瓜"，兄弟姐妹都不得安稳，彼此音讯几乎隔断。1970年初春，我们家忽然来了一位不速之客——学周兄。他刚刚得到一半解脱，被打坏了一只眼睛，这次到北京治病，回返长春，惦记我们，顺道来看看。这一次，大家坐下来从容不迫地拉家常，彼此精神都轻松了一大截。但他不大肯细谈自己受的委屈，只是简单地说："过去的事就让它过去，越说越会想不开。来日方长，大学还是要办，科研还是要搞，我们还有的是时间，在政治上要振作起来，还可以做许多事呢！"接着，又和嘉魁一起去天津大学看了留美老同学刘云浦教授。他仍是这个态度，还背了几句"楚辞"，记得有一句是'路漫漫其修远兮'"，当时，我和刘教授都惊诧他的记忆力。

这一次重聚，我们更加认识了学周兄的为人品性，更加敬佩他高尚人格。可惜的是，以后再没这样的剖心交谈的机会，他抓紧时间把被"文革"耽误的科研挽回来，来往于长春——北京，总是匆匆忙忙，直到积劳成疾，一病不起。

　　逝者长已矣！想起1983年6月，学周兄、继周兄同参加全国人大六届一次会议，萍乡老家的德周十三弟也赶来北京，老兄弟三个多年不见，这回聚首，欢乐胜似少年。不料，这竟是最后一次"兄弟会"。如今，学周兄、继周兄都作古了，怀念他们，学习他们，我们夫妇唯有"老骥伏枥，志在千里；烈士暮年，壮心不已"两句曹诗了。

难忘大哥

吴望周[*]

    大哥比我足足大了30岁。是他，在生活上，给予了我无微不至的关怀；在事业上为我树立了榜样；在政治上教给了我做人的真谛。对于他，我实在难忘，一辈子也难忘。

    难忘，难忘大哥的手足之情，兄弟之谊。记得1952年7月，正值我高中毕业的时候，恰巧大嫂由上海回萍乡探亲。她转达了大哥和祐周四哥的建议，准备让我去上海参加高考。不久，我随大嫂来到了上海。我在岳阳路大哥家住了两个多月，在他们的精心照料下，体重增加了5公斤。当时考场设在虹口，距岳阳路较远。考试那几天，大嫂天天为我开好闹钟，早起给我炒一大碗蛋炒饭，又给我车钱和午餐费，还怕我考试紧张，掌握不住时间，把景阳的手表给我戴上，以后，当我接到哈尔滨工业大学的录取通知书时，大哥感到很欣慰，他摸我的头，拍我的肩，再三叮咛："好好读书，好好读书！"

    初到上海，我连身上穿的，也只两条短裤，两件背心，一双旧布鞋，学习用品就只一支旧钢笔。恰去哈尔滨读书，大哥、四哥两家为我添制了大批衣物，从头到脚的穿戴和床上的铺盖，长的短的，棉毛纱线等等，外加一只

---

    * 作者系吴学周六弟，南京化工学院化机系教授。

帆布箱子，一条帆布包单，我几乎成了"富翁"。

本来，按父亲的意思，我读书的费用由四哥承担，四哥也一直照办不误。可大哥却常常不声不响地给我寄钱，直到我毕业。后来，我参加了工作，他了解我工资低，孩子有时又闹病，生活不免困难，又一次一次给我寄钱，有时附上三言两语，有时一个字也没有，我知道，他对自己的子女要求很严，从不轻易给钱，自己也十分节俭，五六十年代了，还穿三四十年代的旧衣服。所以，每当我收到他的钱，心里总感到沉甸甸的，很不好受。这样的事一直继续到70年代。

1973年，大哥刚刚"解放"，写信到上海询问四哥："继周和望周的事，不知政策落实了没有？"继周堂兄原系南京航空学院党委书记兼院长，"文革"风暴刚起，就被"打翻在地"，弄得很惨。我因"莫须有"的罪名，也被弄得"吃不了兜着个'现反'帽子走"。当然，大哥在那几年吃的苦头比我多得多，精神与身体受的损害比我大得多，可他一句也不说自己的事，却惦念着老弟们。1976年夏天，我趁出差东北之便，去长春探望大哥，谈起"文革"，他说："我看你大概是太露锋芒了。"我说："我就是觉得自己读书太少，不如人家，要比别人更努力学习，更攒劲工作。结果，跟你一样，只顾了工作，不谙政治，不谙世事。"他笑了笑，和婉地说："一个人处处谨填谦虚，才得'人和'呢。"我这才明白：不谨慎，不谦虚，锋芒太露，犹如刺猬，容易刺人。大哥的话虽不多，却意味深长。

难忘，我难忘大哥一辈子兢兢业业为国家为科学的忘我工作精神。我初到上海，虽说在他家住了两个多月，可兄弟俩很少有机会长谈。他太忙了，上班早，下班晚，每天晚上都要工作到深夜一两点甚至三四点。我早听说大哥喜欢奏笙、打网球。老家一个旧书柜里，曾长期保存一支笙，是大哥用过的；现在，我又见他房里的墙上挂有一对网球拍，景松说是竺可桢先生送的。可是，我在上海他家两个多月，只听大哥奏过一次笙，为时不过10分钟；一个星期天，见他打过一次网球。这两项，都是大哥极为喜爱的活动，为什么玩得这么少？难道因为年过50，底气和体力不足了？这也许是一个原因；不过，科研、工作忙是更重要的原因。建国后，他的社会工作似乎越来

越多，科研任务也越来越重，但精力依然充沛，只是无法忙里偷闲罢了。

大哥本来是潜心于分子光谱研究的，50年代初，奉调东北组建中科院应化所，从此，主要精力投到了科技的组织与管理上，几乎换了向。大凡想在学术上有所发明创造的科学家，一般是不大愿意转向行政与社会工作的，因为这无异于中断自己的科学研究，拖累自己的科研步伐。更何况从上海到长春，无论哪方面的条件都是无法比较的。然而，大哥从中国的科学事业这一全局出发，愉快地服从了中科院的调令，作出了巨大的牺牲，当起了人桥人梯。

1955年夏天，我初到长春，好不容易在斯大林大街找到组建不久的应化所。这里几乎与穷乡僻野无异，四周围着铁丝网。我到来前不久，一头野猪撞在网上触电死了。大哥住的小平房，四周是树，一两尺长的野草从腐败的厚厚的落叶层中长出来，密不透风。房子是陈旧的白粉墙和粗糙的水泥地，各种简陋的生活设施与在上海时住的水暖煤气设施一应俱全、地面铺有马赛克的房子相比，真有天壤之别。可大哥甘之如饴，虽然从上海搬来的东西还没完全整理就绪，但他已全部身心投入工作。

1982年9月，在北京友谊医院住院没多久的大哥急着出院回长春，我看他并未完全恢复健康，就劝他再住些时，他不肯，说是许多评职称的材料等着评审。"你这么大年纪，身体不好，不能事事躬亲啊！"我企图最后说服他。大哥说，"事情太多，等着做，不能再耽误了。每人的论文都要看，还要核对引文、资料来源是否正确，论述如何，才能确认其质量。"我真不懂，他为什么硬要坚持这样做呢？"时权、雅南就在你身边，又都是同行，让他们先看看论文，将初步印象向你汇报，再叫他们核查资料，万一有什么难点，你自己再看不就行了。再说，这样做也培养了时权和雅南啊？你这双眼睛不能再看东西了，要休息！"我简直是大声疾呼了，可大哥仍旧一迭连声说："不行，不行！"后来听雅南说，这一次回长春后，每篇论文都是大哥亲审，屋内地板上铺满资料、杂志，自己一个人佝偻着身子，甚至趴在地上细细地看。

唉，大哥，我的大哥，为了工作，真是呕心沥血拼搏到最后一息。这样的学者，这样的科学家，如红烛，如春蚕，人民是不会忘记的。

　　我不会忘记他那颗一切为祖国、为人民、为党的事业着想的拳拳之心。有一次，我见到他书桌上放着一个带电子表的笔插，是赫兹伯格送的，大哥也买了100多元钱的工艺品回赠他。我说："外交送礼不是可以报销吗？"他说："赫兹伯格和我是同学，也是私人朋友，他送的东西我收了，怎能让公家买东西回送？"特别是在对待研究所的小车上，他的公私界限就分明得任何人不可逾越。然而，我却受到一回特殊待遇。那是1955年夏天，我从大连实习完毕，顺路到长春大哥家小住。刚住两三天，广播传来哈尔滨抗洪的消息，我立即决定回校参加战斗，大哥很赞赏我的行动。但当时长春开往哈尔滨的火车是清晨4点钟，而应化所距车站又远，这么早还没公共汽车，步行去车站，路上没路灯，既不安全，也不易走到。"那就送一下吧。"大哥说。次日凌晨，他带了手电，亲自坐吉普车送我到车站。

　　1976年夏，唐山地震的当天，我刚好结束在大连的调研，到达长春应化所。当时大哥和雅南夫妇及孩子一起住在二楼一个中套房子里，东西、书箱都堆着展不开。经过"文革"磨难的大哥，苍老了不少，眼睛被打坏，视网膜脱落，视力极差，咳嗽、气喘、失眠，脸色憔悴，精神不济，完全失去了当年风采，远非我印象中的大哥。他当时算是已"落实"了政策，当了"革委会副主任"，实则只在一个研究室中挂名，没什么具体任务和工作。尽管如此，他每天还是手提一个陈旧的人造革兜兜，蹒跚地到实验室去。科研工作好像还未真正恢复过来，但他心里已充满对应化所重新起步、继续发展的憧憬。听说唐山地震，他说应化所研究出的化学冷光每支可照明一小时。所里就派武衡同志的儿子"小武子"带了许多这样的冷光源去支援救护工作（后因铁路不通而返回）。大哥又说席时权研制的玉米螟性激素合成对增产粮食有很大作用。从他的谈话中，我还得知当时他还兼任供国际交流的《分析化学》主编，工作头绪纷繁，连文字校对还要他和另一位副主编陈琪同志承担。我劝他辞职，并代写了辞职书，可大哥觉得这样做对国家、对科研都不利。他说："自己吃点苦，能多出一份力，是大好事啊！"唉，有什么办法呢，大哥就是这样一个人，我不能不怀疑自己"越俎代庖"的举动，是不是玷污了他的鞠躬尽瘁为科学的精神！

5年后的1981年冬，我赴大庆开会，经长春再访大哥。我曾事先揣测，大哥80岁了，前两年，景松夫妇双双逝去的两次横祸，无情地将他卷入风烛残年，大哥他还能挺住吗？出乎意外，他身体虽然仍旧不好，但由于有关方面为他进行了彻底平反，"文革"阴影逐渐消失，政治上没了压力，他的精神状态比我预想的好得多。他愉快地让我为他照了几张相，还不时跟小孩们开玩笑。谈到他的病情，他说："吃热性药眼睛痛，流眼泪；吃凉性药，气喘就加重。"我听了心里发酸，觉得他再也不能勉强咬牙挣扎着干了，该交班，该休息，起码应该离开长春去北京。便说："你这身体要靠保养才行。现在不是担任了环境化学所所长吗？该所既在北京，你就满有理由到北京去住，要房子，上户口，以你现在的地位和工作，都是不成问题的。冬天在北京有宜南、白宇照顾；夏天回长春，有雅南、席时权照料；春秋季节可以到青岛景阳处休休假，还可以到南京我家里来住住。"他说："北京户口紧，房子也难，都要给组织添麻烦；现在病成这样子，给组织的麻烦已够了。在应化所干了几十年，大家都熟悉，舍不得离开啊！"我继续劝他，并打算到北京去找宜南，一起为他向中科院提出要求。大哥始终没答应，反劝我不要"轻举妄动"。离开他的时候，我几乎要哭了。

难忘大哥，难忘他的乐观豁达、友爱宽容。在我们七兄弟中，除了二哥、四哥，就算我和大哥接触较多了。大哥一生，道路坎坷曲折，科研、工作任务以及家庭负担，从来没有轻松的时候，然而，他对人对事总是笑容可掬，神采奕奕，即使教育子女，也是如此。他的生活，既是紧张的，又是愉快的；既是严肃的，又是洒脱的。之所以如此，是因为他生性诙谐，善于用幽默开放自己，使精神超脱尘世的烦恼；善于用幽默增加活力，使生活多一些情趣。当年，我填报高考志愿的时候，曾颇费思索，一时难以抉择，征求大哥意见，他简单地说："你自己认为好就行，不要让别人牵着鼻子走。"于是我选报了哈尔滨工业大学。可景阳、景松说："人家都讲哈尔滨不能去，冷得很，会把鼻子和耳朵冻掉的。"大哥笑笑说："哈尔滨人大约多半没耳朵和鼻子！"一句话，把我刚刚产生的疑虑一扫而光。有一次研究所职工和子弟进行一场篮球友谊赛，景阳、景松把我也拉去，并指定我盯住对方的投篮手。我就照办了，盯着那位投篮手寸步不离，使他的绝技发挥不出来。球赛后大哥评论这场球赛，说我很守纪律，忠于职守。批评个人带球横冲直撞的打法，说这是"孙猴子吃人参果，一只猴啃住不放"。这就是他的家教，寓教育于随意的说笑。那一阵，我在上海两个多月，从没见他正颜厉色进行说教。我在哈工大读书时，大哥知道我直接向苏联人学俄语，就问我："我听俄语，好像也不是每个字母都按标准发音，比如СЕГОДНЯ（今天）念起来只剩下СЕГОНЯ，ХОРОЩО听起来像ХАРАЩО，对不对？"我说："是的，辅音字母是一带而过，非重音О念А音。像你这样在国外多年，英语应该是"四会"，和美国人差不多，一定流利准确。"他说："差得远喽。"随后对我和雅南、景松讲了两个关于俄语的笑话。"俄国人是最谦虚的，总是把自己放在最后。"（俄文33个字母，译为"我"的排在最后）"俄国人说话和中国人也差不多，你看他们冷了也说'好冷的喽'（ХОЛОДНО）。"说得我们都捧腹不止。

有人说，幽默是一种才华，一种力量，它以愉悦的方式表达人的真诚、大方和心灵的善良。大哥的幽默也许还说不上是很高层次的幽默，但他为人随和，善于用友好的玩笑来拉近自己和别人的距离的方法，以善意的诙谐来减轻自己人生重担的方法，的确表现了他的真诚和善良，实在使我难忘！我想"文革"中他之所以能经受住各种屈辱与折磨，与胸襟旷达、乐观幽默不无关系。

大哥活了81岁，生命不可谓短促。他的一生岁月都给了国家，给了人民，给了科学事业，自己别无保留。逝世以后，值钱遗物甚少，甚少，他的子女、弟妹们分别只得他的一两件旧衣服作为纪念，我珍藏了他的一只旧文件提包。现在，看见这提包，就如看见他的音容笑貌，就会使我忆起和他相处的那些难忘的往事。

难忘啊，难忘大哥，难忘大哥对我的种种关怀和帮助，难忘大哥的光辉人生与高尚品德！

大哥——我的良师

吴郁周[*]

1983年11月刚刚开始，晴天一声霹雳，报告大哥病逝。我立即奔赴长春，追悼大会上，我凝视着大哥清瘦、安详的遗容，体味悼词对他一生的高度评价，几十年来，大哥对我的教诲，给我的帮助，桩桩件件，也就连成了一片。

我家是个大家庭，兄弟姐妹9个，我居第7，背后两个小弟。大哥在国立中央研究院化学所任研究员时，我还小得很，只知有位"博士大哥"，至于什么是"博士"，就不明白了。1938年，大哥随化学所搬云南时，曾到了一次老家，从此再没回过萍乡。当时，我还是不懂多少世事，只是听大人们说，日本鬼子打过来了。我简单地想：鬼子要来了，大哥为什么还要离开家呢？以后十几年，读书、逃难、读书，勉勉强强读到高中，父亲却不想让我再读下去了。我真不甘心，1948年，正当我为自己的前途陷入困境时，大哥和祐周四哥要我去上海。

初到上海这个繁华的大都市，我这个农村姑娘真看得有点眼花缭乱。经过两位兄长的帮助，我考进了护士学校。大哥大嫂在生活上给我无微不至的照顾。处于新旧时代交替期的上海，经济萧条，货币大贬值，社会混乱不

＊ 作者系吴学周幼妹，时任北京西城区二龙路医院副主任医师。

堪。大哥他们那个化学所，经费少得连最普通的实验仪器都买不起，有限的工薪也不能按时领到，生活真够困难的了。他们夫妇俩为人厚道，待人诚恳，善于计划安排生活，一个钱也不乱花，用过的东西即使一个纸袋子，只要不破，也不会轻易丢掉。大哥不过问家事，家务全由大嫂操持，大哥常常工作到深更半夜，大嫂为他买些便宜的碎饼干，肚子饿了，用开水泡一小缸，吃过了又精神抖擞看书、查资料、写论文。如今，我持家勤俭，珍惜物资，连一个塑料小袋子也多次派上用场，旧衣旧衫只要能穿就将就着穿，决不讲排场，都是从大哥那里学来的。

尤其令我难忘并且终身奉为楷模的，是大哥克己奉公、廉洁正直，从不利用职权搞特殊化、谋求私利。他经常教育子女要学会自立，不要幻想依靠他去办什么事，自己的路要自己去开辟。我听到这些话，也会牢记于心。后来，我在人生的道路上，尽管有种种曲折、坎坷，但都能经受考验，碰到挫折，不轻易求助于人，更不沮丧躺倒。可以说，这勇气和力量，除了党的教育、鼓励，也因为有大哥的教诲，有他这个榜样。

我读书时，大哥常常给我讲些他读书时的清况，教给我一些学习方法，让我懂得理论与实践的关系，强调在学习时一定要把业务知识搞懂、记牢，以后参加工作，实践才不会盲目。护校毕业后，我离开了上海，后来又读医大，和大哥他们见面的机会少了。但大哥只要出差到了北京，就一定挤时间找我谈心，问问工作情况。他总特别强调，医师是救死扶伤的，工作一定要耐心、细致，对医疗过程中的任何细微末节都不可粗心大意。病人是信赖医师的，希望医师能帮他解脱疾病的痛苦，如果医帅态度不好，诊断有闪失疏漏，都会加深病人的痛苦。"革命人道主义，可不光是嘴上说说啊！"大哥还教我写工作日记，提醒我注意总结临床经验。他这些话，这些建议，使我终身受用不浅，他真是我的好大哥，更是良师。

遗憾的是，我虽然是个医师，却对自己兄长的疾病无法尽多少诊治的责任。这一方面因为工作不在一个地方，一方面也因为大哥对自己的疾病向来不放在心上，对自己的体况过于乐观自信。我真后悔，如果1983年六七月间，我能和德周三哥鼎力劝他去了江南，如果8月间能和宜南、301医院的同志竭力拉住他在北京彻底康复了再回长春，大哥——我的良师也许不至于那么快就走完他的人生之旅。

大哥离开我们快10年了。安息吧，大哥——我的良师，小妹牢记着你的谆谆教诲，不忘你的种种帮助，学习你的高风亮节，像你那样兢兢业业为人民服务一辈子，为祖国的医疗卫生事业奉献自己全部的光和热！

于细微处见精神

刘洁如[*]

学周大哥逝世已经10年了，但他与我们相处时的那些往事，却使人难以忘怀。

我是20世纪40年代中期在上海初次见到学周大哥的，那时，几乎每个礼拜天我都要去大哥家做客。给我印象颇深的是：大哥不仅是一位著名的学者，而且还是一位好丈夫、好爸爸，也是我们的好长兄。大哥是留美的博士，科研单位的带头人，而大嫂只是一位略有文化的家庭妇女，他们俩之间的文化程度、生活经历有着很大的差距，但大哥大嫂夫妻恩爱，相敬如宾。大嫂不幸病故以后，大哥坚持不再娶，可见他们俩夫妻感情之深。大哥和蔼可亲，谈笑风生，知识渊博，思想进步，还有着音乐天赋。中国乐器中的笙，他吹得很好。他对京剧唱腔也很有兴趣，所以他的子女以及我们兄妹都很喜欢和他在一起。

1952年，大哥响应国家的号召，赴长春主持中国科学院应用化学所的工作。此后十多年里，他一直忙于工作，无暇来上海。

1971年，大哥来上海治疗眼疾，住在我家。当时，他在"文革"期间受到极"左"路线的迫害，身心遭到极大的摧残。这些，我们已有所闻。他来

---

　　*　作者系吴学周四弟吴祐周的爱人，长期从事中学教育工作。

上海时，我们向他问起受冲击的情况，对此，他却表现得十分泰然，毫无怨言，而且微笑着说："这些事已过去了，我们个人吃些苦，这倒没有什么。只要我还能为祖国、为人民做些工作，就行了。我相信，一切都会好起来的。"他对个人的遭遇、荣辱看得十分淡泊，但对祖国的科学、教育事业遭到的干扰、破坏却忧心忡忡。我是教育工作者，有一次他很关切地问起当时上海中小学的情况。我告诉他："现在学生不要学习，教师无法上课。"他很沉痛地说："这太糟了。中小学教育是打基础的，也可以说，是整个科学事业、学术研究的基础。如果小学、中学都不要了，那就根本出不了科学家。不抓小学、中学教育，从长远来看，肯定要妨碍科学技术的发展。"记得他还多次勉励我的几个正在上小学、中学的孩子："文化知识总是有用的。你们要把目光放长远一点，不要把大好的时光都荒废了。"他的谈话总是如此深入浅出，给我和孩子们深刻的启迪。

大哥对兄弟姐妹有着深厚的手足之情。他有5个孩子，家庭负担较重，但为了培养弟妹成才，大哥大嫂省吃俭用，负担他们的学习费用。如30年代初，他的二弟、四弟在长沙念书时，他每学期要汇去200元银圆。之后，又一直负担四弟到大学毕业。但是，大哥既讲手足之情，又遵守国家制度，手足之情与国家制度之间的界限非常清楚。70年代末，大哥来上海开会时，正好遇上了从萍乡来上海治病的五弟。兄弟俩见面，有说不完的家常话。不久五弟要返回萍乡，正好在要走的那天早上，大哥的公车来我家接他，五弟想搭乘大哥的公车去火车站。我们都认为顺便搭公车，这实在是无碍大局的小事，但大哥却不是这么看，他二话没说，立即自己掏出几十元钱，让五弟另叫出租汽车。然后，他说："兄弟归兄弟，公私还是要分的。"

在他的晚年，我们大家都感到他患病（气喘病）的身体越来越不适应东北的气候，希望他能调到北京或南方来工作。这样不仅他本人的生活环境可以好一些，他的子女也可由此从东北调到北京或南方来。我们多次向大哥提起过这个想法，但他总是回答说："我到东北20多年了，虽然年老，但我还能为应化所做点事。再说，应化所里不少人，都是当年跟我一起离开上海来到东北的，我总不能自己一走了事吧。至于孩子们，跟着我到东北，当然要比上海或北京艰苦一些，但越是艰苦的环境，越能给人以磨炼的机会，尤其青年人吃点苦有好处。今后，他们的前程，由他们自己去开创。"在他的心目中，事业为重，同志为重。

　　我从和大哥相处的一些细微小事中，看到了大哥崇高的思想品质，这也可以说是他留给我们的宝贵精神财富之一。

琐忆学周堂叔

吴鑫芳　吴润芳[*]

　　1933年，学周堂叔从国外学成归来，他父亲润膏公令他到萍乡湘东道田、喻家湾、滩下里几处吴家祠堂拜祖，同时对祠会和族人在学周堂叔读书时给予的帮助表示感谢。族人无不以吴家出了个"博士"而自豪，筹办了旗锣鼓伞和彩轿去抬他。谁知学周堂叔硬是不肯张扬炫耀，结果锣鼓没打，轿子没坐，仅仅放了几串鞭爆表示一点意思。人家都夸学周叔没有"洋"味，还是家乡人本色。因此更加敬重他的为人，钦佩他的本事，羡慕他的成就。谁家孩子读不好书，不成气候，大人们就说："咋不看看留洋的学周博士，多有出息！"我们那时还是少年讶子，并不懂得"留洋""博士"是怎么一回事，既然大人们这样说，那好，就攒劲读书，"留洋找博士"去。无奈家境不好，刚识得点文墨，就失学了，可心里有时还想那个"博士"。

　　抗战胜利后，鑫芳为生计所迫，穿着土布衣服，土头土脑地跑到上海去寻找慕名已久的"博士"，以求谋个饭碗。当他忧心忡忡来到岳阳路320号那幢研究大楼时，他又犹豫了，生怕堂叔拒人于门外。想不到，堂叔乡音不改，满面春风问长问短，详细询问家乡年成如何，老百姓生活怎样。当时，堂叔虽说是一所之长，又是学问大家，可穿着极为普通，吃食也很平常，不

---

　　* 吴鑫芳、吴润芳系吴学周堂侄，退休职员。

像个"博士"。然而，朴素的学周堂叔，却知人冷暖，能济人危困。尽管当时的上海找工作很难，但他还是为鑫芳多方奔走，为故乡来的小侄找得一个勉强可以糊口的小职员工作。"饭碗虽小不易端啊，今后可得谨慎勤勉，小心别把饭碗打破了！"堂叔微笑着告诫鑫芳。

后来，鑫芳才了解到，学周堂叔是个耿介俭朴、节衣缩食而又轻易不给他人添麻烦的人。他家里没有什么贵重物品，身为大知识分子，连一支像样的钢笔也没有。平时穿的，都是穿了一二十年的旧西装。新中国成立后，人们都着中山装，西装被莫名其妙地视为"洋"物，堂叔便把西装改成中山装以应潮流。但有时为了接待外宾，就只好穿那套被虫蛀过、经织补好的西装了。一件羊毛背心，是中国科学院前副院长、物理学家吴有训先生从美国带回来赠送给他的，寒来暑往，穿了几十个春秋，堂叔一直舍不得替换新品。

堂叔的俭朴，特别表现在廉洁奉公、两袖清风上。日本投降以后，他由中央研究院派遣，从昆明到上海，接收敌伪的一些科研机构。当年，国民政府派出的接收大员，不少人凭借手中接收大权，变卖敌产，中饱私囊，大发横财。可堂叔洁身自好，一尘不染，全力做好接收工作。不到半年，就完成了接收任务，并使化学研究所走上正轨，恢复科研。然而，好景不长，国民党政府不让人民休养生息，发动内战，使老百姓又陷入水深火热之中，生活濒于绝境。作为政府一流科研机关的化学所，经费拮据，捉襟见肘，连科研人员的有限工薪也难以为继。在那几乎无官不贪的动荡年月，堂叔偏能视钱财如粪土，和研究所的人员一起，过着清苦的生活，并倾力于科研事业。国民党溃退台湾前夕，上海一片混乱，各处要员穷凶极恶搜括民脂民膏，然后作鸟兽散。堂叔处此动乱时期，镇定自若，带领全所员工一边安心研究，一边积极做好保护档案、资料、财产工作，最后将化学所完整无损地交给人民。军管会派员接收后，他又积极配合，稳定大家的思想情绪，使之照常运转。

上海解放伊始，陈毅市长曾经上门拜访了学周堂叔，对他不去台湾、保护化学所的举动十分赞赏。并且赠送了 张毛主席像和一张朱总司令像。以后，堂叔常常参加陈市长为了恢复、建设大上海而召开的各方知名人士座谈会。有一次在市政府礼堂召开发行公债的动员大会上，堂叔不顾自己收入微薄，带头认购公债50份。在他的带动下，一些社会名流和民族资本家纷纷认购。50年代初，他继续主持化学所工作，一切从勤俭出发，不该办的事坚决不办，不该花的钱坚决不花。所内添置仪器、化工用品原料等等，堂叔都是一再叮嘱经办人员，要现买现用，仓库不宜积压，凡是能利用的物资，都要充分利用，不要浪费一分一厘。记得十年动乱时期，他来沪治疗眼疾，对医师用药，总是关照又关照，少用进口药，凡是国药能解决的就用国药。在病房里，他常常将各种药片的含量、功效进行比较分析，再告诉其他病员，帮助他们端正认识，不盲目相信进口药。堂叔艰苦朴素，克己奉公，真是时时、事事、处处都如此。他之所以受人象仰，令人难忘，这是一个极为重要的原因。

学周堂叔口才极好，开会讲话，不大用讲稿，即席发言，也简洁明了，观点鲜明。因此，开人代会、政协会，他往往是记者追踪采访的对象。尤其突出的，是堂叔外语口语能力很强，能直接和外国人打交道。抗战胜利之初，驻扎在上海岳阳路化学所大楼的一些美国兵，趁着秩序尚未稳定，竟混水摸鱼，把大楼里的高级地毯和昂贵的仪器卷走盗卖。堂叔知道后，不顾个人安危，以熟练的英语与美军评理，义正词严指出：在中国国土上如此胡作非为，是损害"盟军"威信的行为，是破坏美国政府声誉的行为。那些美国兵，只得将盗去的物资送还。大概是70年代末，宝叔陪同一批德国学者到上海参加一次化学方面的学术交流会议。飞机上，德国专家不愿听翻译不流畅的英语，要求讲德语，堂叔立即用德语直接回答他们提出的各种问题。德国朋友们惊异不止，不解这位貌不出众的老人怎么熟悉德语，一个个不由翘起大拇指连声赞叹。

学周堂叔对科研、对工作是极为严肃，一丝不苟的，然而走出研究所、实验室，他又是一位十分乐观、平易近人的谦和长者。在我们的印象里，他从没有"博士"的派头。平常在所里，别说研究人员，就是普通工人，他也平等对待，热忱交往。有一个时期，他兼任了上海交大和上海医学院教授，常常有学生上门求教，他总是不厌其烦地耐心讲解，直到求教者弄懂为止。他爱和小孩交朋友，不管是别人带小孩到他家去，还是自己到别人家做客，都喜欢和孩子交朋友，常常以幽默的语言讲笑话，说故事，把孩子逗得哈哈笑，这时他自己也仿佛成了"大顽童""老小孩"了。

这就是我们的"博士"堂叔，他的"博"不形之于外，而深藏于内。他朴实的作风，高尚的人格，给了我们后学晚辈很多很多启示。如今，他不在了，回忆和他相处的种种往事，我们还能得到立身处世的许多教益。

安息吧，学周堂叔，你永远活在我们兄弟的心里！

附　录

回忆吴学周

HUIYI WUXUEZHOU

吴学周，谱名同棠，字萼晖，号化予，江西省萍乡市人。是我国著名物理化学家，我国分子光谱研究的奠基人之一。生于1902年9月20日，卒于1983年10月31日，终年81岁。

吴学周年谱

（1902.9.20——1983.10.31）

王庆祥　徐桂生　李秀芬　勤　书[*]

吴学周，谱名同棠，字萼晖，号化予，江西省萍乡市人。是我国著名物理化学家，我国分子光谱研究的奠基人之一。生于1902年9月20日，卒于1983年10月31日，终年81岁。

1902年（清光绪二十八年　壬寅）

9月20日（阴历八月十九）诞生于江西省萍乡县（今萍乡市）荷尧乡荷尧村一个书香世家。

祖父吴鹏传（1834—1891），谱名曰铭，号程九，清朝时国学生，诰封朝议大夫。

祖母欧太夫人（1836—1885），诰封恭人。

继祖母文太夫人（1846—1930），诰封恭人，对学周极为慈爱。

---

* 王庆祥系吉林省社会科学院副研究员；徐桂生系萍乡市政协专职常委、市政协文史资料研究委员会副主任；李秀芬系吉林财贸学院讲师；勤书系吉林省社会科学院副研究员。

父让廉（1882—1954），谱名汝济，字甘霖，号润膏。喜爱公益事业，倡立薪樵学会。自幼读书，广泛涉猎四书五经诸子百家，继治新学，毕业于萍乡师范学校，并先后在家乡私塾和萍乡县西区高等小学校任教。他便是学周的启蒙老师。

母张氏（1881—1920），萍乡县人。生子学周，女萱姑（早逝）、端姑（又名哲周）。对学周等亲为哺乳，母子情深。

庶母王氏（1892—1939），四川省人。生子重周、德周、祜周、南周、望周、义周（后过继同族宝林为子），女郁周。对学周等爱护备至，视如己出。

继母李氏（1895—1955），萍乡县人。

1907年（清光绪三十三年　丁未）　5岁

入萍乡县荷尧安金义祠私塾就读，受到父亲吴润膏的启蒙教育。

1912年（民国元年　壬子）　10岁

入萍乡县西区高等小学校读书。春季始业，学制为三年。

1916年（民国5年　丙辰）　14岁

夏　以名列前茅的优异成绩，考入萍乡县立中学读书，秋季始业，学制为四年。学习用功，热爱文体活动，爱好唱歌、下棋，喜欢吹奏笛、箫、笙等乐器。

1919年（民国8年　己未）　17岁

5月　在"五四"运动进步思想的影响下，和同学们一起走上街头，积极参加查毁日货等爱国活动。

1920年（民国9年　庚申）　18岁

夏　萍乡县立中学毕业。秋　考入南京高等师范学校（后改为东南大学）数理化部学习，同学有柳大纲、赵忠尧、朱任宏等。

12月14日（阴历十一月初五）母张氏逝世，享年39岁。

1924年（民国13年　甲子）　22岁

6月　南京高等师范学校数理化部毕业。

秋　入东南大学文理科化学系继续学习。

是年　与本邑汤绍珊之女汤正行（1904—1964）结婚。婚后生二子，名景阳、景松；四女，名召南、蔚南、雅南、宜南。召南、蔚南早逝。

1925年（民国14年　乙丑）　23岁

6月　以全优成绩毕业于东南大学文理科化学系，深得张子高老师赏识，留任化学系助教。

1926年（民国15年　丙寅）　24岁

8月　长女召南出生。

1927年（民国16年　丁卯）　25岁

春　因东南大学内派系之争，愤而辞去该校讲席，经吴有训教授推荐，到江西省立南昌中学高中部任物理、化学教员。

秋　应东南大学化学系主任王琎教授之邀，回东南大学（后改为中央大学）任教

1928年（民国17年　戊辰）　26岁

春　任南京中央大学化学系助教。

11月　以全省第一名的成绩考取江西省教育厅公开招考的公费赴美留学生，前往加利福尼亚州理工学院（以下简称加州理工学院）攻读博士学位。

是年　次女蔚南出生。

1931年（民国20年　辛未）　29岁

7月　获美国加州理工学院化学博士学位。留校从事光谱研究工作。

关注国际政治局势和祖国的命运，在美国西海岸学生会组织的一次大辩论中，当场驳斥日本记者的谣言，以大量事实揭露日本军国主义侵华的罪行。

是年　在美国《化学会会志》第53卷发表论文《盐酸溶液中四价铱至三价铱的还原电位》《铱的电位测定》《气体氰化卤的吸收光谱、分子结构和解离能》。

1932年（民国21年　壬申）　30岁

秋　结束在美国的学习和工作，以中国访问学者身份，应邀从美国去德国达姆斯塔特高等工业大学任客座教授，结识了加拿大诺贝尔奖金获得者、世界著名光谱学家赫兹堡教授，和他一起从事自由基光谱和分子振动光谱的研究工作。

是年　在美国《化学会会志》第54卷发表论文《从光谱数据计算的几种简单多元子分子气体的熵》；与贝得格合作的《气体氰的紫外境的吸收光谱》和与斯特朗合作的《气体的远红外光谱》在美国《物理评论》第39、42卷发表。

1933年（民国22年　癸酉）　31岁

夏　受国民党中央研究院（以下简称中研院）化学研究所（以下简称化学所）所长王琎教授邀请，毅然回到祖国，受聘为该所研究员。

8月　任中研院评议员。

是年　与赵忠尧、张大煜、施汝为、何增禄一起筹建"长城铅笔厂"。新中国成立后，该厂改为公私合营第一铅笔厂。

1934年（民国23年　甲戌）　32岁

1月　《理论化学之方法与最近之趋势》在《科学》第18卷第1期发表。

5月23日　受聘为中研院化学所专任研究员。

1935年（民国24年　乙亥）　33岁

2月12日（阴历正月初九）　长子景阳出生。

是年　获选加入中国化学会为会员。

是年　《分子光谱及其化学上之应用》在《科学世界》第5卷第2、3期发表；《读"准量化力学之初步报告"后》在《化学》第2卷第2期发表；与朱振钧合作的《丁二炔的近紫外区吸收光谱》和与柳大纲合作的《氰酸和几种异氰酸盐的吸收光谱及离解能》在美国《化学物理杂志》第3卷发表；与柳大纲、朱振钧合作的《氰分子的基本频率》在《中国化学会会志》第3卷发表；与朱振钧合作的《丁二炔紫外区的吸收光谱》在美国《物理评论》第47卷第11期发表。

1936年（民国25年　丙子）　34岁

1月11日　和竺可桢等在上海向中研院院长蔡元培（字孑民。我国著名教育家。曾任中华民国南京临时政府教育部长，北京大学校长等职。1927年6月任南京国民党政府监察院院长、大学院院长和中研院院长）祝寿。晚上，出席由蔡元培长子蔡无忌在东亚酒店举行的答谢宴会。

9月2日（阴历七月十七）　三女雅南出生。

是年　受聘为中研院评议会化学组编纂委员，调查全国化学家对化学的专门研究论著，编成目录。

是年　与柳大纲合作的《氰化锌及氰化镉的制备》在《中国化学会会志》第4卷发表。

1937年（民国26年　丁丑）　35岁

7月7日　抗日战争爆发。化学所被迫关闭。吴学周留居上海。

8月6日赴南京，与兵工署应用化学研究所接洽化学研究事宜。

8月11日—26日　抵九江转乘火车赴南昌，指导和协助江西军事化学工作。向教育界公开讲演防毒知识；参与指导江西军事化学研究会议、江西防毒大队会议；参与省政府防空司令部及军事化学研究会研究战时经济、设备确定等问题；参与拟订防毒大队预算、军事化学研究会预算；撰写《对于江西军事化学研究会工作计划之管见》一文，由江西省教育厅印发。

是年　化学所接到向大后方昆明迁移的命令。吴学周受化学所所长庄长恭的委托，参与和主持迁移建所工作。

是年　《双氰分子的基频》在德国《物理化学杂志》第37卷发表；与周同庆，柳大纲合作的《氢化铜水下电花吸收光谱》在《中国物理学报》第3卷发表；与朱振钧合作的《几种正性及异性硫氰酸盐的吸收光谱及解离能》在《中国化学会会志》第5期发表；与柳大纲合作的《氰气体在近紫外境的吸收体系（I）》和与朱振钧合作的《丁二块在近紫外境的吸收光谱（Ⅱ）》在美国《化学物理杂志》第5卷发表。

1938年（民国27年　戊寅）　36岁

1月10日（民国26年阴历十二月初九）　次子景松出生。

4月7日　进行化学所图书、仪器等寄运工作，并赴震旦大学察看图书包装和接洽运输等事宜。

4月8日　与上海万国旅行社（又名路利公司）接洽化学所搬迁事宜，并嘱张青莲办理赴昆明护照文件。

4月18日　与张均仁研究搬运计划，拟定三种方案，与所长庄长恭研究决定：办事处除昆明设工作站外，他处另设一工作站。图书、仪器需用的部分运往昆明，其余部分运往香港、九龙或留在上海保存或供需要。

5月21日　对化学所向中华教育文化基金会提出的补助申请者的研究能力、研究计划和经济状况进行考评。

6月7日　庄长恭所长拟致函蔡元培院长，提出于次年辞职，请派人接任，并推荐接任负责人名单，其中有昆明的潘履洁、香港的邢其毅和上海的吴学周等。

6月20日　庄长恭所长告知吴学周迁所计划。计划以化学所全部迁往昆明为原则。留在上海的人员：张青莲、田遇霖、马集铭；暂时留在上海办理搬运仪器的人员：张均仁、柳大纲，立即赴昆明的人员：庄长恭、吴学周、朱振钧、周光、王素明、张国仁、邢其毅。

7月2日　收到中英庚款董事会来函，嘱为该届留英攻读化学工程专业学生考试理论化学命题。7月3日复信，并将试题一并寄出。

7月7日　乘丁杰内加雷号轮船离开上海，经厦门，于10日安抵香港。

7月15日　接家中来电，得知弟重周已离开萍乡将汤正行等送往广州，遂往广州接家眷。

8月1日　请蔡元培以中法大学名义向中国驻越南海防领署申请签署护照。代拟蔡元培致中国驻海防领事刘家驹函，亲去香港奥斯敦道156号请蔡元培签名，得到了蔡元培的支持。

8月5日　携家眷乘船离开香港，于8月7日抵达越南。携蔡元培函和香港领署押运图书、仪器102箱护照，面见领事刘家驹，得以顺利放行。

8月12日　抵达昆明。前来迎接的有潘履洁、王学海、邢孟符、潘佩夫、钟竹樵、刘云浦等。

8月30日　往西南联合大学（以下简称西南联大）访晤理学院院长吴有训，征求关于化学所临时实验室和永久计划的意见。吴有训希望化学、物理、天文三所合作，共同圈地建所。在此遇周培源教授等。此后，吴学周在昆明市区和郊区进行勘察，多方征求意见，并主持所务会议，倡导召集中研院在昆明的化学、物理、天文三所全体大会，统一合作建所意见。最后，共同选定凤凰山为临时办事处。

9月11日　上海《文汇报》以《中央研究院迁昆明规复旧观》为题，报道了吴学周参与主持的迁院建所工作。

9月22日　"中央研究院化学物理天文研究所临时办事处"在昆明大洋方旺村大乘庵正式挂牌办公。

9月23日　蔡元培来函，委派吴学周为化学所代理所长。9月28日，吴学周复电蔡元培，恳辞代所长职务。9月30日，又接蔡元培从香港发来的复电："惠电敬悉，代理所长公曰相宜，务请担任，幸勿谦让。"

10月18日　致函蔡元培，汇报迁昆明后的工作情况，并建议化学所应

着重工业化学的研究。

10月19日　受聘为中国化学会试验器材供应设计委员会委员。

11月3日　应吴有训约，讨论国民党政府教育部课程标准问题。

11月6日　接蔡元培复函。蔡元培肯定了吴学周的工作，赞同化学所应着重工业化学研究的建议。

应吴有训约赴西南联大，与物理、化学系各位教授讨论教育部委托吴有训拟订的师范学院理化系专门课程问题。

接蔡元培电，得知已聘任叔永为中研院总干事，拟于12月中旬来昆明召开院务会议。吴学周等和中研院在昆明的5位所长联名致电蔡元培，表示欢迎院长和总干事来昆明主持院务会议。

11月23日　审阅"道明炼镁工业"稿。

11月29日　致函蔡元培，汇报化学所工作和建馆问题。

12月22日　参加在昆明举行的中研院院务会议，作化学所所务报告。

是年　与柳大纲、朱振钧、武迟合作的《乙炔的近紫外境谱带》在《美国化学物理杂志》第6卷发表。

1939年（民国28年　己卯）　37岁

1月5日　接中国化学会昆明分会学术讨论委员会名单，被推举为该会主席。1月6日　通知化学学术讨论委员会委员于7日开会，研究学术讨论会会议问题。

2月5日　致函庄长恭，催其寄来中研院评议会需用的议案和所务报告。

3月7日　与上海炳耀公司签订建筑化学所实验馆承包合同，在昆明小西门外动工兴建化学所实验馆。

3月12日　赴昆明黄河巷24号竺可桢寓所，拜访竺先生，推荐梁树权赴浙江大学（以下简称浙大）任教，但因该校已有一位理化教授，梁先生亦另有他就，未果。同日（阴历正月二十二日）　庶母王氏逝世，享年47岁。

3月13日　出席中研院第一届第四次评议会，作所务报告。晚，中研院公宴吴学周和著名古文学家董作宾，竺可桢出席。

5月20日（阴历四月初二日）　小女宜南出生。

5月27日　参加西南联大化学讨论会，作讲演。

6月15日　参加自然科学社编辑委员会与讲演委员会联席会议。

6月24日　赴一平浪和元永井考察盐矿问题。

7月8日　接连如两函。函请吴学周代聘理论化学教授，并告知，吴学周被聘为四川大学化学系主任。

7月10日　撰写盐矿考察记。

7月16日　云南大学熊校长拟聘吴学周为该校理学院院长。吴学周因担任化学所工作而未应聘。

是年　当选为中国化学会第7届理事会理事。

1940年（民国29年　庚辰）　38岁

3月26日　去重庆北碚新村参观中研院地质研究所和动植物研究所。

7月　化学所永久实验室落成于昆明西郊。因交通困难，缺乏仪器药品，故而因陋就简开展工作。

10月10日　浙大校长竺可桢和理学院院长胡刚复致电吴学周，委托化学所代为该校理、师两学院招生。

10月31日　应昆明广播电台之邀，作题为"科学研究与工业建设"的讲演。

11月2日　参观北平研究院。出席长城铅笔厂会议。

11月12日　接蔡方荫函。来函谈到中正大学下年拟开办理学院和理化系，希望吴学周前往就职。

是年　胡先骕、胡刚复致函吴学周，拟聘其为中正大学理学院院长，被婉辞。

是年　国民党政府教育部长拟任吴学周为中正大学校长，被吴学周谢绝。

是年　接待中英科学合作馆馆长李约瑟。

1941年（民国30年　辛巳）　39岁

1月28日　接国民党政府教育部函，该部聘请吴学周为大学教科书审查委员。

接中正大学电。来电请吴学周担任该校理学院院长职务。

是年　杜聿明部队抵达昆明，吴学周邀杜来化学所参观，并开茶话会慰问。

是年　当选为中国化学会第八届理事会理事。

1942年（民国31年　壬午）　40岁

3月31日　受聘为中研院化学所所长。

是年　被推选参加联合国科文组织中国委员会。

是年　再次当选为中国化学会第九届理事会理事。

1943年（民国32年　癸夫）　41岁

1月　继续受聘为中研院化学所所长、专任研究员，并推荐聘任黄鸣龙为专任研究员，柳大纲、朱振钧为副研究员，罗建本、钟焕邦、余柏年、朱汝蓉等为助理研究员。

3月3日　出席中研院院务会议。会议同意地质研究所继续聘任喻德渊为专任研究员。

1944年（民国33年　甲申）　42岁

8月（阴历六七月）　长女召南遭战乱患疫病死于萍乡，时年18岁。

是年　推荐柳大纲、朱振钧参加联合国科文组织中国委员会。

是年　发表《中国之物理化学研究》一文于《化学》第8卷。

1945年（民国34年　乙酉）　43岁

3月22日　参加中研院院务会议。会议向国民党政府行政院提出六点建议：各科并重，设立研究中心，设立科学奖金，召开科学会议，加强科学研究成果出版和向英美报聘，提议成立植物、药物、体质人类三个研究所。

4月2日　赴重庆国府路309号参加"战后教育问题讨论会"。

9月　抗日战争胜利后，被任命为特派员，自昆赴沪，领衔接收化学所在沪财产及日本人所办的上海自然科学馆。

10月1日　设立中央研究院特派员办公处，正式办公。

10月2日　出席中研院院务会议。会议讨论了从日本人手中接收上海自然科学馆、台湾总督府电央研究所和东北大陆科学院的具体方案。

是年　所著《中央研究院化学研究所》一文在《化学》第9卷发表；与张师曾合作的《甲基乙二醛的吸收光谱》《甲基乙二醛的定量分析及其与次碘酸盐溶液的反应机理》二文分别在英国《法拉第学会学报》第101卷278期和《英国化学会学报》第162期发表。

1946年（民国35年　丙戌）　44岁

4月16日　推荐卢嘉锡为专任研究员。

6月24日　中研院召开迁回南京后的第一次院务会议。吴学周作为上海特派员向大会报告了接收上海自然科学馆的前后情况。萨本栋总干事作了说明："上海方面接收工作与南京方面接收工作有不同之点，在南京系接收原来之财产，故问题较少；在沪除接收本院原来之财产外，并接收敌人之财产，故需要折冲之时较多。"会议一致通过中央研究院对吴学周特派员之出色工作表示谢意。下午，吴学周继续向院务会议报告化学所所务工作，并提议：1.接收国立中国医药研究所；2.将本所大普吉图书馆房屋拨赠云南省建设厅。

同月　中研院化学所全所人员离昆，7月初到渝，10月初抵沪，10月中旬工作走上正轨。

10月19日　拜访竺可桢，商谈选送青年研究人员出国留学问题。

10月20日　出席中研院第二届评议会第三次会议。国民党政府文官长吴达铨代表蒋介石致词，于右任、冯友兰、陈立夫先后发表演讲。会议商议了派遣科学家出国进行研究工作等问题。

是年　中研院院务会议决定成立中研院福利基金委员会，除院长、总干事为当然委员外，傅孟真、丁巽甫、李仲揆、吴学周、王勉初当选为委员，

王仲济、郭秩宾为候补委员。

是年 教育部的叶凤虎（原中研院秘书）受部长朱家骅之托，劝吴学周加入国民党，被吴学周婉言拒绝。

是年 应邀参加中华科学社召开的时局座谈会，在会上发言，其发言在电台广播。

是年 为萍乡中学建立新校舍募捐。

1947年（民国36年 丁亥） 45岁

是年 兼任上海交通大学（以下简称上海交大）、上海医学院教授。是年 被选任为中国化学会第14届理事会常务理事。

是年 与王承易合作的《醇、醛、酮与次碘酸盐溶液的反应机理》《苯乙二醇的定量测定》在《中国化学会会志》第15期发表。

1948年（民国37年 戊子） 46岁

1月7日 代表国民党政府向抗战期间为中研院代管公物的才尔孟等五人颁发胜利勋章。

2月1日 出席中国化学会第15届年会，当选为中国化学会15届理事会常务理事。

3月28日 中研院第一次院士选举公布，吴学周当选为该院数理组院士。

7月30日 上海科协（中共上海地下组织领导的人民团体）举行"科学与工业"的座谈会，吴学周应邀出席会议，并作了科学与工业的关系以及与政治的关系的发言，表达了跟着中国共产党走的心声。

9月24日 出席中研院院士会议，被推选为论文委员会数理组成员。

12月23日 与竺可桢往医院探望中研院总干事萨本栋。萨本栋已病重，继而赴美就医，次年1月病逝于美国。

冬 劝欧阳真瑾不要跟蒋介石去台湾。

是年 被推选为中研院第二届评议委员会委员，并多次出席中研院院务会议。

是年　收到"保卫国家财产，严防敌人破坏"的秘密传单。上海交大助教胡永畅约吴学周、吴有训、吴觉农在一些地方集会。会中谈解放战争的形势和科技工作者的责任。吴学周参加了安全委员会，日夜轮流值班、站岗放哨，进行安全护所活动。是年　与郑绍基合作的《在次碘酸盐溶液中甲醛氧化的动力学》在美国《科学资料》第2卷第2期发表。

1949年（民国38年　己丑）　47岁

4月　上海解放前夕，多次拒绝国民党的利诱、胁迫和朱家骅相邀去台湾的劝说，坚决留在大陆，积极组织科技人员开展留沪护所的斗争，并在化学所辟出一间实验室。供竺可桢居留，多方保护竺可桢，使竺可桢躲开了国民党反动派的阴谋劫持。

上海解放前夕，中共地下党组织发动上海科技界知名人士如吴有训、侯德榜、茅以升等筹建地下社团上海科技团体联合会，以配合当时争民主争和平的群众运动。吴学周以上海化学会理事长的名义参加该会的筹建工作。

5月4日　与竺可桢交谈新新仪器公司张季宫兴办仪器厂的情况。

5月27日　上海解放。

6月1日　出席上海科学技术团体联合会筹备会成立大会。有28个单位派员参加了会议。会议拟定了章程，公推茅以升任筹备会主席。

6月2日　竺可桢来访，与吴学周商谈关于上海科学技术团体联合会的活动安排。

6月5日　与竺可桢商议中研院为适应新的历史条件而应采取的办院方钊，提出人民政府成立后应把侧重于实际应用作为研科方针的建议。

6月9日　出席中研院（上海部分）成立21周年纪念大会。陈毅市长到会讲话，竺可桢报告了院史和蔡元培先生建立中研院的功绩，吴学周报告了中研院研寒人员在迎接解放中所做的工作和解放后对解放军拥护的情况。

6月11日　与竺可桢再度商议中研院的发展问题和院务工作。

6月12日　出席上海科学工作者协会会员大会，听取陈毅市长关于科学工作的讲话。

6月17日　出席中研院全体员工大会，发表了演说。会后，上海市文教处副处长李亚农留下竺可桢、吴学周等谈心。

6月19日　被推选为全国第一次科学会议筹备委员，并参加筹备委员会成立大会。

6月28日　参加英国文化协会在北平文化委员会举行的茶会，并观看木刻展览。

6月30日　为上海科协理科门及中华自然科学社上海分社拟定《发展我国科学计划》，提交7月2日全国科学会议上海筹备委员会理科组讨论修改补充。同月　被华东军政委员会任命为化学所（后改为物理化学所）所长，兼任上海各研究所组成的院务委员会副主任。

7月3日　上海市人民政府邀请将出席全国科学会议（后改称中华全国第一次自然科学工作者代表大会筹备会议）的科学家座谈，陈毅市长到会讲话，市文管会副主任、《解放日报》社社长范长江致辞，吴学周、茅以升、颜福庆（时任上海医学院院长）等致答词。

7月10日　出席在北平召开的中华全国第一次自然科学工作者代表大会筹备委员会全体会议。

7月22日—8月28日　参加以竺可桢为团长的中华全国第一次自然科学工作者代表大会筹备委员东北参观团，参观了沈阳、鞍山、本溪、抚顺、安东（今丹东）、大连等地。在鞍山钢铁公司参观时，他特别注意考察了炼焦的生产过程。8月27日座谈观感时，吴学周发言："东北炼焦副产物，已奠定有机化学工业的根基，此点可谓国内唯一有希望的地方，所望能利用此种副产品来发展我国的有机化学工业。"为东北经济建设献身的宏愿开始在心中萌动。

8月29日　结束在东北的参观活动，返回北平。在8月31日的参观座谈会上，进一步阐述了8月27日发言的观点，把目光投向东北这块待开垦的处女地。

11月1日　中国科学院（以下简称中科院）成立。郭沫若任院长。吴学周任中科院上海物理化学研究所（以下简称物化所）所长，并受聘为上海交大、上海医学院兼职教授。

12月5日—11日　出席上海市人民代表会议。陈毅市长致开幕词，潘汉年副市长作政府工作报告，曾副市长作财经工作报告，张元济致闭幕词。是年上海解放前，被推举为联谊会代表，到南京向教育部长朱家骅索取应变费，组织人员负责保管，并确定了使用原则。解放后，经过组织核实，此款所余部分都上交了人民政府。是年　当选为中国化学会第16届理事会常务理事。

是年　与朱晋锟合作的《醇、醛、酮与碱性碘酸盐溶液的反应机理》《乙醛与碱性碘酸盐溶液的反应》在美国《科学资料》第2卷第3号发表。

1950年（庚寅）　48岁

2月24日　主持中研院庆祝中苏友好同盟互助条约签订、工会筹备委员会成立、春节联欢和反对美帝国主义轰炸大会。王仲济报告签订中苏友好同盟互助条约的意义，王伏雄报告员工联谊工作，黎功德报告工会筹委会产生经过，陈君衡报告防空保卫工作。

3月21日出席中科院接管中央研究院、北平研究院大会和华东办事处成立大会。4月11日经中央人民政府委员会第六次会议通过，毛泽东主席任命吴学周为华东军政委员会文化教育委员会委员。5月11日参加以竺可桢为团长的中国科学院东北考察团。随后赴沈阳、大连、旅顺、鞍山、本溪、抚顺、锦州、长春、吉林等地考察。还考察了应化所的前身——东北科学研究所。5月19日经政务院第三十三次政务会议通过，周恩来总理任命吴学周为中科院物理化学研究所所长。

9月4日　代表出席全国科代会议的上海区代表报告全国科技界的组织方案。

11月8日　参加上海市协商委员会会议。陈毅市长到会作抗美援朝保家卫国的报告。是年　接中科院院长郭沫若的加急电报去北京。郭沫若说："毛主席提出建设好东北，你们迁一部分去那里怎么样？"吴学周接受了这一开拓性任务。

是年　当选为中国科学工作者协会上海分会理事长。

1951年（辛卯）　49岁

1月23日　参加华东时事座谈会，听取马寅初和饶漱石报告。

2月8日　参加九三学社上海分社爱国主义教育问题座谈会，并在大会上发言。

2月9日　出席上海市协商委员会会议。会议商讨了郊区土改问题。

2月18日　出席上海科普协会座谈会。会议讨论了如何配合爱国主义、国际主义思想教育进行科学普及工作。

4月2日　出席上海市人民代表会议。会议就市政建设如何为生产和工人服务等问题进行了讨论研究。出席上海市科技界代表大会。会议就对科联如何团结科学家，加强与政府业务部门联系，解决实际问题，为生产服务等工作进行了讨论。

4月9日　出席上海市抗美援朝常委会。会议对各单位1951年抗美援朝计划、推举在人代会上的报告人及拥护订立和平公约签名等问题进行了讨论。

4月11日　出席报告会，听取陈毅市长关于上海市1951年工作任务的报告。

4月13日　出席上海市协商委员会会议，听取陈毅市长关于上海市1951年工作任务，第二届第一次协商委员会工作报告及其他各项报告。4月19日出席上海市科联常委会，商议6项提案。

5月10日　出席上海市协商委员会会议。会议讨论对反革命分子的处理问题。

5月24日　出席上海市协商委员会常委会议。会议讨论统一战线任务和各党派团体的人民代表协助政府推行人代会决议、法令、政策等问题。

5月29日　作为科技界代表出席欢迎英国人民代表团来上海访问仪式，并陪同参观了上海市工厂、文化宫海员俱乐部、中国福利会托儿所、电影制片厂。

6月7日　出席上海市协商委员会会议。会议对协商委员会税务工作委员会、城乡物资交流委员会、反革命案件审委会的工作报告进行了审议。

6月9日　出席上海市协商委员会人民防空会议，听取潘汉年副市长报告。会议还讨论了防空计划，确定了防空指挥机构。

6月14日　出席上海市协商委员会会议。会议就抗美援朝捐献、推行爱国公约、优待军烈属等问题进行了讨论。

6月22日 出席上海科普化学会议。会议讨论了会务、组织、会章、联络以及筹备委员、代表和常务委员会的产生等问题。

是月 由卢于道介绍，在上海加入九三学社，并担任上海分社学习委员。

7月12日 出席农业部会议。会后与北京大学商谈种子杀菌剂、储气筒房子所址、工作计划、培养人才等问题。

8月15日 去长春参观，并与东北科学研究所负责人座谈。

8月19日 出席九三学社上海分社关于"朝鲜停战谈判"座谈会。

9月13日—17日 出席中科院院务会议，听取李富春、胡乔木、郭沫若、吴有训报告。吴学周在大会作了关于种子杀菌剂分析的专题报告。

10月6日—11月7日 参加上海市忠诚老实学委会会议（一个月的宣传学习会），代表学习委员会作总结报告。

11月15日 出席上海市民主党派基层组织学习动员报告会，听取潘汉年副市长动员报告。17日，参加九三学社上海分社基层组织"忠诚老实学习"。

12月23日 代表上海市科联向中国生理学会上海分会成立大会致词。

12月26日 参加由中国科学院、抗美援朝委员会、中国文艺工作者联合会联合举办的庆祝郭沫若荣获加强国际和平斯大林国际奖金大会。是年 当选为中国化学会第17届理事会常务理事。

1952年（壬辰） 50岁

1月14日 参加中科院东北分院院长严济慈召开的第一次工作会议，并在会上发言。

1月20日 根据郭沫若院长指示，去长春考察，做成立分院的准备工作。

1月25日 应邀参加东北科学研究所举行的1951年度奖励劳动模范大会，并以物化所所长、中华自然科学专门学会联合会上海分会秘书长身份在会上讲了话。

1月27日 去哈尔滨考察，参观了松江省科学博物馆、烈士纪念馆和哈尔滨工业大学。

1月31日—2月27日　在长春与有机研究室科研人员座谈，并参观了物理、无机、生化、土木建筑、矿冶、机械、电机各研究室和地质专科学校、地质调查所等。

2月12日—21日　在大连召开各研究室主任座谈会。期间，参观了无机化学、有机化学、农化、燃料等研究室。发表了科学研究要为生产部门解决实际问题，要协助生产部门的实验室提高技术、提高领导等观感。

3月5日　在中科院院长会议上，报告了在东北参观的情况，提出东北需要人员、图书等问题，同意物化所迁移东北。

3月15日　出席中科院反细菌战争座谈会和化工界"三反""五反"座谈会。

3月31日　出席上海市思想改造学习动员大会。陈毅市长到会作报告。

4月3日　出席中科院细菌防御委员会主席李亚农主持召开的细菌防疫座谈会。

6月4日　出席九三学社上海分社座谈会。会上讨论了理论联系实际、发展社员、统战工作等问题。吴学周在会上作了重要发言。

6月11日　主持召开物化所代表会，研究迁往东北问题。会上讨论决定迁移期间设秘书组、事务组、包装组、清理组，准备工作到6月底，7月包装，8月托运，9月结束。

6月13日　主持召开物化所所务会议，讨论迁往东北计划、招聘人员与实行办法等问题。

6月14日　出席九三学社上海分社会议。会议讨论加强思想改造和理论联系实际问题。吴学周在会上发言。

6月28日　出席九三学社上海分社会议。会议讨论发展社员与黄浦区支社成立等事项。

8月2日　主持召开物化所会议，研究迁往东北计划、组织与发展方向、培养人才、前去人选等问题。

8月15日　去长春参观，并与东北科学研究所负责同志座谈。

9月9日　在北京与郭沫若院长交谈关于思想改造和东北工作计划等问题。

9月11日　出席部分中央部委的会议，听取邓小平重要指示和纺织工业部、农业部、林业部、重工业部、燃料工业部负责人关于生产情况的介绍。

9月19—20日　出席九三学社第二届全国工作扩大会议。会议进一步确定了该社的性质、任务和组织路线，选出了以许德珩为主席的中央委员会。吴学周当选为九三学社中央委员会委员。

9月24日　出席水利部会议。张含英副部长谈水利部工作情况。

9月25日　出席教育部会议。钱俊瑞副部长谈高等教育、高教与科学院关系、高教与科学研究关系等问题。

10月7日　出席中科院会议，听取科学院下属各所报告和中央计划会议，中央10部部长所作五年计划报告的传达。

10月21日　九三学社中央致函吴学周，决定在长春设立分社筹委会，指定吴学周、杨振声、刘恩兰负责筹备，以吴学周兼召集人。

11月27日　召集在长春的九三社员在长春地质学院开会，研究九三学社的组织发展工作和筹建长春分社事宜，并建议增补地质学院成员业治铮为筹委会成员，于11月30日将此情况函告九三学社中央。12月22日接九三学社中央复函，社中央同意加派业治铮为长春分社筹备委员。

12月2日　出席会议，商讨长春综合所（以下简称综合所）与物化所的关系与合作问题。

12月6日　物化所北迁人员到达长春。

12月27日　出席苏联专家古力报告会。会后与古力座谈讨论斯大林关于语言学问题的论述以及综合所与林业方面高分子研究联系等问题。

1953年（癸已）　51岁

1月25日　九三学社长春分社筹委会成立，举行第一次会议。吴学周为主任委员。

5月20—6月6日　受匈牙利人民共和国科学院的邀请，中科院组成访匈代表团，出席匈牙利科学院1953年年会。吴学周代表中国科学院在会上作了讲话。代表团成员还参观了匈牙利大学和重要科研单位。

7月16日　主持召开第五次东北科学报告会，并作了报告。

7月31日　出席长春市人民代表大会。杜若君致词，傅雨田作总结报告。8月29日　参加中德科学技术协定签字仪式。

9月10日　物化所与综合所联合举办极谱分析学习会，有62个单位65人参加学习，在结业式上，吴学周作了重要讲话。

10月26日　出席中科院院务会议。评议上半年工作，听取各所报告，讨论1954年研究计划草案和五年研究规划等。

11月23日　召开物化所所务会议，讨论五年计划与干部培养问题。

11月24日　主持召开"学习苏联出版经验推广会"。会议作出了关于化学文献翻译、苏联文献卡片和派人去苏联学习的决定。

12月4日　出席中科院东北分院会议，提出五年计划内容、分院调人和审查研究报告等建议。

12月22日　接待西藏代表团130人来物化所、综合所参观。

是年　出席全国第一次高分子学术报告会。物化所论文占15.6%。

1954年（甲午）　52岁

2月26日　召开物化所所务会议，讨论1954年科研计划，确定全年重点科研题目，决定检验室改名为分析化学研究室。

3月18日（阴历二月十四）　父亲润膏逝世，终年72岁。

同月　出席中科院贯彻科学工作方针任务会议。会上提出各分院、各所1954年6项工作要点。

6月3日　综合所与物化所合并，组成中国科学院应用化学研究所，吴学周任所长，夏光韦、孙景斌任副所长。

6月20日　出席九三学社长春分社第一届社员大会。作九三学社长春分社筹委会工作总结。当选为九三学社长春分社第一届委员会委员、主任委员。业治铮为副主任委员。

10月25日—11月20日　参加在北京举行的金属科学研究报告会。会议提出报告76篇。

10月31日　出席九三学社中央关于高校科研工作与产业部门、科学院分工合作及厂矿联系问题座谈会，并作了发言。

11月17日　出席九三学社中央会议，听取许德珩关于政协第二届全国委员会筹备经过的报告。

应苏联顾问的邀请，谈应化所的历史与发展前景。

11月18日　与轻工部生产技术司谈合作利用废液事宜。

11月19日　出席中科院检查工作总结讨论会，报告存在主要问题及与厂矿联系合作的情况。

12月21日—25日　被协商推选为第二届全国政协委员。出席中国人民政治协商会议第二届全国委员会第一次会议。

12月26日　出席中科院科联科普座谈会。张劲夫、李四光、竺可桢副院长到会讲话。

12月27日　出席九三学社中央关于修改社章的座谈会。许德珩、严济慈、卢于道谈修改社章的意义和意见。

与苏联顾问谈有机化学方面的问题。

是年　先后主持"第二期极谱分析学习会""光谱分析学习会""水分析训练班""电位差酸值硫酸根测定法推广训练班"，有78个单位108人参加学习。

1955年（乙未）　53岁

3月　女蔚南病逝于上海，时年27岁。

5月25日　苏联科学院访华代表团团员达纳耶夫院士来应化所参观访问。吴学周热情接待了客人，宾主双方进行了友好会谈。

6月1日—10日　出席在北京召开的中科院学部成立大会，被推举为中科院数理化学部委员、常务委员。

6月11日　出席中科院学部委员联席会议和学部常委扩大会议，听取陈毅副总理报告。

6月13日　出席报告会，听取李富春"关于厉行节约，为完成社会主义建设而奋斗"的报告。

7月1日　出席在沈阳举行的高分子会议，代表中科院数理化学部讲话。

9月19日—23日　出席在北京召开的分析化学报告会主席团会议。主持分析化学报告会。吴有训副院长致开幕词，吴学周报告会议主要任务。

9月23日　主持制定关于组织和发展分析化学研究工作计划的意见（草案）。

10月4日　出席中科院学部常委会。吴学周报告了分析化学会议情况；会议讨论了第二个五年计划和学术委员名单等。

10月6日　出席中科院院务常委会，作"分析化学会议"工作报告。

11月10日—30日　参加中国学术界访日代表团。11日，郭沫若院长谈此去日本的任务和态度问题。12日，廖承志谈对日本政策执行的演变问题。访日期间，在东京、京都、大阪、名古屋等地参观了大学、研究所、学会等。

1956年（丙申）　54岁

1月6日　应化所组成第一届学术委员会，委员25人，吴学周任主任委员，孙书棋任主任秘书。随后举行了研究工作报告会，吴学周作关于应化所基本情况及今后发展方向的报告；分组宣读了16篇论文。中科院副院长吴有训、主任恽子强、顾问拉菲克夫教授，中共吉林省委副书记、省长栗又文，中共长春市委书记宋洁涵出席了会议。

1月29日　出席中科院化学学部委员会议。会议讨论了学部化学远景规划。

1月30日—2月7日　出席中国人民政治协商会议第二届全国委员会第二次会议。毛泽东主席和吴学周亲切握手。1月31日　出席中科院化学学部委员会议。会议讨论了科学研究的远景规划。周恩来总理、李富春副总理到会讲话。

2月9日—16日　出席在北京召开的九三学社第一届全国社员代表大会，当选为九三学社中央委员会委员、常务委员。

3月5日　参加国家科研远景规划会议。

3月14日　列席科学规划委员会成立大会。周恩来总理、陈毅副总理、郭沫若院长等到会讲话。

5月5日　出席九三学社中央常委会。许德珩在会上传达了5月2日最高国务会议精神。

9月23日　出席九三学社长春分社第二届社员代表大会，当选为长春分社第二届委员会委员、主任委员。

同月　出席政协长春市第一届委员会全体会议，当选为政协长春市第一届委员会副主席。

同月　参与讨论制订中科院12年科学规划。

是年　受聘为中科院仪器馆学术委员会委员。

1957年（丁酉）　55岁

2月12日　主持召开应化所学术委员会第二次会议。

2月25日—3月20日　出席中国人民政治协商会议第二届全国委员会第三次会议，列席第十一次最高国务（扩大）会议。听取毛泽东主席关于正确处理人民内部矛盾问题的讲话、李富春副总理关于第二个五年计划的报告、周恩来总理《关于访问亚洲和欧洲十一国的报告》《关于中缅边界问题的报告》等。

7月24日　被任命为国务院科学规划委员会重化工组副组长。

9月14日　出席以郭沫若院长为团长的中国政府科学代表团赴苏联访问准备会议。会议商谈与苏联科学院交换规划意见、合作项目等问题。

同月　中科院顾问拉扎连克教授来应化所，对科研工作和培养干部工作提出建议。

10月14日　出席中科院院务会议。张劲夫副院长谈访苏任务、合作项目、聘请专家等问题。

10月18日—12月18日　赴苏联访问。

10月22日、23日　和苏联科学家座谈。

10月29日　参加普通及无机化学所庆祝十月革命学术报告会。

10月31日　参加苏联科学院化学部学术报告会。

11月2日　到机场迎接毛泽东主席和宋庆龄同志。

11月3日　参加讨论修改中苏两国科学院合作计划。

11月7日　参加在莫斯科红场举行的十月革命四十周年庆祝典礼观礼。

11月10日至12月3日　先后参加有关学科规划、元素、有机及高分子、无机及分析、数理技术、情报等合作会谈，参加电化学及物质结构理论讨论、合成橡胶会和光谱报告会等。

在苏联期间，还先后参观了全苏工业展览、列宁博物馆、列宁故居、莫斯科有关大学和科研机构，以及在冬宫展出的意、比、荷、英、法、德等国的油画和雕刻展览。

12月18日　返回北京。

1958年（戊戌）　56岁

4月24日　出席九三学社长春分社会议，就整风中的自我改造问题作了讲话。

6月13日　北京化学所、长春应化所订立《北京化学所、长春应化所共同协作跃进纲要》。

7月1日　出席中国科学院长春分院筹备会成立大会，任秘书长。

7月30日　出席中科院东北分院院务会议。会议决定筹建17个所，还讨论了建所原则、建所手续等问题。

8月24日　出席九三学社长春分社委员会会议，座谈民主党派如何发挥作用，做好党的有力助手等问题。

8月27日—28日　出席全国光谱报告会筹备会，讨论会议目的、日程和1959年中苏合作项目等问题。同月　应化所创办长春化学学院（后改称吉林科学技术学院化学分院）及附设化学学校（中专）和技工学校；吴学周兼任化学学院院长，孙景斌、张润苍兼任副院长。

9月4日　出席九三学社长春分社会议。会议研究民主党派跃进、技术革命与10月底召开代表大会等有关事项。

9月6日　出席吉林省高分子研究所成立大会。

9月11日　出席九三学社长春分社委员扩大会议。会议总结了分社整风工作，提出了改组增加新生力量的意见。

9月18日—25日　在北京参加全国政协工作会议。范长江主持会议，周恩来总理、薄一波、陈毅副总理作报告。

9月25日　参加中华人民共和国科技协会成立大会。陈毅副总理到会作政治报告。

10月26日　出席九三学社长春分社第三届社员代表大会，当选为长春分社第三届委员会委员、主任委员。

11月2日　出席在北京召开的中科院专家报告会。

11月6日　参观中科院劳动生产展览（总会场设北京，分会场设在沈阳、鞍山、长春、上海、杭州）。

11月13日　编写中科院化学10年成就讲稿。

11月15日　出席九三学社中央会议。许德珩谈国内形势，李毅谈会议筹备经过和会议中心任务。

11月21日　国务院周恩来总理任命吴学周为中科院吉林分院副院长。

11月24日　苏联光谱专家来应化所参观。吴学周向苏联伏里什院士和马依伏谢夫教授介绍应化所发展情况。双方还进行了学术交流。

11月28日—12月3日　出席在北京召开的九三学社第二届全国社员代表大会，当选为九三学社中央委员会委员、常务委员。

同月　出席吉林省科学技术协会第一次代表大会，当选为吉林省科协主席。

12月2日　在北京与苏联伏里什院士就光谱会专刊、光谱委员会名单、工作通讯、访苏考察等问题进行交谈。

12月11日　赴包头参加稀土会议，并在会上讲话。之后，到北京、长沙、上海等地考察。

1959年（己亥）　57岁

1月3日　主持召开九三学社长春分社委员会会议，谈长期共存、教育与生产劳动相结合、一专多能和国际形势等问题。

3月1日　应邀列席中共应化所委员会。在会上，就中共党员与非中共党员的团结等问题作了发言。

3月2日—11日　出席应化所学委会议。听取梁树权所作的白云铁矿的分析及有关工作的报告。

4月6日—13日　出席中科院院务会议及分院、所长会议。陈毅副总理到会作时事报告。

4月17日—29日　被协商推选为第三届全国政协委员。出席中国人民政治协商会议第三届全国委员会第一次会议。当选为第二届全国人大代表。出席第二届全国人民代表大会第一次会议。

5月7日　应邀列席中共应化所委员会，在会上谈跃进、对青年估价与基建发展方向等问题。

6月6日—15日　出席政协吉林省第二届委员会第一次会议，当选为政协吉林省第二届委员会副主席。期间，听取了中共吉林省委第一书记吴德关于市场问题、西藏问题的报告。

6月17日　出席吉林省政协常委会，就知识分子改造问题作了发言。

6月21日—27日　出席在北京召开的5个化学老所扩大会议。会议讨论了中苏合作重点、各所工作重点与协助新建所发展等问题。

8月27日　接待来长春讲学的英国专家赫恩·雪尔，向客人介绍了应化所工作情况。

10月17日　出席九三学社长春分社委员扩大会议，谈红与专规划、组织生活、民主党派工作领导等问题。

10月18日　出席九三学社长春分社全体社员服务、改造经验交流会，在会上作报告。

10月21日—29日　参加全国群英会。期间还参观了博物馆、民族文化宫、工业交通展览馆、中国人民解放军革命军事博物馆。

10月31日　与苏联专家康达拉奇耶夫院士座谈。同月　苏联莫斯科电化学研究所鲁克采夫教授来应化所指导银锌电池方面的研究工作。

11月4日—16日　出席全国科协大会。听取科协主席李四光和周恩来总理的报告。还参观了北京高校、中专大跃进展览和电子管厂等。

12月5日　苏联专家康德拉奇耶夫来应化所参观。

12月27日　出席九三学社长春分社会议，谈红与专问题。

是年　二机部钱三强副部长来应化所参观，提出国家要大力加强原子能研究，希望应化所承担有关任务。应化所积极响应，组织实施，至1966年，共接受107项任务。

是年　在《科学通报》第18期发表论文《十年来中国化学的成就》。

1960年（庚子）　58岁

1月6日　出席吉林省政协远景规划讨论会。

1月8日　出席中科院各化学所所长会议和学科规划会议。

1月24日　出席中科院各化学所所长会议。会上提出重点研究项目32项。

2月19日—27日　出席中共应化所委员会召开的技术革新、技术革命会议。会议制定了开展双革运动的计划，决定成立技术革新技术革命委员会，吴学周、张润苍为主任委员，张嘉水、孙书棋为副主任委员。

3月18日—20日　同苏联专家谈中国光谱事业发展和与苏联合作问题。

3月25日　向中共应化所委员会谈自己的入党问题。

3月27日—4月11日　出席中国人民政治协商会议第三届全国委员会第二次会议。

出席第二届全国人民代表大会第二次会议。

3月31日　与中科院吴有训副院长谈光谱报告设想。

4月3日　与苏联专家谈中苏关于包头矿的合作问题。

4月8日—5月2日　苏联地球物理化学研究所斯克拉连柯博士来应化所访问，并指导稀十化学方面科研工作。

4月15日—30日　出席在上海举行的中科院化学学部大会和化学学部常委会。会议研究了理论规划。进行了学术活动经验交流。

4月20日 出席上海科学技术出版社座谈会，并参观了有关工厂、大学和科研单位。

5月16日 主持召开稀有元素及超纯物质分析报告会，致开幕词，并介绍稀有元素超纯物质分析发展过程。

6月13日 与苏联专家谈中苏科学合作问题。

7月15日 出席九三学社长春分社会议。会议讨论了对知识分子的估计、改造世界观、知识分子与其他方面的关系、民主党派的作用四个问题。

8月5日—9月5日 出席各民主党派中央全会扩大会议。周恩来、李富春、李维汉到会作报告。吴学周代表九三学社长春分社在大会上发言。毛泽东、周恩来、朱德、董必武、彭真等中央领导同志接见了代表。

9月18日 中科院吴有训副院长来应化所与吴学周谈话。

1961年（辛丑） 59岁

1月6日 出席九三学社长春分社会议，谈中国共产党的统一领导，局部眼从整体，以建设为重点，搞好协作问题。

4月20日 出席九三学社中央常委扩大会议。许德珩、周培源到会作报告。

7月8日 出席九三学社长春分社第四届社员代表大会，当选为长春分社第四届委员会委员、主任委员。

8月20日—31日 出席中科院院务会议。张劲夫副院长作自然科学方面的政策等问题的报告。吴学周在会上作了无机分析、高分子建设问题的发言。

是年 与卢嘉锡、杨石先等赴苏联莫斯科参加国际光谱学会。

是年 出席在北京召开的第一次超纯物质及稀有元素分析测试会议。应化所提出研究报告49篇，占会议报告的51.6%。

是年 出席在应化所召开的全国第三次高分子学术报告会议。应化所提出的论文占大会论文的42%。

1962年（壬寅） 60岁

2月8日　赴北京，与国家科委杜润生秘书长谈1963年—1972年的10年规划。

2月16日—3月12日　参加国家各部委在广州召开的学习会。周恩来总理、陈毅副总理作10年规划的报告，聂荣臻作总结。

3月21日—4月18日　参加中国人民政治协商会议第三届全国委员会第三次会议。参加第二届全国人民代表大会第三次会议。会议期间，毛泽东、刘少奇、周恩来、朱德、陈毅等中央领导同志接见了代表和委员。5月28日召开应化所研究工作委员会会议。会议讨论《应化集刊》出刊问题，确定吴学周为主编。

8月9日—9月10日　出席中科院化学学部计划会常委会。吴有训副院长作总结报告，吴学周在会上发言。

12月26日—1963年1月19日　出席九三学社中央全会。周培源作报告，吴学周为大会题词。是年　中科院顾问、苏联专家鲁日娜娅来应化所指导无机化学方面的研究工作。

1963年（癸卯）　61岁

2月5日—14日　参加吉林省各民主党派"三个主义"（爱国主义、民族主义、国际主义）的教育学习，在会上传达了九三学社中央全会精神。

7月5日—14日　应苏联科学院邀请，出席全苏第十五届光谱学报告会，被推选为名誉主席，先后作了三次学术报告，还参观了苏联明斯克科学院物理所。

7月15日　向国家科委杜润生秘书长汇报赴苏联参加全苏光谱学报告会的情况。

7月31日　出席九三学社长春分社第五届社员代表大会，当选为长春分社第五届委员会委员、主任委员。同月　兼任中科院东北分院副院长。

8月2日　以姜永昌院长为团长的朝鲜科学院代表团，由中科院张劲大副院长陪同，来应化所考察访问。吴学周致欢迎词，并介绍应化所情况。

8月4日　参加《科学通报》编委座谈会。会议讨论了编辑工作的任务和

方向。

9月16日—23日　参加在长春召开的九三学社东北三省工作会议，在会上致开幕词，并介绍参加全苏光谱学报告会的情况。

10月28日　经中科院第九次院务常务会议批准，应化所组成新的学术委员会。委员22名（其中所外委员8名）。吴学周为主任委员，钱保功为副主任委员。

12月6日　向九三学社中央汇报社员思想动态等问题。

12月29日　出席政协吉林省第三届委员会第一次会议，当选为政协吉林省第三届委员会副主席。

是年　在《科学通报》7月号发表论文《芳香族化合物半导体中载流子的热激发能》。是年　应化所研制的液体聚流橡胶获国家发明三等奖。

是年　当选为中国化学会第20届理事会常务理事（因为"文革"等原因，这届理事会延续到1978年才恢复活动，1982年才进行换届选举）。

1964年（甲辰）　62岁

4月22日—23日　以朝鲜科学院副院长金斗焕为团长的朝鲜科学院代表团，由中科院副院长竺可桢和吉林省副省长张文海陪同来应化所参观访问。

5月5日　制定物理学规划。

5月6日　参加中科院东北分院院务会议。会议总结了1963年工作，提出了今后工作方向、任务。吴学周作了发言。

7月5日（阴历五月二十六）　妻子汤正行患乳腺癌在长春吉林省医院病逝，终年60岁。

11月13日　出席国家科委化工组会议。与居敖庆、苏元复等商谈学术问题。毛泽东、周恩来等中央领导同志接见了与会代表。

12月17日—1965年1月4日　当选为第三届全国人大代表。出席第三届全国人民代表大会第一次会议。

是年　与朱晋锠、何迪洁合作的《芳香族化合物与分子氧间的电子转移光谱及其与芳香族化合物的电子激发和光致氧化的关系》在《化学学报》

6月第30卷第3期发表；与朱晋锟林祖纶合作的《聚丙烯腈热处理的反应机理》载《高分子通讯》11月第6卷第6期，与朱晋锟、席时权合作的《非极性共轭分子电子光谱的溶剂效应—蒽在各种溶剂中的紫外吸收光谱》载《化学学报》12月第30卷第6期。

1965年（乙巳）　63岁

4月5日—14日　参加在北京召开的国家重工业规划会和化学会。彭真、侯祥麟在会上作报告。与会人员还参观了石油学院、化工二厂、橡胶研究所、合成试验厂等。

5月7日　出席九三学社长春分社工作计划会议，谈"社教"运动、文化技术革命、加强领导、改选等问题。

5月10日　出席在长春召开的化学会议，作关于稀有元素的报告。

5月18日—20日　以榊原周教授为团长的日本高分子代表团一行六人来应化所参观。吴学周介绍了应化所发展概况。双方共作了三次学术报告，举行了两次小型座谈会。

同月　应化所"镍顺丁橡胶研究"通过中科院鉴定。中科院颁发了奖状，并决定在锦州石油六厂进行中试。

7月8日—8月1日　参加以吴有训为团长的中国科学院代表团赴朝鲜民主主义人民共和国参观访问。在平壤，受到朝鲜科学院院长姜永昌，副院长金斗焕、韩贤建的热情接待。

7月12日　吴学周与金属研究所谈分析化学问题。

7月17日　吴学周向朝鲜科学院科研人员作有关高分子方面的学术报告。

7月29日　金一副首相接见了中国代表团成员。

7月30日　两国科学院签订了合作计划协定。

7月31日　启程回国。

8月1日　抵达北京。

8月2日—5日　访朝代表团召开学术总结会，讨论总结分工问题。确定由吴有训副院长谈政治、接待、协定等总的情况，吴学周谈学术总结，并负责起草。之后，代表团讨论了总结。

8月5日　向张劲夫副院长汇报赴朝访问情况。

9月15日　出席中科院重点燃料电池开题答辩会。

10月25日　出席在北京召开的超纯物质会议。会议研究有关学术报告、修订规划和基地工作等问题。

11月10日　出席无机分析赶超会，介绍了分子光谱组进行高分子结构研究的经过。

11月19日—12月24日　参加"四清"学习参观团，听取中共吉林省委李砥平书记、统战部宋任远部长讲话。参观了公主岭、怀德等地。

是年　应化所参加国家科委举办的1964年全国工业新产品展览会。顺磁共振仪和示波极谱仪分别获一、二等奖，并获得了奖金。

1966年（丙午）　64岁

1月27日　参加中共长春市委宣传部、统战部组织的农村"四清"心得交流会，并代表学习参观团作了发言。

2月1日　出席九三学社长春分社常委扩大会议。会议总结了1965年工作，制定了1966年工作计划。

2月5日　出席吉林省政协会议。关梦觉、宋任远作国际形势报告。各民主党派负责人、无党派民主人士座谈讨论了如何正确认识备战的意义。

2月17日　国家科委于光远副主任来应化所参观。吴学周介绍了应化所情况。于光远谈科技人员学习毛主席著作问题。

2月28日　长春市政协举行学习毛主席著作经验交流会，吴学周作了重点发言。

3月14日—19日　参观在北京举办的仪器仪表展览、全国高等教育成果展览和大庆成果展览。

4月7日　出席吉林省政协会议。肖肃总结各民主党派学习毛主席著作情况。宋任远部长谈怎样认识分析当前国际形势等问题。

5月7日　出席在沈阳举办的东北工业展览会。之后，参观了沈阳、大连、旅顺、鞍山、锦州、四平、吉林七城市30个工厂。

7月8日　参加吉林省政协会议，进行关于"文化大革命"的学习。

12月7日　周恩来总理接见中科院在京外下属单位工作的同志，吴学周同志受到接见。

1967年（丁未）　65岁

2月1日　应化所"群众造反组织"夺权，成立接管党委工作领导小组。

4月4日　国防科委第十六研究院决定，在湖北省谷城县，以应化所为主筹建三线"6641"工程（高分子材料及工艺研究所）。

10月　应化所划归国防科委第十六研究院领导。

1968年（戊申）　66岁

5月22日　军宣队进驻应化所，实行军管。军管会主任为王进虔。

6月　应化所开始"清理阶级队伍"，先后关押许多无辜干部、科技人员和工人。

7月27日　被抄家。

8月22日　应化所革命委员会成立。

是年　在"三查"清队中，因"应化特务集团"冤案，吴学周被戴上"反动学术权威"和"特务"的帽子，送进长春铁北监狱。

1970年（庚戌）　68岁

1月　被释放出狱。

2月23日　中共应化所委员会恢复组织活动。

4月　国防科委第十六研究院撤销，应化所仍划归中科院领导。

8月31日　工人毛泽东思想宣传队进驻应化所，不久即撤出。

10月　根据中央指示，应化所下放吉林省管辖，由省科技局具体接管，实行地方、中央双重领导，更名为中国科学院吉林应用化学研究所。

1971年（辛亥）　69岁

5月2日　左眼疼痛，看不见东西。

8月25日　在北京工农兵（同仁）医院就诊，诊断为左眼原发性视网膜脱离（有破口）。继而住院治疗。

9月27日　转赴上海就医。并于10月20日—11月23日在上海第一人民医院手术，至12月16日返抵长春。

1972年（壬子）　70岁

1月5日　出席应化所会议，讨论"四五"规划。

4月19日　应化所召开计划调研会，讨论有关染料激光的目的性。吴学周谈了染料激光的依据和存在的问题。

同月　应化所军事管制撤销。

6月26日　吉林省革委会计划组通知，任命吴学周为应化所革委会副主任兼第九研究室主任。

7月　中科院批准创办《分析化学》期刊，主编为吴学周，副主编陈琪、戴亮。应化所负责无机分析，大连化物所负责有机分析，由应化所统一归口。

8月21日　参加应化所革委会工作会议。会议讨论筹建宿舍和托儿所、战备工程计划、冬储菜、召开高分子会议等问题。

9月　著文《社会主义开拓了科学研究的广阔天地》，用回忆对比方法，赞扬中国共产党对科研工作和知识分子的关心和器重。

1973年（癸丑）　71岁

3月19日　出席应化所1973年工作计划和实验室装备会。

3月26日　参加煤化部会议。会议传达了周恩来总理关于处理"三废"（废水、废气、废渣）的指示。

6月16日　去北京中医研究所检查右眼。

10月　出席由应化所主持、在长春召开的端羟基液体聚丁二烯的合成、性质及在固体推进剂上的应用经验交流会。

11月2日—5日　以榊原周为团长的日本高分子代表团来应化所参观访问。吴学周热情接待了代表团。榊原周、古川淳分别作了学术报告；宾主双方进行了学术交流。

是年　应化所分析化学研究室与吉林大学数学系合作，研制TY—1型（仿NOVQ1200）计算机，开始了计算机在化学领域中的应用。

1974年（甲寅）　72岁

1月4日—7日　出席中科院《分析化学》常务编委会第二次扩大会议，向中科院四局、编委会汇报了1973年工作情况，1974年工作计划和《分析化学》办刊方针、目的、方向等。

2月　以山田翠为团长的日本妇女科学家代表团来应化所参观访问。

3月18日—22日　出席在北京召开的100兆核磁共振波谱仪第二次方案讨论会。这次会议是由中科院三局主办，应化所主持召开的。

7月22日　座谈讨论科研计划指导思想，制定应化所1975年计划和10年规划设想。应化所入院计划62项，重点31项。

11月4日—9日　参加在北京召开的松毛虫外激光术研究总结会。参观了植物研究所，并向他们了解激光合作问题。

11月18日　参加中科院《科学》刊物座谈会，并向中科院三局汇报设备订购问题。

11月29日　向中科院二、三、四局汇报激光研究技术问题。

12月11日　向中科院汇报北京第二光学仪器厂要求协作情况。

1975年（乙卯）　73岁

9月7日—20日　以次格雷戈为团长的法国科学院代表团来应化所参观访问。代表团成员作了太阳能利用方面的学术报告。

1976年（丙辰）　74岁

2月27日—5月15日　经中科院介绍入北京工农兵医院，先后做了四次眼科手术。

8月5日　申请辞去《分析化学》主编职务未果。

9月9日　听到广播毛主席逝世的噩耗，心情无比悲痛。

9月19日　在吉林省政协会议上发言，悼念伟大领袖毛主席。

10月5日　参加吉林省科技局化悲痛为力量誓师大会，在大会上发言。

10月21日　听取中共中央16号文件关于粉碎"四人帮"的传达。随后参加长春市50万人游行。

12月9日—11日　以岩仓义男为团长的日本高分子学者代表团来应化所参观访问。吴学周热情接待了客人。代表团有6名成员作了学术报告。

是年　应化所与中科院长春光机研究所、北京第二光学仪器厂和上海有机化学研究所共同研制成功我国第一台激光拉曼光谱仪，填补了我国这项空白。此后，应化所建立起激光同位素分离室。

1977年（丁巳）　75岁

2月　受中国科学院环境保护委员会委托，主持在福州召开的环保分析会议。

9月20日（阴历八月初八）　次媳马蔼芳在北京罹车祸逝世，享年38岁。

11月　吉林省科协恢复活动（1966年5月起因"文革"而停止活动），吴学周出任主席。12月25日　出席政协吉林省第四届委员会第一次会议，当选为该届委员会副主席。

1978年（戊午）　76岁

2月15日　出席中共吉林省委召开的各界代表修改宪法草案讨论会。

2月26日—3月6日　当选为第五届全国人大代表。出席第五届全国人民代表大会第一次会议。

3月10日　出席九三学社中央座谈会。许德珩、周培源等到会讲话，吴学周在会上发言。

3月18日—31日　与欧阳均（先进个人代表）、沈芝荃（先进集体代表）、张介乙（中共应化所党委副书记）、钱保功（特邀代表）等出席在北京召开的全国科学大会，听取了邓小平副主席的讲话和方毅副总理关于发展科学技术的规划和措施的报告。吴学周就我国分子光谱领域作了全面分析的发言。应化所有23项重大科技成果获奖。会议期间，党和国家领导人接见了代表。

3月29日　出席中科院学部会。钱三强谈加强学术领导、改进工作等问题。吴学周在会上发言。

4月25日—5月3日　出席吉林省科学大会。应化所有39项科技成果获奖。同月　日本东京大学校长派催化有机方面的教授来应化所讲学。

5月26日　以西伯格为首的美国纯粹及应用化学代表团来应化所参观访问，并作了学术报告。

6月6日　由20名科学家组成的应化所临时学术小组成立，吴学周为组长，孙书棋、钱保功为副组长。

8月10日　中科院重新任命吴学周为应化所所长，孙书棋、卫永大、钱保功、袁秀顺、吴越、倪嘉绒为副所长。

9月9日—22日　出席在上海召开的化学会议。全国科协副主席刘述周到会讲话。会议期间，参加了专业组论文评议会，参观了上海市植物园。离开上海前，与丁大宇、王济之到龙华革命公墓馆参加庄长恭的骨灰安放仪式。

10月10日　以隆德大学生态系主任珀·布赖克·普雷为团长的瑞典生物物理考察团来应化所参观访问。

10月23日　受聘为国家科委化学学科组成员。

11月24日—12月5日　出席中科院召开的15个化学所会议。会议讨论了提职工作和规划会议的准备工作。

12月8日—14日　参加物质结构会，并在大会发言。

12月14日　中国科学院吉林应用化学研究所更名为中国科学院长春应用化学研究所，由地方、中央双重领导改为直接归属中国科学院领导。

12月25日—1979年1月16日　参加在广州召开的国家科委化学学科会议。

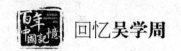

参观了植物园、广州起义烈士墓、农民运动讲习所。

是年　九三学社长春分社恢复组织活动，成立临时领导小组，吴学周任组长。

1979年（己未）　77岁

1月23日　由广州赴北京参加中科院环境化学所讨论会。

中科院通知撤销《分析化学》大连化物所编辑部，编辑工作统一由应化所主办。

3月25日　接待美国贝克曼的专程来访，并与贝克曼商谈双方合作培训技术人员和技术交流等问题。

4月3日　召开中国化学会。会议研究了1980—1981年学术活动计划、专业委员会的组成、1982年中国化学会成立50周年大庆的准备工作和三年内的国际活动计划。

4月4日　听取中科院环化所科技处主任、书记的工作汇报。

4月21日　吉林省省直机关科技系统举行平反落实政策大会，为吴学周、王大珩等71名同志公开平反，恢复名誉。

6月13日—7月1日　出席第五届全国人民代表大会第二次会议。

7月11日　中科院任命吴学周兼任中科院环境化学研究所所长。

7月15日—20日　参加吉林省劳模先进工作者代表大会。

7月27日　中科院张劲夫副院长来长春分院检查工作，听取各所汇报。吴学周汇报了如何加强学术领导问题。

7月29日—31日　以日本高分子学会副会长恒隆为团长的日本高分子学者访华团来应化所参观访问。吴学周热情接待了客人。代表团成员作了6次学术报告。

9月7日　接待格·波特教授来应化所访问。

9月25日　出席中科院学部常委会。会议征求对推荐学部委员名单的意见。

10月7日—22日　出席在北京召开的九三学社第三届全国社员代表大

会，当选为九三学社中央委员会委员、常务委员。

10月12日—14日　以美国斯坦福大学教授、诺贝尔奖金获得者弗洛里为团长的美国高分子化学与物理代表团，在北京参加中美双边高分子化学与物理讨论会后来应化所参观访问，并作了学术报告，参加了座谈。

12月28日　参加全国工业、农业、财贸、教育、卫生和科研战线先进单位和劳动模范授奖大会。应化所被评为全国先进单位，获国务院嘉奖。是年被中国化学会理事会推荐为物理化学专门委员会主任。

1980年（庚申）　78岁

1月6日—9日　出席九三学社长春分社第六届社员代表大会，当选为长春分社第六届委员会委员、主任委员。

1月8日　听取吉林省农科所关于治理黑穗病抗菌素结构的报告，对此表示赞成，并主动提出协作。

3月5日　召开应化所所长办公会议。会议决定：①采用推荐和考核相结合的办法选拔出国人员。②试行应化所成果奖。

4月4日　出席在长春召开的吉林省第五届人民代表大会第二次会议，当选为吉林省第五届人大常委会副主任。

5月26日—30日　以美籍华裔组成的美国高分子科技访华团副团长、美国菲利普石油公司研究与开发部主任薛联宝为首的一行四人，来应化所参观访问。吴学周热情接待了客人。双方进行了学术交流，共举行了9次报告会、8次座谈会。

6月10日　受中国化学会委托，在应化所主持分子光谱学习班，并在会上作学术报告。

7月6日—17日　应化所举办分子振动光谱学习班，吴学周在开学典礼和结业式上先后讲话。分子光谱研究的老前辈吴征铠专程从北京赶来参加。

7月29日　出席吉林省政协会议，就建设吉林省科学宫问题提出要适于学术活动的建议。同月　应化所"全氟聚合物的辐射交联"成果获国家二等发明奖。同月　吴学周招收了3名研究生。

10月14日—18日　出席吉林省科学技术协会第二次代表大会，再度当选为该协会主席。

10月30日（阴历九月二十二）　次子景松患脑癌在北京医院病逝，享年42岁。

同月　任中科院环境科学委员会副主任委员。

同月　应化所"全芳香聚酰亚胺的合成及成粉新工艺"和"新型远红外辐射材料及其制备"成果，均获国家三等发明奖。

11月18日　决定出版《应化所年报》。

12月21日—25日　出席在桂林召开的全国环境科学工作会议。

是年　任《分析化学》《应用化学》《应化集刊》等出版物主编。

1981年（辛酉）　79岁

1月4日　应化所学术委员会组成，委员52人，吴学周为主任委员。1月5日　召开应化所所长办公会议，审议科研规划草案。全所15个学科方向，约46个科研项目。

2月3日　召开应化所所长办公会议，审定第一批博士生论文导师名单，并上报中科院。

4月22日　应化所学位评定委员会组成，主任为吴学周，副主任为黄葆同、袁秀顺、吴越。

同月　国务院批准，应化所为有权授予高分子化学与物理、物理化学、无机化学和分析化学学科硕士、博士学位的单位。

5月11日—20日　出席中科院第四次学部委员大会。严济慈致开幕词，方毅作工作报告，周培源作科学院试行章程报告。

5月16日—26日　根据中科院和意大利国家研究委员会科学合作协议，米兰高分子化学研究所所长波里教授来应化所进行讲学访问，与从事双烯烃定向聚合的研究人员进行座谈。

同月　检查中科院环化所工作。

同月　被选为中科院第四届学部委员。

7月22日—27日　中科院副院长严东生率由化学部18名学部委员组成的评议小组，来应化所评议科研工作。吴学周作全所工作情况介绍。

9月　加拿大国家科学研究委员会、世界著名光谱专家、诺贝尔奖金获得者赫兹堡教授应吴学周邀请来应化所访问，并作了学术报告。

10月1日　出席吉林省政协各界人士座谈会。与会人员围绕叶剑英委员长关于和平统一祖国的方针政策的谈话进行了座谈。

11月27日　出席九三学社中央常委会。会议讨论了召开九三学社中央常委扩大会议等事项。

11月28日—12月13日　出席第五届全国人民代表大会第四次会议。同月应化所"丁羟羧固推剂的固化新工艺"获国家发明三等奖。

1982年（壬戌）　80岁

2月23日　出席中科院长春分院召开的"二松"（第二松花江）科研学术报告会，作关于解决"二松"污染、净化江河的报告。

3月24日　出席在上海召开的中科院学部常委扩大会。参观了青浦县、环化所等单位。

4月5日　递交辞去应化所、环化所所长职务的报告。

5月23日　中共吉林省委李砥平书记来应化所询问吴学周的身体状况，并劝他去疗养。吴学周表示谢意。

10月20日　受聘为《中国大百科全书》环境科学编辑委员会主任。

11月26日—12月10日　老出席第五届全国人民代表大会第五次会议。

12月23日　李砥平书记再次劝吴学周去外地疗养，并和他交谈九三学社和其他党派成员加入中共为党员的问题。

12月25日　出席导师、研究生茶话会，并在会上讲话。

是年　应化所"稀土催化剂定向聚合研究"和"稀土综合催化聚合的顺丁橡胶表征"成果，分别获国家自然科学二、三等奖。

1983年（癸亥）　81岁

1月1日　拟写加入中国共产党的申请书。

1月15日　与应化所黄本立谈中国化学会长春分会副主席、秘书长人选问题。

2月1日　推荐黄本立为中国化学会长春分会副主席。

2月21日　中共应化所委员会组织处负责人李武魁、王贵琪和九室党支部书记刘洗心看望吴学周。吴学局向他们谈加入中共的愿望，并递交了入党申请书。

2月26日　因故不能去北京出席中科院学部会和研究生学位会，提出两个问题委托倪嘉缵代为转达：①研究生所学知识不少，但实验时间不足，希望不要把时间搞得太死；②科研不只是为了经济效益，而且还要为将来的收益进行科学储备和智力投资。

2月28日　听取高毅飞等汇报"一松"（第一松花江）分析情况，表示赞同并提出自己的意见。

同月　与卢士谦、肖慰等谈成立九三学社吉林省委员会问题，并提出人选建议。

3月2日　中共应化所9室、19室支委会召开支部大会，讨论吴学周入党问题。会上由刘洗心、王贵琪作介绍，吴学周发言，谈对中国共产党的认识。最后表决，全体通过。接着，中共应化所党委召开委员会讨论同意，上报中共吉林省委审批。

3月5日　在任吉林省人民代表大会常务委员会副主任4年期满时，向省人大常委会递交了辞呈，提出自己年迈体弱，力不从心，要求不再提名为下届代表，恳辞吉林省人大常委会副主任职务。

3月14日　中共吉林省委书记强晓初作了批示，对吴学周提出不再作省人大候选人建议，表示赞赏，要求打印65份材料，下发各厅局。

3月8日　中科院环化所何书记、所长刘静宜、副所长庄亚辉看望吴学周，与他谈环化攻关项目。吴学周提出既要提高业务，又要扩大影响，大仪器设备要由内行管理。中科院化学部决定应化所为分析化学专业委员会牵头单位。

同月　吉林省人民政府授予应化所"先进单位"奖牌。

4月16日　去白求恩医科大学二院检查喉头，经卜教授诊断为左喉门结构粘连。

4月26日　出席吉林省第六届人民代表大会第一次会议，再度当选为吉林省第六届人大常委会副主任。

5月10日　病重入院。

5月12日　中共中科院党组转发中组部（82）干任字第801号文，任命吴学周为应化所名誉所长。

5月14日　与九三学社长春市委卢士谦、肖慰等研究吉林省、长春市九三学社的组织问题。

5月26日　中共吉林省委李砥平书记来医院看望吴学周，谈吴学周参加中国共产党的问题。

5月30日　与陈琪、季鸣时谈九三学社的社务问题。

6月1日　当选为第六届全国人大代表。带病参加第六届全国人民代表大会第一次会议。在小组会上发言，积极建议国家采取有力措施搞好智力开发。提出"改善知识分子的工作和生活条件""要重视科学对经济发展的促进作用"两项提案，受到了国家的重视。

6月24日—8月20日　入北京中日友好医院。

9月　入吉林省人民医院。9月21日　中共中央组织部和中共吉林省委批准吴学周为中国共产党正式党员。

同月　在医院过第一次中共党组织生活。

10月4日　转入白求恩医科大学一院。

10月31日（阴历九月二十六）零时20分，因病医治无效，于长春逝世，终年81岁。

谱 后

1983年

10月31日　吴学周同志治丧委员会发表"沉痛悼念吴学周同志讣告"。

吴学周同志治丧委员会主任委员于克，副主任委员刘敬之，委员有王忠禹、王大任、王吉仁、王先进、卢士谦、卢嘉锡、刘云沼、成盛三、孙书琪、任青远、朱静航、宋任远、宋洁涵、张士英、张凤歧、张根生、李砥平、严东生、余瑞璜、赵修、高狄、唐敖庆、栗又文、徐寿轩、强晓初、董速、霍明光等67人。

与此同时，《长春日报》《光明日报》《人民日报》《吉林科技报》《科学报》报道了吴学周逝世这一不幸消息。

11月2日　在白求恩医科大学一院殡仪室，长春市各界五百多人向吴学周同志遗体告别。

11月4日　长春市各界八百多人，在吉林省宾馆礼堂举行吴学周追悼大会。

全国人大常委会、中共中央统战部、中国科学院、国家科委、九三学社中央委员会，中共吉林省委、省顾问委员会、省纪律检查委员会、省人大常委会、省人民政府、省政协、省军区，中共江西省委、省人民政府、萍乡市人民政府，长春应用化学研究所等一百多个单位和许德珩、严济慈、方毅、张劲夫、周培源、卢嘉锡、严东生、茅以升、强晓初、王恩茂、王大任、于克、赵修、李砥平、张士英等一百多位同志送了花圈和挽幛。还收到100多位国内外同行和100多个单位发来的唁电、唁函。

追悼会由中共吉林省委书记刘敬之主持，省人大常委会主任于克致悼词。

强晓初、张根生、高狄、赵修、赵南起、霍明光、刘云沼、王先进、王忠禹、于林、宋洁涵、李树仁、任青远、吴铎、崔采、王吉仁、余瑞璜、高德占、刘树林、张凤歧、张德馨、关梦觉、贺云卿、耿岳仑、罗越嘉、辛程、金明汉、蔡启运、刘存仁、金健民、杜瑞甫、张开荆、肖纯、王力、马鸿新以及王章和专程从北京前来吊唁的中科院有关方面负责人吴学珍、李海、庄亚辉等同志参加了追悼会，并向吴学周同志的家属表示亲切慰问。

吴学周同志遗体火化后，骨灰分别安放在长春革命公墓和萍乡市荷尧乡南山下长塘圳上。

11月5日　《吉林日报》报道了吴学周子女将其父万元遗产献给国家的消息。

11月18日　中科院应化所所长办公会议决定，将吴学周子女捐献的吴学周一万元遗款作为应化所科学技术发展奖励金，定名为"吴学周科学技术奖"，每年奖励应化所对科技事业有贡献的人员。

11月27日　《吉林日报》刊登了《不重遗产重遗志》的短评。

11月30日　《人民日报》报道了吴学周子女将其父万元遗产献给国家的消息。

11月　《应化简报》第14期专刊，著文纪念吴学周。

12月10日　《光明日报》报道了应化所将吴学周的万元遗产作为新设立的吴学周科学技术奖励基金的消息。

同月　赫兹堡教授从加拿大发来唁电，称吴学周"在应用化学方面的后期工作，包括长春（应化）所的建立，将成为他事业的丰碑"。

1984年

4月9日　张满隆在《吉林日报》发表报告文学《科学家的遗产》。

《化学通报》第1期著文：《著名物理化学家吴学周教授逝世》。

12月　《萍乡人物录》刊载了彭江流综合整理的《吴学周》。

1985年

《化学通报》第1期，刊登了刘永懋撰写的"著名物理化学家吴学周教授"纪念文章。

1986年

6月10日　吉林省出刊《吉林党史人物》一册，内有吴学周的有关照片和生平事迹介绍。

7月1日　为纪念中国共产党建党六十五周年，中共吉林省委党史委员会、省委组织部、宣传部等12个单位主办的《纪念吉林党史人物展览》正式开馆展出，共展出57名同志的事迹，吴学周是展出的党史人物之一。

8月　《物理化学学报》第2卷第4期发表了题为"吴学周教授"的纪念文章。

1988年

10月　《吉林科技精英》第1卷刊载了孙成芳为之撰写的传略《吴学周》。

说明：本文主要根据吴学周同志遗留的133本日记、《吴氏族谱》《应化所所志》、中共中央组织部提供的吴学周同志档案资料、中国第二历史档案馆有关旧国立中央研究院档案资料、南京东南大学有关档案资料、萍乡市图书馆有关吴学周著作藏书，关凤林、吴雅南、刘惠同志提供的材料以及对吴学周同志亲友的访问记录编写而成。

中国之物理化学研究

吴学周

　　本会成立，十载于兹。会友中，除直接努力于会务发展外，类皆从事于教育及研究等工作。直接或间接与本会会务之进展，及吾国化学之发达有密切之关系。值兹十周已届之今日，本会特出纪念刊，将过去工作，分题作详尽之检讨，以为同人努力之参考，意至善也。

　　物理化学，为化学科学中基本科门之一。因其所研讨之原理及定律，通用于化学中之各科门。故其基本及重要性，尤为超越。惟以其理较深邃，术亦精微。应用之处，多藏而不显。

　　且以吾国昔日这提倡科学者，类多炫耀于科学之应用，憧憬于西洋工业之繁荣。对纯粹之基本科学，极少注意。是以国人之研习是科者甚少。国内研究工作之进行，至近年始呈发端之象。记者承命作十年来吾国物理化学进步之检讨。只以学识浅陋，仅能于物理化学研究工作之数量方面，略事统计，藉窥一斑。至若此类研究工作之内容，则以其各有专长，未敢妄作概论。惟择国内工作较多之科门，分请会友中之专长者，作专题之检讨焉。

　　记者将国人所发表关于物理化学之研究论文，逐年予以统计，汇得第一表之结果。其中所用标准，有数点须与声明者：

　　（一）本表所载，全系国人之研究创作，而评述之文字不与焉。

　　（二）因国人之研究著作，散载国内外各种理化杂志。值此非常时期，搜罗不易。本表所取材料，仅包括美国化学摘要1921—1940所记载，及中国化学会志与中国物理学报所发表之论文。

第一表：国人所发表关于物理化学之研究论文

年度	工作地点		共数
	国内	国外	
1921—1930	2	46	48
1931	1	21	
1932	2	16	
1933	5	19	
1934	14	16	
1935	15	20	
1936	21	15	
1937	18	18	
1938	3	19	
1939	7	26	
1940	6	5	
1931—1940	92	175	267

（三）窃以物理化学之范围颇广。其与物理学之划界亦甚不明显。盖以化学与物理之密切关系，自古以然，于今为甚。自量子论及量子力学，应用于原子构造，分子构造，及化学反应速度等之解释以后，物理与化学之关系，益形密切。吾人于统计国人物理化学工作之际，不得不光规定其范围，以作题材择取之标准。此范围为何？吾人引用美国化学家诺意斯之言曰：

"化学原理（因诺氏认物理化学为研讨化学之概括原理者，故采用是名。而以为物理化学一名词，易引起与化学其他科门并立之误解）之任务，在研讨化学中各科门通用之原理，而以化学现象——如物质性质与分子构造之关系，化学反应速度及平衡，与其附生之效应等——为其主要之对象。"惟因化学摘要所载之文献，为便于各方之参考计，范围较吾人所采取者为广。因此吾人于其所载之文献中，再事择取。第一表所载，包括热力学与热化学、物理常数、溶液理论，相则，反应平衡、电化学、胶体化学、反应速度、X一射线之用以测量于分子构造者，电矩测量及其他测定分子构造之方法，分子光谱、光化学、放射性、同位素，及关于上述各现象之理论计算等细目。他如原子光谱及原子构造，亦或有可列入物理化学范围者。惟因近今原子光谱之工作，多在谱线之精细结构。普通于化学性质方面，关系不多，而且本会会友之参加此项工作者甚少，故与从略。至若原子核之工作，则其与诱导放射反应等相关，与化学较近者，则列入放射化学之项。

（四）因时间匆促，而且图书参考不便，上表所载数字，未敢信为精确。遗漏之处，在所难免。尚望读者谅之。惟即此未必精确之数字，已足使吾人得悉吾国物理化学工作之一斑。吾人从此可得以下之结论。

1. 吾人若将1921—1930年十年间所发表之研究论文，与1931—1940年者相比较，则可知最近十年内之工作，约为前此十年者之五倍强。其中尤使吾人深感慰快者，则为国内研究工作之长足进展是也。

2. 若就1931—1940年中逐年而论，则知在此十年中，国人在国外之工作，数量上无甚增减，而国内工作，则逐年增进，至抗战之前一年而达其最高峰。抗战后，因辗转搬迁，及经营设备关系，工作几至停顿，数量顿形下坠。但最近二年来，复有上长趋势（1940年发表之工作中，必尚有一部在该年之化学摘要中，未及记载者）。由此可知，同人等在艰难困苦中，犹能力图保持原有之研究精神。吾人固知抗战胜利以后，国内之研究工作，必有无穷之希望也。

3. 因物理化学之范围既广，其中细目之分类，因观点略有差异，学者意见，颇多出入，然均难免有牵强重复或疏漏之弊。故吾人于第一表中，未将细目列入。惟据记者原稿，则知以科目论，最近十年内工作之最多者，当推分子光谱。此乃因除本会会友外，国内物理学者有多量之贡献也（请参阅本刊中国之分子光谱研究一文）。他若电化学、热力化学、反应速度、及光化学等，亦均为物理化学中重要之部，而国内工作似不多。此中原因，盖因热力化学及电化学，为发展已至平稳境地之学门。理论上之改进，固已极度困难。即欲在实验上作进一步之精密改进，亦非有完备精良之设备不可。至若反应速度及光化学等，则以国人之专习此科者既少，而此少数之人士，又均以设备困难或他种关系，缺少工作之机会。

统观以上所述，吾人可知自民国20年以后，吾国科学已自教学及译述，进而为研究之开端矣。此种现象，固不仅物理化学为然也。此种初呈萌芽现象之进步，其成就，固甚有限，未足使吾人感觉满意，更未足与欧美各先进国者相比拟。然若细察国内工作之困难情形，则此少许之成就，就大体之趋向言，颇有使吾人深感慰快之处。吾人应如何宝贵此新生之进步，细考其促成之原因，与过去之得失，以为将来作更大进步努力之参考焉。

窃以吾国最近十年来，科学研究之所以新生蓬勃之象者，其促成原因固多，而其主要者则不外下列诸点：

（一）前此二十年科学工作人员之养成——前清末年，国人鉴于外交之失败，起而从事工业之提倡。惟其所提倡者，仅为工业，而不及于科学。甚至于工业方面，犹多假手于外人。中学为体，西学为用之说，犹未脱"我华夏文化之邦"传统思想之病故，舍本逐末，宜乎经数十年提倡之结果，非但科学未跻发达，即工业之基础，亦未得奠立。然而自是以后，国人遂得由工业之重要，而窥科学之底蕴。民初以来，学者日多。科学之认识渐稳，科学教育，亦日见发达。最近十年来，科学界之工作人员，亦莫非前此二十年中科学教育者栽培之功绩。吾人于此，不得不向科学界之前辈，表示敬意，而犹望今日之主持科学教育者之加倍努力也。

（二）政府及社会人士提倡之功效——自北伐成功，国府奠都南京，即致力于科学之提倡。自此学校设备，渐见扩充。研究院所，相继成立。至其成绩若何，各方评论不一。然而足以表示政府提倡科学研究之至意。风声所树，各方景从。研究空气，顿成蓬勃之象。他若各庚款机关，及公私团体，对于科学研究之协助，干最近十年内科学工业之进步，均具有甚大之功效也。

（三）科学界同人努力之结果——自第一表，可知最近十年来，国人关于物理化学所发表之研究论文，共267篇。其中在国内工作者，92篇，约占总数三分之一强。其间若无最近数年之耽搁，或甚至停顿，则国内进行之工作，当较国外进行者为多，可断言也。吾人若试思国内工作进行之困难，如经费欠缺，设备简陋，工作人员过少等，则此少许之成就，犹足使吾人感觉吾国科学前途之必现光明也。

（四）通都工业发达之便益——科学研究之进行，非有相当完善之设备不可。有若干特殊之仪器药品，固可向国外购置。此不独吾国必然，即欧美各科学先进国家，亦在所难免。惟有若干基本设备，如水、电、煤气、压缩氧气、液体空气等；更有若干自行设计之仪器，如须金工制造或玻璃吹制者。此种设备，或为各研究机关不能自行购置者，或须自行制造而有赖材料之供给者，如此则研究机关所在城市之工业情形，颇占重要。近年来，国内工作之进行，多集中通都大邑者，此或其原因之一也。

从上所述，吾人可知吾国最近十年来物理化学研究工作进展之概况，及其所属环境之影响。吾人鉴往追来，欲求将来更大之成就，则有数点，不得不仰赖政府当局，社会人士，及本会同人之特与注意者。

（一）自科学初入中国以来，国人中对之关怀而具有以下二种反感者，尚不乏人。其一为蔑视西洋人之心理，其他则为崇拜西洋人之心理。前者视科学为西洋夷狄民族之小技，未足与吾华夏文化相比拟。后者尊科学为西洋人类独具之天才，逐非吾人所可与之颉颃。此二种相反之心理，其症结所在，实出一源：即以科学非为可以训练而得之学问，而为先天赋有之本能是也。其流弊所及，均足以养成国人自暴自弃之心理，阻碍科学之发达。窃以一国学术思想之出现及其发达，互与其时代环境有密切之关系。我中华民族独秀东亚，毗邻民族，文化特低。故吾国文化之传统，乞未多受外族之影响，致呈单纯之象。与传统文化相背之思想，较少有出现之机会。抑或出现，亦每为传统文化所抑制，而不能发达。是以吾国科学思想之缺乏，亦为其时代环境使然。即以西洋而论，远在希腊时代，阿期密得、阿里士达求及伊拿托争斯之工作，虽已证明近代科学者之方法及精神，早已出现于西洋。然终以罗马帝国不事科学之提倡，而只图工业之应用，科学复见消沉。及至罗马衰落以后，科学终至绝迹，而为中国时代之神秘思想所淹没者达千余年。西洋近代科学之复兴，至今亦仅三百年，不过西洋历史中之短期间耳。由此可知，科学并非为某一民族之独具本能，而其出现及发达，亦必有其出现之机会，及发达之环境。西洋之有科学，亦在其十四世纪文艺复兴之机会，及其各民族难处之环境耳。考科学之初入吾国，远在明末清初，迄今亦三百余年，与西洋科学之发达期间，相距甚近。惟当时以环境不合，未得尽量吸收。以致在此短促期内，遂使吾国科学瞠乎人后，吾国国势，日就衰颓。科学之影响于国势者如此，环境之影响于科学者又如此。吾人顾往瞻来，当知所以自警矣。自北伐成功，国府奠都南京以来，环境渐见优良。研究空气，逐顿呈蓬勃之象。吾人于此，亦可见政府提倡之效。十余年来新生进步之事实，更足以证明吾民族科学前途之大有厚望焉。此吾人不得不提起政府及社会人士之特与注意者也。

（二）近年来，政府及社会人士对工业及科学之注意，愈趋显著。此固为一可贵之现象。惟以各人观点不同，至有科学与工业缓急轻重之计较。仁者见仁，智者见智，各有其本身之立场。值此吾国科学与工业方将萌芽之际，百端待举，吾人对此二者之促进，均应予以同情，固无畸轻畸重之别。而且科学与工业，相依相辅。二者之并行发达，更有相得益彰之妙。惟科学为工业智识之泉源，工业为科学应用之表现。以目前之需要言，原无轻重之分。但为将来大业计，则有本末之别。纯粹科学者之研究，虽不求以应用为其最近或最终之目的，但其中实已蕴藏其远大应用之基础。是以目光远大之工业家，未有不视科学为其工业之命源，而竭力予以提倡者。此无他，提倡科学，即所以培植未来工业之根基也。惟纯粹科学之研究，理较精深。其应用之处，未若工业之清而易见，故每为一般人所忽视。而工业之兴，或为利所在，市侩之流，虽未足言真正之工业，而犹知趋之若鹜。是以科学之提倡，尤较工业为难。此吾人不得不希望政府及社会人士多为尽力者也。抑吾人之所以提倡科学者，并非仅为其将来之应用而已也。科学家对于事理之分析，身心之涵养，牺牲自我，追求真理之精神，实在可为吾人之示范。故为吾国将来之心理建设计，科学之提倡，亦属必要。

物理化学为纯粹科学之一，而其应用之处亦甚广。其中之较显著者，如热力学、化学平衡、反应速度、接触理论等，均为研究化学工程者所未可或缺之智识。抗战胜利以后，吾国欲求自建独立之化学工业，则物理化学应用于工业问题之研究，必不可少。关于此，吾人犹不能已于言者，即吾国物理化学人材之特别缺少是也。此中原因固多，但一般人士对物理化学之漠视，亦为其一。历届公费留学考试中，关于工程名额，固已不少，而物理化学一项，则每付缺如。以目前情形观之，全国物理化学之人材，尚不足以应付各大学教授位置之需要。遑言纯粹学理之研究，与将来工业应用之研究也。此点尚望海内贤达，注意及之。

（三）吾人前已言及最近十年中吾国科学之进步，端赖前此二十年中科学工作人员之养成。则将来科学之进步，必有赖于今日之科学教育也，明矣。于前节中，吾人亦已提及吾国物理化学人材之特别缺少。此中主要原因，窃以为不外：①物理化学为纯粹精深之科门，应用之处，多藏而不显，以致不为一般人士所注意。②物理化学研究所需要之设备，较为精细特殊，所需费用，亦较大，以致学者在国内可有研究之机会较少。③物理化学因已脱离其叙述科学之境地，进而至于精确科学之列，故其所用数学及物理之处较多。而普通大学化学系学生，只知依照化学系课程，依次学习，未遑选习系外之数学及物理课程，以致日后无法专习物理化学，上述第①②两点，吾人望能于抗战后，藉政府及社会人十提倡之力，多与改进。但第③点，则尤望今日之主持科学教育者，有以设法改进也。

（四）目前国内研究者所遭遇之困难，前已言之矣。经费之欠缺，设备之简陋，以及工作人员之过少，均有改善之必要。总计国内在物理化学方面研究之人员，不及欧美各科学先进国家一大学化学系研究人员之多。由此而欲其有重要或多量之贡献，可与欧美各国相比拟者，盖亦难矣。惟此种环境之改善，端赖政府及社会人士之提倡。吾人亦已述及矣。至于不顾环境之困难，以现有之设备，而犹辛苦经营，以求于科学研究上尽其个人应尽之责任，则又为我同人之责无旁贷者也。窃以科学工作之估值。首重忠实。凡能引起研究者好奇心之题材。而得经过忠实忍耐之努力所产生之结果，不论其题材之大小，及其影响之广狭，在科学贡献上，均有其相当之地位。吾人对此种辛苦经营之研究者，应如何体谅其苦衷，寄与同情。惟方今科学，发展已至精深。科学之研究，并非仅恃研究者之凭空幻想，即可济事。必也于科学智识，已具相当之根基。对过去之学理，已有充分之了解。夫然后，进而研究，以求于原有之智识及学理上，有所增损或改进。如是以忠实努力求得之结果，方有其真实之价值。若乃对已有之智识，认识不深；对过去之学理，了解不明。而专凭个人幻想，轻作奇言异说，以为大发明，大理论者，其影响科学研究之前途者甚大，是固为科学者之所不取也。孔子曰："学而不思则罔，思而不学则殆。"又曰："温故而知新，可以为师矣。"吾以是知古今大学者之治学精神，固无中外之别也。

（原载于中华民国23年（1934）《化学》第8卷）

中央研究院化学研究所

吴学周

本所，为国立中央研究院十研究所之一。自民国17（1928）年成立伊始，迄今十四载。其间因时势之变易，设备之增损，工作方针，亦不无略有改变。然要皆以学理与应用，二者兼顾为原则。值兹中国化学会成立十周年之今日，记者承约，作本所工作概况之报告。自愧学识谫陋，成绩毫无。惟忝职数载，于诸前辈之宏谋远计，诸同人之努力工作，耳闻目击，足资记述。用敢略述如次，藉供诸会友之参考。尚望本会贤达，多赐教益，则本所同人幸甚，吾国化学研究之前途幸甚。

本所之研究工作，因设备及环境之变易关系，在此十四年中，性质及范围，略有改变。大体言之，可分为三个时期：（甲）民国17年（1928）至民国22年（1933），（乙）民国22年（1933）年至民国26年（1937），（丙）民国26年（1937）至现在。兹谨将此三时期中之工作概况，报告于次。

（甲）民国17年（1928）至民国22年（1933）

本所于民国17年（1928）成立后，以原无开办经费，不能多事建筑。故与物理工程二研究所，合设于上海之一小洋房内。实验室既小，而且不甚适于研究工作之用。但当时各项设备，亦已略具规模，自来水、煤气、电力等基本设备，固得装置完备。即特别研究所需，亦差足暂时维持。惟为求将来发展计，则不得不预筹办法。故一方与物理及工程二所，筹建规模较大之实验馆。他方于常年经费，力事撙节，稗将来新馆建成，可作添置设备之用。

本所当时之研究工作，依性质可大别为：无机及理论化学、分析化学、有机及生物化学与应用化学四组。无机及理论化学组之研究问题：有复盐之研究，氢氘与硷金属平衡之研究，及各种精密仪器之测验。分析化学组：除应社会需要，扶植工业，特与接受外界委托化验事项外，更于国产原料，如陶土及各种合金等，作有系统之分析，以作将来改良之张本。

有机及生物化学组：因研究人员较多，研究范围亦较广。依性质，可分为纯粹有机综合法之研究，国产药材之研究，植物纤维组成之研究，及食物营养之研究等数类。国产药材，系吾国医学者积千百年经验所得之选品，其中不乏医效持著者。惟因相沿习用，缺乏科学整理与分析，致成今日紊乱之象。本所研究范围，在一方以植物分类方法，检定生药标本。一方以化学方法，提取其中之有效成分。关于植物纤维素之研究，以植物纤维，组成复杂，至令未得彻底之解决。本所研究结果，表明植物细胞膜所含各种成分之比量，系随植物之种类而互异。此在植物细胞膜所含成分之究为混合物，抑系化学物一问题，颇有相当贡献。应用化学组：应用化学之范围极广，本所以人力财力有限，仅能择其重要者，予以研究。其中有相当成绩表现者，有化学玻璃之制造，柏子油干燥性之研究，及国产纸料之研究。关于玻璃之制造，复以成分已经确定，学理及技术之研究，亦有相当成功。将来工作，当有赖于工程上之扩充。故于民国23年（1934），改归本院工程研究所接办。

以上为本所在草创时期之工作概况。研究论文十余篇，见本所印行之集刊（1—12）。

（乙）民国22年（1933）至民国26年（1937）

民国22年（1933），本所与物理工程二所之实验馆落成。该馆建筑及设备费，大部由中华教育文化基金董事会所捐赠。每所各占全屋三分之一。于是本所有研究室二十余间，除研究所需之基本设备，如水、电、煤气、冰箱等，均一应完备外，其他如木工金工之修理，以及玻璃仪器之吹制，亦略有设备，可供自用。而氧、氢，及二氧化碳各种气筒，与乎液体空气及其他项器材，在上海亦易于购置。有此基本设备，研究之需要，遂已大部解决。而所需之特别设备，亦幸有前数年撙节所得之数万元，可资添置。嗣后历年增购，设备渐臻完善。研究人员，亦逐次增加。是以本所在此时期之工作成绩，较为显著。

在此时期，本所研究工作，仍可大别为：无机及理论化学，有机及生物化学，工业及工业分析化学三组。兹分组略述之如下：

（一）无机及理论化学组之研究工作——该组以人员较少，研究问题，多集中于多元分子之吸收光谱。盖以分子光谱之研究，为探讨分子构造之重要途径。其结果，可应用于分子常数，及热力学常数之推算。其与光化学、热化学、量子力学、化学反应动力学之关系，至为密切。本所研究所得之结果有：

1. 双氰（Cyanogen）在紫外光境之吸收光谱；

2. 丁二炔（Diacetylene）在紫外光境之吸收光谱；

3. 乙炔（Acetylene）在紫外光境之吸收光谱；

4. 氰酸及异性氰酸酯之吸收光谱及分解能；

5. 硫氰酸酯及异性硫氰酸酯之吸收光谱及分解能；

6. CuH 的吸收光谱。

并自此种光谱之结果，对各分子之构造，作理论之研讨，常数之计算。

论文约十篇，散见中国化学会志、美国化学物理学报及德国理论化学学报。

（二）有机及生物化学组之研究工作：——该组以人员较多，研究范围亦较广。其所研究问题有：

1. 胆酸，男女性刺激素及其有关化学物之人工综合；胆酸之研究，为近年来有机化学上之重要工作。最近化学家，又证明男女性刺激素、维他命D、蟾蜍毒素，皆与胆酸有密切之关系，而且俱由同一母体诱导而来。关于此类化学物之人工综合，在当时有尚未成功者，亦有其方法尚非完善者。本所数年研究之结果，编成论文约十篇，均载德国化学会志。

2. 植物纤维及木材组成之研究：是项研究之目的及内容，前已言之矣。现仍继续工作。从裸子植物方面研究，以视各种成分之比量，是否与植物之种类、年龄及产地等有关系。并于研究中，获得一优良之纤维定量法。论文数篇，见德国纤维化学学报。

3. 国产药材之研究：国药研究之重要，前既言之矣。本所研究之结果，有益母草、贝母、防己、柴胡、前胡等药材中有效成分之提取。论文散见中国化学会志及美国化学会志。

4. 人造药物之研究：人造药物，近今在医药上颇占重要之地位，而尤以含有金属之有机衍生物为最。例如606及治黑热病之五价锑剂是也。此种药物之制造多甚繁难。方法亦多未公开。而且有机药物之生理作用，与分子构造大有关系。本所试制成功者。有砷之有机衍生物一类之药物。

5. 吾国食品之营养问题：吾国食品，多属植物性。而尤以劳动阶级为然。普通言之，植物性食品所含之矿质，及维他命，虽较动物性食品为多，但蛋白质之含量则较少。故植物性食品之营养价值，普通不及动物食品者。本所研究，专注重于植物性蛋白质之分析。计所分析之食品，在数百种以上云。

6. 嘧啶（PYrimidine）之研究：论文数篇载美国化学会志。

（三）工业化学及工业分析组之研究工作，该组当时研究人员亦较多，其研究问题有：

1. 平阳矾矿工业利用之研究：浙江平阳之矾矿，据本院地质研究所之调查，有二万万吨以上之储量。诚为吾国之一大富源。按矾矿，为硫酸铝及硫酸钾之复盐岩石。本所研究之目的，在利用矾矿制铝及硫酸钾或硫酸铵。论文约十篇，载中国化学工程杂志。

2. 人造冰晶石之研究：冰晶石，为用电解法制铝时之熔剂。

世界产地甚少。本所当时作利用矾矿制铝之研究，于将来需用冰晶石之来源，不得不预为准备。

3. 黄磷制造之研究：磷为国防工业上重要之物质。海州磷矿，储量既富，成分亦佳。本所先作系统之分析，再实验提制黄磷。惟工作不久，抗战即起，此项研究，未得美满结果，殊为可惜耳。

（丙）民国26年（1937）至民国31年（1942）

抗战伊始，本所正常工作，即行停顿。惟在淞沪战争期间，本所曾代解决若干军事及防毒问题。我军退出上海后，此类工作，亦即停顿。嗣后陆续内迁，于民国27年（1938）秋，行抵昆明。一部设备运到后，即于次年春开始筹设临时实验室，以图研究工作之迅速恢复。他方更筹建永久实验馆，以立日后工作之根基。前者于民国28年（1939）6月布置就绪。房屋虽小，尚称合用，水电亦全。后者于民国29年（1940）7月全部完成。该馆建筑费大部由中英庚款董事会捐赠，计二十余间。水、电、通风橱、冰箱等，俱称完备。工作称便。惟运来仪器及药品，究属有限，补充为难，时感困难耳。

由上所述，可知本所研究工作，在民国26年（1937）8月至民国28年（1939）6月之期内，除尚有一小部分人员，仍可在沪借地工作外，余均因搬迁及筹备关系，几至完全停顿。然自是以后，即渐见恢复。惟在此三年中，又以经费之欠缺，设备补充之困难，人员之变易，时局之影响，研究工作，亦每未能全依预定计划，顺利进行。所幸实验馆之基本设备，既称完善，本所同人，亦能力体时艰，忍耐工作。在此期间所进行研究有：

（一）无机及理论化学方面之工作——该组工作，本多集中于多原分子吸收光谱之研究。但自抗战内迁以来，因设备困难，气体吸收光谱之工作，无法进行。故仅能在溶液或液体之吸收光谱方面致力。同时因西南矿产丰富，值此非常时期，无机药品，各方需要孔殷，本组为适应现时之需要计，更从事于云南矿盐之研究。

1. 吸收光谱之研究：凡有机化学物之含有一羰基（—C=O）者，如醛、酮、酸等类化学物，在近紫外光境，均有其特殊之吸收谱带。但若有机化学物含有二个羰基，而此二个羰基互相共轭（Conjugate），如（HCO）$_2$，（CH$_2$CO）$_2$，（COOH）$_2$等，则此类化学物之吸收光谱，除呈现含有一个羰基化学物之原有谱带外，更在波长较大之境内呈现另一谱带。关于此谱带电子过渡之理论，近年来，欧美学者如HucKel, Mullikan等，多所贡献。惟昔日关于此类化学物光谱之工作，多限于二醛、二酮或二酸一类之化学物。而于醛性羰基、酮性羰基及酸性羰基，彼此共轭时之影响，殊少注意。本所研究，以乙醛酸（OHC—COOH）、丙酮醛（CH$_2$COCHO）及丙酮酸（CH$_2$COCOOH）为题材。并以草酸之光谱作比较。目下草酸及乙醛酸之实验已告结束。结果在整理中。丙酮醛之实验亦已得初步结果，与吾人所预料者颇相契合云。

2. 锌盐与哇琳（Quioline）复合物之研究：论文一篇，已发表于德国无机化学学报。

3. 轻、重水混合物中氯化钠之溶度：论文一篇，载德国理论化学学报。

4. 川滇矿盐之研究：本所现已结束之工作，仅限于滇省元永井之矿盐、盐卤及云南财政厅一平浪制盐场之成盐。先将矿盐、卤盐及成盐作详尽之分析。然后应用相则原理，或化学作用，使盐类杂质析出。对食盐及工业用盐提净方法，有所研讨。

5. 无机盐品之制造：此项工作，为适应各方需要之服务工作。其中计有：（a）杀菌剂用卤性炭酸铜粉之制造，系接受中央农业实验所之委托者。所得成品，不经研磨，即有85％通过200孔筛。其化学成分为铜53.8％，二氧化炭17.6％。各项条件，甚合杀菌之用。（b）生理食盐之制造，系因昆市霍乱流行，接受各医院之委托者。所得成品，含氯化钠99.98％。PH在7—7.6之间。且不含碘、澳、砷、硫酸根、钡、镁、钙及重金属等杂质。各项条件，其合药典之规定。其他普通药品之制造，不赘。

（二）有机化学方面之工作——该组工作，依性质可大别下列三种：

1. 男女刺激素之化合：此类工作，系继续抗战以前之研究者。有论文二篇，载德国化学会志。

2. 人工合成药物化学方面之研究：此类工作，本所目前所进行者有：①对胺苯磺醯胺（Sulfanilamide）一类化合物之化学：近十年来所发现若干胺苯磺醯胺一类化合物，具有在身体内部杀菌之特效。近年各国对于此类化合物交换体之合成，异常努力。惟查若干偶氮苯磺醯胺（Azo—benzene sulfalnide）化学物，至今尚未制得，兹因按其化学之构造，可认为双分子对胺苯磺醯胺化合物之结合体，其本身或在身体内分解后，似应亦具杀菌特效。爱从事于此类化合物合成之研究。现已成功者，计有九种。论文一篇，已送中国化学会志待发表。又N1—醯对胺苯磺醯胺，已发表之制法，相当困难，产量太少。本所研究，以NIN4二乙醯对胺苯磺醯胺之部局皂化制造，结果颇佳。论文一篇，已寄中国化学会志待发表。同时于研究此类化合物之化学时，求得一对胺苯磺醯胺一类药物鉴定之新法，简便而灵验。论文一篇，载中国化学会志。②动春性（oeatrogenic）化合物之化合：近年来英国学者曾发现若干人造有机综合物，具有极强之女性刺激素效力，可以代替天然品。关于此类动春性化合物之化合，本所正在进行中。

3. 天然药物之提炼及其构造之研究：关于此类工作，本所之已进行者，亦有：①国产药材之研究：本所曾将云南河口所植金鸡纳树皮，予以分析，成报告一篇。现已于云南白药之原料雪上一枝篙中，提得一种结晶之生物卤。待提得大量结晶后，即可进行其构造之研究。此外关于汉防已中生物卤之工作，亦有论文一篇，载德国化学会志。②蛔篙素（Santonin）分子转变之研究：蛔篙素为杀蛔虫之特效药。本所研究，发现以酸及卤，可使其分子转变得若干新互变异构体。此项工作，已成论文一篇，寄美国化学会志，待发表。

（三）应用铝方面之工作：关于应用化学方面之工作，可有下列数类：

1. 云南磷肥矿利用之研究：本所曾与经济部地质调查所合作，调查得昆阳所产之磷矿，储量达6835250吨。内含磷酸钙达42.81%至82.95%。本所于矿样曾作详细之分析。论文一篇。载中国化学工程杂志。并于其利用方法，与以研究。结果将见本院三十年度总报告。

2. 蓖麻油之润滑性，在植物油中向称优越。自润滑油几为矿物油所独霸以来，蓖麻油所制之润滑油仍有其特殊用途。抗战以来润滑油输入困难。本所曾利用滇产之蓖麻油，用以试制润滑油。并于其制造时，所受性能之改变，予以测量。结果得论文四篇，一篇载于中国化学工程杂志，一篇载在中国化学会志，余二篇已寄中国化学会志待发表。

3. 从滇产铝页岩提炼氧化铝之研究：本所曾将昆明大板桥所产之铝页岩，用亚硫酸法予以提炼。结果将见本院三十一年度总报告。

此外尚有若干问题，如矽铁之制造，云南可保村褐煤之低温蒸馏试验、土壤分析、氧化铜整流器之试制等。或因受他机关委托，或因为本所需要，仅作短期间之实验。其结果未足书成论文者，仅于本院各年度之总报告中，略事报告云。

（原载于民国34年（1945）12月《化学》第9卷）

十年来中国化学的成就

吴学周

谁都知道，在半殖民地、半封建的旧中国，几乎没有重大的基本工业，科学只是反动统治者的点缀品，虽然有一些科学工作者辛辛苦苦地进行着研究，有一些创造性的工作，也因为缺乏应有的支持，得不到持续的发展和充实。

在伟大的中国共产党的领导下，我国人民推翻了帝国主义、封建主义和官僚资本主义三座大山，建立了新中国。十年来，我国科学事业同各项建设事业一样，得到了从所未有的迅速发展，科学研究机构扩充了，增加了；科学队伍长成了，壮大了；研究工作获得了重大的成就。科学事业欣欣向荣，前途无限光明。化学，也不例外。

例如在新中国成立初期，反动政府遗留下来的化学研究单位只有前中央研究院化学研究所、北平研究院化学研究所和药物研究所。三个所的研究人员总共不过四十余人。而现在中国科学院化学方面的研究单位就有化学研究所、应用化学研究所、有机化学研究所、药物研究所、武汉化学研究所、西安化学研究所、兰州化学研究室、广州应用化学研究所等；其他如石油研究所、冶金陶瓷研究所、化工冶金研究所和生物化学研究所等，也都进行着许多有关的化学方面的研究工作。此外，中国科学院各地分院大部都设立了化学研究单位，结合当地工农业相关的化学问题开展研究工作。

从产业部门来讲，解放时工业部门只接收了两个化工研究机构。而现在则每个工农业的部、局和各省的工农业厅都有着他们自己的研究机构。工矿有自己的中心试验室。其中如化工部的几个化工研究院、钢铁、有色金属、石油、地质、医药卫生和轻工业部门的研究院，都有大批干部进行着有关的化学研究工作。

新中国成立前的综合大学化学系，学生最多不过数十人，而现在除许多的工业大学和专科的学院而外，每个综合性大学化学系的学生都近千人，在教学的质量上有很大的改进，科学研究也很活跃。

在科学必须理论联系实际、为国民经济建设服务的方针指导下，在工业恢复和第一个五年计划期间，化学家积极开展了以建设为目的的研究，取得了重大的成绩。同时，通过这些为解决国家建设的科学实践，训练了大批干部，奠定了研究基础。

通过1956年制订的十二年科学技术发展规划，科学工作者进一步明确了建设任务与学科基本研究间的关系，对长远性的基本研究也给予了适当的重视；通过规划把科学院、高等学校和产业部门的科学研究也初步纳入了统一的计划。1958年在总路线的光辉照耀下实现了大跃进，在研究工作中也取得了不少成绩。科学家与全国人民一起为社会主义建设服务的热情，大大增长。各个研究单位的协作更趋密切。毫无疑问，我国科学研究事业一定会继续得到飞跃的发展。

我国十年来在科学上的成就不是在点的突出，而是在面的发展，因此，本文所介绍的，不是化学研究的某一单位或某一方面的成就，而是对我国化学成就的各个方面予以概括和举例说明，以求能在它的发展规模和发展速度上获得较确切的了解。

无机化学和分析化学是旧中国化学工作中比较更为薄弱的一环。由于我国社会主义建设的需要，矿产资源的综合利用已提到极为重要的地位。首先是在复杂矿产和钢铁、有色金属的分析方法方面，各产业部门如地质、冶金、机械等的研究单位以及中国科学院和高等学校都进行了大量的研究。1956年以后，稀有元素和稀土元素的分析、分离更成了若干单位的研究重点。西北盐湖已成为化学、地质与轻工业等部门综合考察研究的对象。半导体材料如纯锗、纯硅的制备亦已进行。稳定同位素的分离和示踪原子的应用均已被重视。这些工作，无论在实际上或理论上都获得了一定的成就。如在稀有元素的大量工作中，我们已建立和运用了除化学分析法以外的各种物理化学分析方法，如光谱分析、极谱分析、比色和分光光度分析、萤光分析以及电位及电流滴定等。对重要的矿产资源如钨矿、钼及其他的稀有元素和稀土元素矿进行了全分析；并建立及运用了分部结晶和离子交换法。对某些重要的矿产进行了稀有元素和稀土元素分离、提取的工作，取得了满意的结果。例如我们已分离出光谱纯的十四个稀土元素和钇的氧化物。这些新的方法大部分都是旧中国化学中的空白，而现在不但在研究单位和生产单位已获得了广泛应用，而且也在许多方面有了许多的改进。如示波极谱已被用来测定纯硅中达10^{-7}克民痕量的铁、钛、铝。在混合稀土元素的光谱分析中做了比较系统的工作，找到了试料用量少、设备简单和灵敏度较高的方法。又如在电化学分析方面，提出了一种利用电子管路线的"极化滴定仪"，其灵敏度和电压均可调节，可供氧化一还原滴定的使用。对双指示电极电流滴定法（所谓"永停法"）作了较详细的理论分析，求出了运用于不同滴定阶段的关于电流的公式，并在实验中得到证实。

在光谱分析方法中利用基料的变化和激发条件的变化影响试料中元素蒸发和激发的次序，来避免第三元素的影响。在比色和分光光度法中利用适当的化学处理，PH的调节，溶剂抽提或用另一络合剂来隐蔽干扰元素，以使所要测量的吸收峰特别突出而且稳定。对离子交换分离稀土的方法也作了部分的改进，提高了分离效率。

此外，在基本无机化学工业如酸、碱、肥料工业中的研究很多，也都做出了重要贡献。

有机化学方面，在新中国成立前，经典有机和天然有机化学是较有基础的。但基本有机合成和元素有机化学基本上可说是缺门。

由于动力和有机工业的需要，冶金工业的高速发展，丰富的可燃矿物资源如煤、页岩油、石油、天然气等在我国的继续大量发现，这些宝贵资源的综合利用向有机化学家提出极其丰富而广阔的研究途径。化工研究院从煤的综合利用开始，合成了一系列的有机工业原料和染料。此外，在各研究单位和高等学校中也从乙炔、苯、苯酚、酒精、糠醛、石油气、天然气等进行了有机合成的研究工作。

液体燃料的化学在中国从无到有，十年来发展很快。无论在天然石油、页岩油的分析、分离、加工利用方面，或在合成石油的制造方面，都进行了大量的工作。建立和应用了各种物化方法如精密分馏、气液色谱、紫外、红外和联合散射光谱，对石油、页岩油和煤焦油作了系统的分析。并应用了催化裂化、催化转化，高、中、低压加氢等化学加工处理，制出了多种品质优良的液体燃料和化学产品。在水煤气合成方面找到了高效能的熔铁催化剂。

这些工作大大带动了物理化学分析方法、石油化学、有机合成和催化反应机构的研究。例如气体色谱和液气色谱的工作，首先就是青年人在液体燃料的分析、分离工作中开展起来的，至今已在各个研究机关获得了较普遍的应用，而且已深入到了理论处理并应用电模拟的自动化进行设计了。在石油的加工处理中熟悉了各种催化剂性能和催化反应的作用之后，在催化裂化、烷烃芳烃化等方面都做出了具有实际意义和理论意义的化学动力学工作。

天然有机化合物研究过去在中国是较有基础的，即使在这方面，现在的工作无论是在工作的目的上、规模上、广度和深度上以及组织的方式上，都与以前大大不同。在反动政府时期有些老化学家在困苦的环境中，在中国药中有效成分的研究方面孤立坚持做了不少工作，取得了一定的成绩。但反动政府把这些辛勤努力的结果置入废纸堆中。而现在由于政府重视了天然有机资源在人民医药卫生上的重大作用，在抗菌素、甾体激素植物硷、萜类化合物等方面，组织了化学家与生物学家、医药卫生部门和生产部门的联合作业，进行了较广泛的调查研究和生产。经过几年的配合研究以后，现在青霉素、氯霉素、金霉素、链霉素等抗菌素生产问题已基本解决。新品种新霉素、地霉素、白霉素，还有十余种与健康有重要关系的激素如黄体酮、甲基睾丸素、可的松等在试制中。在天然有机物中有效成分的提取、结构和合成的研究方面确实进行了大量的工作。例如在西贝母素、山道年、橘霉素的结构，以及配醣体贰类的合成中都获得了有意义的结果。并且从化学结构与生理效能的关系规律上来改变结构。以求合成更有疗效的医药，也在努力进行中。

元素有机化学的研究在解放以前的中国，只做些极零星的工作，如格林雅尔反应和砷有机化合物的制备工作，解放以后由于政府的重视，也获得了新的活力，蓬勃地成长起来。

1955年底，党中央提出了在七年至十二年内基本消灭血吸虫病以后，锑有机化合物的研究有了很快的进展。十年来化学研究和医卫研究单位组织了制备、临床和生产密切配合的工作，对血吸虫病的治疗产生了重大的效果。如用吐酒石在1950—1957年治疗了血吸虫患者76万人，完全治愈率达90%。用葡萄糖锑钠在1950—1953年治疗黑热病患者60万人，永久治愈率达97.4%。此外，在改变分子结构以求增加疗效、减小毒性的探索试验中，进行了大量的系统的工作，合成了几百种新的锑有机化合物，在其中已找到几种毒性较小、效力与吐酒石相当或更好的。

1956年到1967年全国农业发展纲要中提出要分别在七年或十二年内基本上消灭农作物的虫害和病害，这个号召给磷有机化合物的研究开辟了广阔的道路。接着各高等学校和农业的、化学的研究单位就试制了一系列的已有成效的磷有机杀虫剂。几年来从分子结构与生理活性的关系规律着眼，已合成二十余种新的磷有机化合物，其杀虫活性在试验中。在1953年试制的西力生（氯化乙基汞）、赛力散（醋酸苯汞），在减轻小麦、高粱等的菌病上也发挥了很大作用。

此外，为适应待种性能高分子制备的需要，硅和氟的有机单体的制备也已开展起来了。在硅有机单体的制备方法上也有若干改进。

高分子化合物应用广，品种多。要制成一个在工业上值得生产的成品，都需要经过单体的合成、聚合、加工成型和性能测定等等一系列的过程，其中包括各式各样的具有实际意义和理论意义的问题。这些问题的解决不知化费了多少科学家、工程学家的辛勤劳动。因为高分子化学是一门比较新兴的学科，其中所应用的一套实验技术和理论，大部都是我国化学家过去所没有接触过的。因此，我们要从无到有，由浅到深，就必须对这些成品和过程经

267

过一个阶段的摸索。由于党和人民政府的重视和正确领导，中国科学院、产业部门和高等学校的化学工作者发挥了高度积极性，采取分工合作方式，向高分子化合物已有的重要成品进行了复制研究，获得了显著的成绩。

在合成高分子方面，研究过的品种很多。其中有许多是国外已生产的重要品种。例如在烯类聚合物中有聚甲基丙烯酸甲酯、聚氯乙烯、常压法聚乙烯、聚苯乙烯等。在双烯类聚合物中有丁苯橡胶、氯丁橡胶、丁吡橡胶。聚酰胺中有聚己内酰胺、聚酰胺6、66、9、11等。聚酯中有聚对苯二甲酸二乙二醇酯、醇酸树脂等。此外尚有酚醛树脂、脲醛树脂、环氧树脂、聚硫橡胶、强弱酸性和碱性的离子交换树脂、聚硅氧烷类的硅高聚物等。上面这些品种基本上都完成了实验室的试制工作，有的已进行中间实验或小规模生产，基本上掌握了国际上已发表的方法，并作出了不少的贡献。例如在制备离子交换树脂时，由于深入研究了高分子化合物和所欲分离产物的结构，因而制出了提纯效能较高和不溶胀性的树脂。此外，在其他元素高分子、定向聚合、特殊性能高分子和高分子改性，包括用辐射化学改性等方面也已开始进行研究。

在单体的合成及聚合和缩合反应中，研究了催化剂的组成、制备方法与催化性能的关系，研究了反应历程和动力学以作为控制反应的指导。对乳液聚合历程分别就非水溶性和水溶性单体进行了初步验证，对聚合体系的某些重要组分的作用进行了一些研究，有了一定的结果。

在缩聚反应机构和反应动力学方面，研究了二甲基二羟基硅烷的缩合动力学，证明它与对称四甲基二羟基硅氧烷之间有平衡关系；己内酰胺聚合反应的研究对反应各阶段（其中包括链交换反应）变化的机理有所阐明；对聚酯反应级数反应历程的速度常数与分子结构的关系以及缩聚反应中的凝胶化问题作了一系列工作。这些结论澄清了多年来各国学者争论的问题。

高分子结构和性能的研究对高分子生产和加工成型有着重要的意义。因为高分子体系是比低分子更为复杂的体系，因此，除研究它的近程结构外，还必须研究它的远程结构和序态结构。在这方面我国化学家也展开了一系列的工作：①研究了用过氧化苯甲酸测定高分子内双键和外双键的方法；②研究了高分子中内旋转的理论，获得了不受对内旋转函数形式限制的均方末端距公式；③测定了高分子溶液的电偶矩；④用端基滴定法、溶液粘度和渗透压的测定和超速离心沉降法等，研究了分子量及分子量分布；⑤用粘弹性测量和红外光谱，研究了结构与机构性能和结晶取向的关系。这些研究都获得了有意义的结果。其中尤以高分子分子量测定和溶液性质的研究更为系统，无论在实验方法和结果的理论分析上都有较突出的贡献。此外，还对高分子的机械性、电性、光性及其所受热处理和硫化等加工处理的影响作了研究，也获得了有实际意义的结果。

为着利用我国丰富的天然高分子资源，我国化学工作者也与生物、工农业科学和产业部门共同进行了广泛的调查研究工作。例如在天然橡胶植物方面已经调查鉴定的有三十余种，并已选择其中较重要的如三叶橡胶树和杜仲等进行了广泛种植、分析、提制和性能测定的工作。这些大量工作，也显示着我国高分子化学工作是在广泛的面积上生根滋长。

我国木材缺乏，利用丰富的草类资源是一个重要的课题。我国化学家在为生产建设解决了造纸纸浆的研究任务以后，于1955年开始，尤其在1958的大跃进中，对二十余种草类纤维原料如甘蔗渣、芦苇、大豆稭、小麦秆、稻草、棉绒、竹子等进行了大量的制造粘液丝浆的研究，同时开始将各种化学处理方法制得的浆进行纤维形态结构破坏情况、组成分析、聚合分布的侧定、超分子结构的观察，并研究这些物化性质和处理方法与浆的反应能力、过滤性间存在的相互关系，找到了从某种草类纤维制造好的粘液丝浆的方法，并对木材纤维与草类纤维结构上的差别有了进一步的了解。此外对纤维素衍生物也进行了一些研究。

中国漆和桐油是我国重要的天然高分子资源。我国化学家对各地产的生漆和桐油作了较广泛的分析和性能测定，研究了漆酶对漆酚的作用，并会利用生漆和桐油分别制造清漆和各种塑料。

物理化学是研究物质的结构、性能和化学变化中较普遍规律的科学。因此，它也是解决无机问题、有机问题和高分子问题的有力工具，而在这些问题的进一步解决中也丰富了物理化学的内容。所以在上述的大量研究中，同时也丰富了我国物理化学的内容，给我国物理化学开辟了一个理论联系实际的新的局面。

在稀有元素的分析、分离的研究中，同时也进行了物化分析以及络合物的组成结构和稳定常数测定的工作。由于各方面的研究对络合物化学的进一步了解和需要，我国化学家在络合物化学中开展了一系列的有普遍意义的、系统的研究工作。例如用PH法测定了EDTA与碱土金属螯合物在水和二氧六圜混合溶液中的稳定常数。在测定一元羧酸、二元羧酸、多元羧酸和取代羧酸的电离常数及其与二价金属离子的络合常数时，发现所有羧酸根与所有金属包括碱金属离子在内，都有络合反应。因此证明在测定羧酸的电离常数时，应在季铵盐底液中而不能在钾或钠盐底液中进行，并已将这几类羧酸的电离常数及其与碱金属、碱土金属离子的络合常数予以重新的测量和计算。用旋光、吸光和折光等方法研究了在不同酸碱性溶液中铜、铁、镍、钴与酒石酸根不同分子比的络合物的形成。对于分光光度法、极谱法（包括电势法）、溶解度法研究溶液络合物问题作了系统的理论处理，获得了不受只有两种络合物同时存在的限制、且对多核络合物亦可适用的络离子逐级稳定常数的普遍公式。这些公式并已在多种络合物实验数据中应用。从溶液中的络合作用和吸附作用有相似之点出发，推导了溶液中络合物的平衡理论。

在上述有关高分子结构的一系列的研究中，同时也包括有高分子物理化学的研究。在量子化学和分子结构方面，除上述有关高分子中均方末端距的理论公式而外，还对分子内部作用力和分子间作用力包括Vander waals力和氢键的计算，作出了普遍的量子力学理论，研究了分子结构中多中心的积分问题，将群论的应用推广到杂化原子轨函的演算。

在溶液的性质和溶液理论方面，除了一些有机和无机体系的相平衡的工作以及溶液电导的研究以外，对溶液结构和盐效应理论进行了较系统的工作，定性地解释了盐效应的原因，它表现为离子与水分子之间静电吸引力和离子与非极性分子之间的色散力之差。

在晶体结构方面，研究了四水合消旋丙氨酸镍、最重要的络合剂EDTA、葡萄石、四亚硒酸钠、苯甲腈stephen反应的中间产物、丙烯醛亚硫酸氢钠加合物等的晶体结构，测量了三水合酒石酸铜络合物的晶体常数和硝酸六氨合镍络合物晶体的无序结构。

大量的有机化合物结构鉴定工作、液体燃料的分析和高分子结构工作推动了分子光谱方面的研究。解放前红外光谱研究在中国是空白，最近两年来全国已约有十架双光束红外光谱仪开展着这方面的研究。

由于有机合成特别是液体燃料和高分子研究的大量开展，我国的化学家才有机会从广大范围来接触和熟悉各弋各样的催化剂、催化反应和其他形式的反应如自由基反应等，因而在催化反应和反应动力学方面做出了不少成绩。例如在石油的加工催化反应中，研究了石油烃类的催化动力学，详细地考虑了在流动系统中反应速度和反应时间的概念，澄清了过去推导流动系统的动力学公式时彼此分歧的原因。在多相催化反应中，必须考虑复杂的物质传送问题。从异丙基的催化裂化动力学的研究阐明了内扩散和外扩散对反应动力学的影响。在直链烷烃和烯为烃的脱氢环化方面，研究了催化剂的组成和反应条件对芳烃化和碳沉积速度的影响。在流动系统中研究了苯在高压加氢和异构化反应动力学。在有机合成和高分子合成有关方面，除了上述的聚合缩聚动力学研究而外，研究了酯化反应的氢离子催化机构，异丙苯过氧化物和甲基丙烯酸甲酯过氧化物的反应动力在结合硫酸工业、研究二氧化硫在钒催化剂上的氧化反应动力学时，也说明了物质传送对反应动力学的影响，分别求出了在消除传质过程的和工业用的催化剂上的动力学方程式。此外，还研究了乙酸乙酯在二氧六圜和水混合液中的皂化速度，以阐明介质对极化分子和离子反应速度的影响；还研究了溶剂对 MeHLuyTkh 反应动力学的影响；研究了硅酸溶液在较广的 PH 范围内的胶凝速度；研究了工业区大气中二氧化硫在不同湿度下光化氧化的速率；用分光光度法研究了邻一甲苯胺和对一亚硝基苯酚结合反应的动力学。这些研究都产生了有理论意义和实际意义的结果。

胶体化学是研究"胶体体系"中相面间物质互相作用的规律的科学。它的范围很广。上面所说的工作中，有很大一部分如有关催化剂、催化过程、色谱、高分子溶液性质的工作等也可说是属于胶体化学范围的。由于这些工作的需要。又推动了我国在胶体化学范围中开展了另一系列的研究，如气体吸附、溶液中的吸附、吸附热力学和催化剂表面化学等等。由于土壤性质和肥效试验的需要，开展了土壤离子交换的研究。由于泥沙失流和土壤加固的需要，开展了泥沙在水中沉降的研究、土壤力学和流变学的研究、硅酸盐胶凝速率的研究。此外，还进行了润滑脂胶体体系中分油速率的研究。

新中国成立后，电化学工业的建立、化学电源的生产以及金属防腐工作的开展，促进了电化学研究的发展。例如，出现了新型的电解制碱、制氯和制备氯酸钾的工业；建立了以电解制备过硫酸盐为基础的过氧化氢工业。化学电源的工业大大地扩大了。与新中国成立前相比，新品种增加了22倍，产量增加了15倍，从业人员增加了10倍。在许多地点建立了金属腐蚀试验站，为各种金属材料在不同的地区和不同介质中的腐蚀行为积累数据。电镀工业有了迅速的发展。其他的防腐层例如磷化层、铝上的阳极氧化层获得了广泛的应用。生产着各种有效的缓蚀剂。

在社会主义建设的推动下，科学家们一方面既在实际问题中作出了贡献，一方面也对理论问题（其中特别是电极过程的理论）进行了研究。例如，结合着电解氧化工业，深入地研究了氧的阳极发生和过硫酸离子的阳极形成这两个平行的过程的机构及其相互关系。用直接的动力学的数据，证明了它们是互不依赖的独立的电化学过程。铂电极表面上氧的吸附和某些阴离子的吸附可以使氧的发生强烈地减缓，可是不影响过硫酸离子阳极形成的动力学，从而使电极过程向有利的方向进行。除了理论上的意义以外，这个结果为工业生产指出了提高电流效率的途径。又如，在一些缓蚀剂的研究中，用电化学的方法研究了某些有机添加剂、卤素离子和某些阳离子（例如Ag^+、Cu^{++}、Fe^{+++}等）对铁和不锈钢的缓蚀的机构，阐明了卤素离子在某些条件下使不锈钢的腐蚀减缓，而在另一些条件下则使它加速的原因。对锑镀层的电积条件及其防腐行为进行了系统的研究，表明了阴离子对锑电积时的阴极极化的影响，找出了电镀锑的较好的条件；此外还研究了锑在不同介质中的电极过程并测量了它的零电荷点。在电极过程的理论研究中，还可提起关于碘酸根离子电解还原时的自催化作用的研究，用数学分析得出了反应中间产物地电极表面上的浓度变化的微分方程式的解，所得结果在实验中得到了证实。

　　在这篇短文中，不可能把十年来中国化学的各方面都加以说明，其中也必然会有重要的遗漏。但从以上所述的已可看出十年来我国化学发展的规模和速度。可以说：中国的化学如同其他科学一样，已不再是装点门面的装饰品，而是国家革命建设事业中一个重要的组成部分；已不再是少数化学家在狭小范围内孤单单地进行工作，而是在中国共产党和人民政府领导下全党全民向广阔的化学科学领域进军的宏伟局面了。

　　十年来，我国的化学虽然有了迅速发展和很多的成就，但这只是我们前进中的第一步。我们的成就还远不足以满足国家的需要。在我们的工作中还缺乏系统性的创造，理论水平还不高。我们还没有建立起我国化学学科的体系，缺门和薄弱的环节还不少。今后在发展我国化学的道路上特别值得注意的一个问题是，在尽量吸收和利用国际化学科学领域已有的成就，尤其是苏联的成就来发展我国化学科学的同时，我们必须重视和总结我国广大群众在社会主义建设科学实践中的创造性经验。只有这样，我们才能很好地建立起与我国实际相结合的化学学科体系，而在国际化学中作出更大的贡献，这是我国化学工作者的光荣而艰巨的任务。回忆过去，展望将来，我国化学工作者在党和人民政府的领导下，有充分的信心来完成这光荣的任务。

　　　　　　　　　　　　（此文作于新中国成立十周年之际，
　　　　　　　　　　　发表在《科学通报》1959年18期）

社会主义开拓了科学研究的广阔天地

吴学周

　　伟大的社会主义祖国已经成立23周年了。23年来，祖国的面貌发生了翻天覆地的变化。作为一个在旧中国生活近50年、在新中国生活了23年的老知识分子，抚今思昔，怎能不感慨万端！

　　记得我念小学的时候，正是北洋政府统治时期，军阀割据，年年战乱，生灵涂炭；帝国主义列强在中国作威作福，中国人民受尽了凌辱、欺侮。当时那种反动腐败的政治，使我感到既可怕又可鄙，不屑于过问。而自己则立志要做一个"洁身自好、不问政治"的"好人"，于是埋头业务，不问国事，幻想总有一天会有人出来把国家治好。然而，在腐败的旧中国，希望即无望，幻想就这样一个接一个地破灭了。

　　1931年"九一八"事变以后，日本帝国主义加紧了对中国的侵略，而国民党政府则步步退让，不予抵抗。直到1937年"卢沟桥事变"发生，抗日救亡运动在全国兴起，国民党政府才不得不宣称对日抗战、。当时，我在中央研究院化学研究所工作。我怀着一股爱国热忱，和同事们一道内迁昆明，自认是要为抗日救国做贡献。然而，实际情形则令人大失所望。国民党当局对外阴谋妥协，对内奴役人民；借抗战美名大发国难财，根本不把国家的科学事业发展放在心上。他们之所以内迁研究所，不过是要维持一个不死不活的研究机构，为其做装点门面的工具而已。事实不正是这样的吗？1938年，我们初到昆明，日机第一次轰炸，天文研究所连眷属在内总共不过二三十人，就被炸死了六七人。试问国民党当局拿出了什么安全措施没有呢？没有！当时我虽代理所务，但无暇关顾研究业务，天天只为同事们的眷属和研究所图书设备的安全担心，城内怕轰炸，郊区怕抢劫，辗转搬迁，弄得筋疲力竭。这就是我们为抗战所出之力。

抗战胜利，我被派到上海接收了中央研究院院产，以为从此可以安下心来做点研究工作。谁料想国民党当局又与美帝勾结，发动内战，妄图消灭中国共产党。当时，物价暴涨，纸币虽升高到千元、万元、十万元、百万元，但一经发出，就顷刻贬值，成为买不到东西的废纸。在这种情况下，我那种安心搞科研、为国家服务的幼稚梦想怎能不幻灭呢？

1949年5月，毛主席领导的中国人民解放军解放了上海。当时，我对共产党并不了解，但在上海解放那天，在我47年的生活中，第一次看见了纪律严明的人民军队。我不禁惊喜交集。尤其在华东军政委员会派员来接收研究所时，更使我感慨万端。大出我所意料的是，那天只派来两位科研干部。他们不仅对我们很和气，而且还给予赞扬，说我们不肯跟国民党当局逃迁台湾，并在解放战争中为人民保护了实验基地，是热爱人民财产的具体表现。同时鼓励我们今后在党的领导下，尽量发挥自己的才能，为建设一个伟大的社会主义祖国出力。眼前的情景，同我当年被派往接收院产时，兴师动众、森严恐怖的情景恰成显明对比。相形之下，国共两党哪个劣，哪个优？谁鄙弃专家学者，谁器重知识分子？一清二楚。

在中国共产党领导下的社会主义新中国，科学研究与生产建设相结合，与工农群众相结合，获得了广阔的天地。仅就化学一个方面来讲，新中国成立前，只有中央研究院、北平研究院、资源委员会和兵工署几个研究所。而中研院和北研院的两个化学所，工作人员总共只有五六十人，而今天仅我们应化所科研人员就有千余人，比旧中国多十五六倍。化学研究所的数量，也是旧中国所无法比拟的。现在化学研究机构遍及全国各地。仅中国科学院所属的大型化学研究所就有十处之多。至于科研的物质条件更是不可同日而语。新中国成立前，不仅仪器设备低劣、缺乏，而且连化学实验用的基本试剂三酸（硫酸、盐酸、硝酸）也要从国外进口。新中国成立后，随着我国机械、电子、仪表等工业的发展，实验设备迅速迈向现代水平。除了国家给调拨的一大批大型、精密、自动化设备之外，我们还自行设计制造了数种波谱仪和光谱仪等大型尖端设备。

新旧两个中国的社会制度和科研目的不同，科研成果也截然不同。处于半封建半殖民地的旧中国，科研工作根本不能自主，只能处于不死不活的状态，既无创建又无成果，即便获得一点成果，也因工业基础薄弱而无法推广应用。新中国成立前，我国高分子化学的研究比外国落后几十年，不仅塑料、合成橡胶、化学纤维是空白，就是生产电木的原料也要从国外进口。新中国成立后，在社会主义制度下，科学研究事业得到充分发展，化学方面的科学研究项目更是一日千里，像有机合成化学研究，一步登天。几年之间，氯丁、丁苯、聚硫、丁吡等橡胶品种，聚氯乙烯、低压聚乙烯等塑料品种，人造棉、人造毛等化学纤维品种均相继研究成功，并立即在工厂进行中间试验和投产。跨入六十年代以后，随着我国石油化学工业的迅猛发展，高分子化学研究发展到了一个新阶段，相继研制成功的各种新型橡胶、工程塑料和特种纤维，有些项目已达到或超过世界先进水平，中间试验和投产规模从年产数百吨到数万吨。

二十多年来，我国广大科技人员发扬了自力更生、艰苦奋斗的革命精神，"破除迷信，解放思想"，走自己科学发展的道路，努力攀登世界科学技术高峰，不仅发展了稀土元素化学、高分子化学、半导体化学、分析化学和物质结构等原有化学科学领域的研究工作，而且开辟了原子能化学，火箭燃料、新型电源、辐射化学、高分子物理等新科学领域的研究工作。这一切都是我在旧中国所梦想不到的。

毛主席和共产党对爱国知识分子是非常器重的。23年来，党和政府对我无微不至的关怀和一心不二的信赖就是明证。解放伊始。华东军政委员会就任命我做化学所所长（后改为物理化学所），兼上海各研究所的院务委员会副主任。1952年，化学所迁到长春，与长春综合研究所的化学部分合并为中国科学院应用化学研究所，我仍任所长，以后还被推选为中国科学院自然科学部常务委员、全国政协委员、九三学社中央常委、全国人大代表、吉林省政协副主席、吉林省科协主席，不仅主持科研工作，而且参与管理国家大事。尤其在"文革"后，我又被选为所革委会副主任，继续担负科研领导工作。

党和政府不仅在政治上信任我，而且还充分发挥我的专长。我除在所内从事科学研究和主持领导科研人员研究各种重大科研项目外，还经常参加全国科学研究会议，制订科学研究规划，接待外国朋友。尤其使我感到幸福的是，多次在北京见到了伟大领袖毛主席。同时，我还作为中国科学院的代表，多次出国访问，参加国际学术会议，并在会上发表了学术论文。

我今年已是70岁的人了，回顾过去，做的工作实在木少，党和政府给的荣誉超过了贡献，深感有愧。展望未来，还有许多科学技术高峰等我带人去攀登，所幸我身体还很健康，精力还很充沛。我自信，在毛主席和共产党领导下，我还能继续为祖国、为人民做不少有益工作。

今后，我要更加认真学习马列主义、毛泽东思想，努力钻研业务，深入科研实践，争取为祖国、为人民做出更大贡献。

1972年9月

怀念郭院长

吴学周

> 伏案泪罢忆昔年，
> 二十八载弹指间[①]。
> 豪情壮志沁肺腑，
> 实事求是苦钻研。
> 爱贤如宾兴科学，
> 附骥编制新章篇[②]。
> 自愧有负当年训，
> 盛世余生作贡献。

注：①1950年随郭老领导的各所负责人赴东北参观，次年郭老命严济慈、武衡等筹建东北分院。

②1956年参加全国科技远景规划会。

（转摘自1978年6月26日《长春日报》）

吴学周主要著作目录

序号	论文题目	作者	发表的时间及刊物
1	Reduction Potential of Quadrivalent to Trivalent Iridium in Hydrochloric Acid Solution 盐酸溶液中四价铱至三价铱的还原电位	吴学周	美国《化学会会志》 1931 年第 53 卷第 469 页
2	The Potentiometric Determination of Iridium 铱的电位测定	吴学周	美国《化学会会志》 1931 年第 53 卷第 884 页
3	The Absorption Spectra, Structure and Dissociation Energies of the Gaseous Halogen Cyanides 气体氰化卤素的吸收光谱，分子结构和离解能	吴学周	美国《化学会会志》 1931 年第 53 卷第 2572 页
4	The Absorption Spectrum of Cyanogen Gas in the Ultraviolet 气体氰的紫外镜的吸收光谱	吴学周 贝得格 (Badger)	美国《物理评论》 第 39 卷第 932—937 页 1932 年 3 月 15 日第 6 期

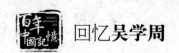
续表

序号	论文题目	作者	发表的时间及刊物
5	The Entropies of Some Simple Polyatomic Gases Calculated from Spectral Data 从光谱数据计算几种简单多原子分子气体的熵	吴学周	美国《化学会会志》 1932 年第 54 卷第 3523 页
6	Far Infrared Spectra of Gases 气态的远红外光谱	斯特朗 (Strong) 吴学周	美国《物理评论》 第 42 卷第 267—278 页 1932 年 10 月 15 日第 2 期
7	理论化学之方法及其最近之趋势	吴学周	中国《科学》 1934 年 1 月第 18 卷第 1 期
8	The Ultraviolet Absorption Bands of Diacetylene 丁二炔紫外镜的吸收光谱带	吴学周 朱振钧	美国《物理评论》 第 47 卷第 886 页 1935 年 6 月 1 日第 11 期
9	The Absorption Spectrum of Diacetylene in the Near Ultraviolet 丁二炔的近紫外镜吸收光谱带	吴学周 朱振钧	美国《化学物理杂志》 1935 年 9 月第 3 卷第 541—543 页
10	The Absorption Spectra and Dissociation Energies of Cyanic Acid and Some Isocyanates 氰酸和几种异氰酸盐的吸收光谱及离解能	吴学周 柳大纲	美国《化学物理杂志》 1935 年第 3 卷第 544—546 页
11	The Fundamental Frequencies of the Cyanogen Molecule 氰分子的基本频率	吴学周 柳大纲 朱振钧	《中国化学会会志》 1935 年第 3 卷第 301—307 页
12	分子光谱及其化学上之应用	吴学周	《科学世界》 1935 年第 5 卷第 2、3 期

续表

序号	论文题目	作者	发表的时间及刊物
13	Notes on the Preparation of Zinc and Cadmium Cyanides 锌和镉的氰化物的制备	吴学周 柳大纲	《中国化学会会志》 1936 年第 4 卷第 518—521 页
14	The New Absorption System of Cyanogen Gas in the Near Ultraviolet，System Ⅰ 氰气体在近紫外镜的吸收体系 （第Ⅰ系）	吴学周 柳大纲	美国《化学物理杂志》 1937 年第 5 卷第 161—165 页
15	The Absorption Spectra and Dissociation Energies of Some Normal and iso—Thiocyanates 几种正性和异性硫氰酸盐的吸收光谱及离解能	吴学周 朱振钧	《中国化学会会志》 1937 年第 5 期第 162—169 页
16	The Absorption Spectrum of Diacetylene in the Near Ultraviolet（Ⅰ） 丁二炔在近紫外镜吸收光谱（Ⅰ）	吴学周 朱振钧	美国《化学物理杂志》 1937 年第 5 卷第 786—791 页
17	Bemerkungen iiber die Grundfrequenzen des Dicyan molekiils 双氰分子的基本频率	吴学周	德国《物理化学杂志》 1937 年 第 37 卷 第 399—402 页
18	On the under Water Spark Absorption Band of Cu H 氰化铜水下电花吸收光谱带	周同庆 吴学周 柳大纲	《中国物理学报》 1937 年第 3 卷第 20—26 页
19	The Near Ultraviolet Bands of Acety lene 乙炔的近紫外镜光谱带	吴学周 椰大纲 朱振钧 武　迟	美国《化学物理杂志》 1938 年第 6 卷第 240—246 页

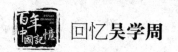

序号	论文题目	作者	发表的时间及刊物
20	中国之物理化学研究	吴学周	《化学》 1944 年第 8 卷第 69—73 页
21	The Absorption Spectrum of Methylglyxal 甲基乙二醛的吸收光谱	吴学周 张师曾	英国《法拉第学会学报》 1945 年 3 月 第 101 卷 第 278 期第 3 部分
22	Quantitative Determination of Methylglyoxal and the Mechanism of its Reaction with Hypoiodite Solution 甲基乙二醛的定量测定和它与次碘酸盐溶液的反应机理	吴学周 张师曾	英国化学会学报 1945 年第 162 期
23	中央研究院化学研究所	吴学周	《化学》 1945 年 12 月第 9 卷第 25—30 页
24	I Mechnism of Reaction of Alcohols, Aldehydes and Ketones with Hypoiodic Solution I.Quantitative Determination of Phenylglyoxal I. 醇、醛、酮和次碘酸盐溶液的反应机理 I. 苯乙二醇的定量测定	吴学周 王承易	《中国化学会会志》 1947 年第 15 期第 1—10 页
25	Kinetics of the Qidation of Formaldehyde by Hypoiodite Solution 在次碘酸盐溶液中甲醛氧化的动力学	吴学周 郑绍基	美国《科学资料》 1948 年第 2 卷第 2 期 183—191 页

续表

序号	论文题目	作者	发表的时间及刊物
26	Mechanism of Reaction of Alcohols，Aidehydes and Ketones with Hypoiodite solution The Reaction between Acetaldehyde and Hypoiodite 醇、醛、酮与碱性碘酸盐溶液的反应机理乙　醛与碱性碘酸盐溶液的反应	吴学周 朱晋锠	美国《科学资料》1949 年第 2 卷第 3 号 280—290 页
27	几个匀称直线型多原分子在紫外光镜的吸收光谱	吴学周	在中央研究院化学研究所时撰写
28	读 "准量化力学之初步报告" 后	吴学周	《化学》1935 年第 2 卷第 2 期 234—241 页
29	十年采中国化学的成就	吴学周	《科学通报》1959 年第 10 期 572—576 页
30	芳香族化合物半导体中载流子的热激发能	吴学周	《科学通报》1963 年 7 月号 49—51 页
31	芳香族化合物与分子氧间的电子转移光谱及其与芳香族化合物的电子激发和光致氧化的关系	吴学周 朱晋锠 何迪洁	《化学学报》1964 年 6 月第 30 卷第 3 期
32	聚丙烯腈热处理的反应机理	吴学周 朱晋锠 林祖纶	《高分子通迅》1964 年 11 月第 6 卷第 6 期
33	非极性共轭分子电于光谱的溶剂效用—蒽在各种溶剂中的紫外吸收光谱	吴学周 朱晋锠 席时权	《化学学报》1964 年 12 月第 30 卷第 6 期

（限于条件，未能全面收集吴学周生平论著，望各方面大力协助，补充缺遗——编者）

编　后

　　《吴学周》专辑经过有关方面的通力协作，精心选编，现已刊印问世。

　　吴学周同志是一位杰出的人民科学家，是中国分子光谱研究的开拓者、奠基人之一。他的一生是为祖国科学事业奋斗的一生。我们试图通过编辑这本专辑，宣传他为社会主义建设事业所作出的突出贡献以及他与中国共产党长期合作共事，风雨同舟，为巩固和发展爱国统一战线，推进祖国统一事业所作出的积极努力；弘扬他爱祖国、爱人民，治学严谨，刻苦钻研，谦虚谨慎，廉洁奉公，胸怀坦白，光明磊落，严以律己，宽以待人的高风亮节；同时也为家乡人民对乡贤的深切缅怀和对人民群众特别是对青少年一代进行爱国主义教育提供翔实的史料，以期激励人们发扬爱国主义精神，为建设四化、统一祖国、振兴中华而奋进。

　　根据上述指导思想，经江西省政协文史办公室、中国科学院长春应用化学研究所和萍乡市政协文史委员会多方协商，决定由三家合作出版《吴学周》专辑。并制定了编撰工作计划，成立了《吴学周》专辑编委会，明确了合作者的各自职责。1991年5月，组织专人先后赴上海、南京、青岛、长春、天津、北京等地，收集资料，组织稿件。1991年11月19日至22日，在萍乡市召开了有江西省政协文史办公室、长春应用化学研究所、萍乡市政协有关领导、编辑人员参加的审稿会议，三方编辑人员对所有稿件、照片、资料、封面设计等认真进行了审核定稿，对一些有待进一步落实的问题进行了讨论和部署。

　　《吴学周》一书的编辑出版，深得党政领导机关的关怀、重视，社会各界的热情关注和有关人士的赞许、支持。特别荣幸的是，国务委员宋健为本书题写了书名，90高龄的全国人大常委会副委员长严济慈于百忙中挥毫为本书写了《序言》，中顾委常委张劲夫，全国政协副主席周培源、卢嘉锡作了题词，30多位著名学者和有关人士惠赐了亲见、亲闻、亲历的珍贵回忆文章。中共中央组织部、中国科学院、中国第二历史档案馆、南京东南大学、萍乡市图书馆热情为我们提供资料。吴学周同志的亲属吴景阳、吴雅南、吴宜南和长春应化所关风林、中国化学会刘惠等同志提供了大量珍贵照片和史料，吴学周同志的弟弟吴德周、吴望周、弟妇刘洁如、侄儿谢生、女婿席时权、白宇等为本书征集、编辑协同筹划，做了大量的工作，喻久贞、王岳尘、廖维亮、汤其盛、昌增镶等同志热情提供口碑资料，翁燕平教授精心翻译吴学周著作目录。在编纂过程中，李吉人、刘必栋、彭永辉、廖炳炎、李梦麟、李筠、谭忠连等同志对本书的编辑出版给予了关注和指导，谢菊秋同志为本书稿件做了大量的誉正工作。在此，谨向支持和关怀我们工作的单位和同志，向惠赐回忆资料的作者，表示诚挚的感谢和敬意！

　　编入本专辑的文章，有序言、题词、传记，生前友好回忆文章、主要亲属怀念文章、年谱、非科研著述及论文目录，还有反映吴学周生平各个时期的照片。其中吴学周的著作均保持原貌。全书各篇选文之后，附有作者介绍，均系作者本人提供。

　　本书史料的来源，主要来自吴学周本人遗留的文字记载（日记、著述），生前友好和亲属提供的"三亲"史料，辅以必要的档案资料。

　　限于编者的水平和手头的资料，且时间仓促，书中的错误、缺点在所难免，敬希各界人士和读者不吝赐教。

编者
1992年12月

图书在版编目（CIP）数据

回忆吴学周／中国科学院长春应用化学研究所，江
西省政协文史资料研究委员会，萍乡市政协文史资料研究
委员会编. —北京：中国文史出版社，2017.10
　　（文史资料百部经典文库）
　　ISBN 978 - 7 - 5034 - 9630 - 1

　　Ⅰ.①回…　Ⅱ.①中…②江…③萍…　Ⅲ.①吴学周
（1902—1983）—生平事迹　Ⅳ.①K826.13

　　中国版本图书馆 CIP 数据核字（2017）第 246920 号

责任编辑：全秋生

出版发行：**中国文史出版社**
网　　址：www. chinawenshi. net
社　　址：北京市西城区太平桥大街 23 号　　邮编：100811
电　　话：010 - 66173572　66168268　66192736（发行部）
传　　真：010 - 66192703
印　　装：北京华联印刷有限公司
经　　销：全国新华书店
开　　本：16 开
印　　张：18.5　　　　字数：300 千字
版　　次：2018 年 1 月北京第 1 版
印　　次：2018 年 1 月第 1 次印刷
定　　价：48.00 元